21世纪高等学校
经济管理类规划教材 高校系列

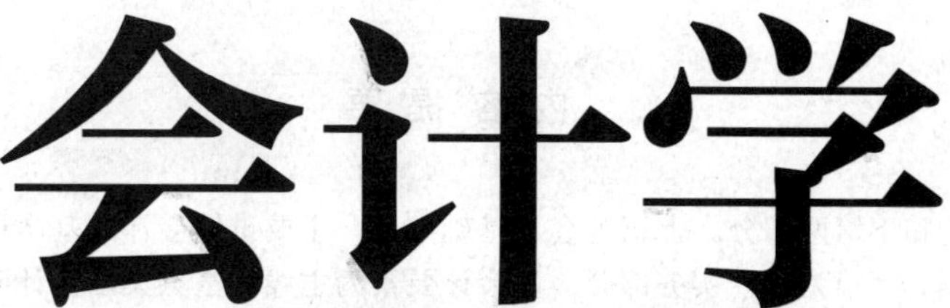

◎ 王晓燕 张秀梅 主 编
◎ 高东芳 刘学青 副主编

ACCOUNTING

人民邮电出版社
北 京

图书在版编目（CIP）数据

会计学 / 王晓燕，张秀梅主编. -- 北京 : 人民邮电出版社，2015.9
21世纪高等学校经济管理类规划教材. 高校系列
ISBN 978-7-115-39798-0

Ⅰ. ①会… Ⅱ. ①王… ②张… Ⅲ. ①会计学－高等学校－教材 Ⅳ. ①F230

中国版本图书馆CIP数据核字(2015)第181405号

内 容 提 要

本书分为上篇和下篇两部分。上篇为会计基础部分，主要讲解会计的基本概念、基本方法和会计信息的生成过程。下篇为会计实务部分，以会计要素为主线，重点突出会计确认、会计计量和会计报告环节。本书以一个企业具体经济业务的会计处理为主线，系统介绍了会计业务流程的全过程；同时，以阅读形式辅助教材所涉及的相关法规及相关知识，有利于非会计专业人员自学理解书中的相关内容。本书特点是注重实务操作的理解和应用。本书在每章结束后都有本章小结、思考与练习，帮助学习者进行复习和训练，以使其全面领会所学内容，巩固所学知识。

本书既可以作为高等院校非会计专业本科教材，也可供各级经济管理人员阅读、参考和自学之用。

◆ 主　　编　王晓燕　张秀梅
副 主 编　高东芳　刘学青
责任编辑　张孟玮
执行编辑　李　召
责任印制　沈　蓉　彭志环

◆ 人民邮电出版社出版发行　　北京市丰台区成寿寺路 11 号
邮编　100164　　电子邮件　315@ptpress.com.cn
网址　http://www.ptpress.com.cn
北京圣夫亚美印刷有限公司印刷

◆ 开本：787×1092　1/16
印张：16　　　　2015 年 9 月第 1 版
字数：384 千字　　　　2015 年 9 月北京第 1 次印刷

定价：38.00 元

读者服务热线：(010)81055256　印装质量热线：(010)81055316
反盗版热线：(010)81055315

前言 FOREWORD

随着经济的快速发展，会计的内容也在不断地变化，会计信息在管理决策和控制中的作用也越来越重要。为适应现代企业制度对高素质人才的需要，为了使经济管理工作人员了解会计程序，利用会计信息进行决策和控制，在总结多年会计教学实践经验的基础上，借鉴国内外同类教材的先进经验，我们编写了《会计学》教材。

财政部继 2006 年制定发布了一系列企业会计准则后，2014 年，又修订或新增了 7 项会计准则和一项准则解释。这对高等院校的会计教学也提出了新的要求。本书以增补修订后的最新企业会计准则为依据编写，使其尽可能反映当前最新的会计理论与实务发展动态。

本书涵盖了《基础会计》和《财务会计》的主要内容。全书分为上篇会计基础、下篇会计实务两大部分，共计 12 章。第 1 章~第 3 章为会计基础部分，主要内容是会计的概述、会计的确认与计量基础、会计核算方法以及会计信息的生成过程，使读者对财务会计的基础理论体系有一个整体的了解。第 4 章~第 12 章为财务会计部分，主要内容是对每一项会计要素的确认、计量和会计报告环节业务处理的具体分析，以一个企业具体经济业务的会计处理为主线，对企业主要经济业务的会计处理过程做出系统的介绍。为适应学校教学和学生自学的需要，本书还配备了每章练习题答案及电子课件等教学资源以方便读者学习和使用。

本教材学习学时数建议为 54 学时，其中上篇会计基础 14 学时，下篇财务会计 40 学时。各学校在教学中根据实际情况适当调整。为了更好地理解财务会计操作的内容，建议在教学中增加会计实训环节。

本书由天津科技大学王晓燕教授组织编撰，由王晓燕制订编写计划与组织分工，由王晓燕、张秀梅任主编，高东芳、刘学青任副主编。具体编写分工如下：王晓燕编写前言和第 1 章；张秀梅编写第 2 章、第 3 章、第 6 章；刘学青编写第 4 章、第 7 章、第 8 章；高东芳编写第 9 章、第 10 章、第 11 章、第 12 章；天津商业大学宝德学院侯磊编写第 5 章；全书的编撰和修订工作由王晓燕和张秀梅完成。

在本书编写的过程中，借鉴和参考国内外的有关书籍，运用了其中的一些观点，在此对有关专家学者表示感谢，同时，也感谢天津科技大学经济与管理学院在本书的编纂过程中给予的帮助，感谢人民邮电出版社张孟玮副社长和有关工作人员在出版、编辑和发行方面给予的大力支持。

由于作者水平有限，书中不足之处恳请专家与学者指正。本书中如有不当之处，欢迎读者批评指正，以便我们修改与完善。

编　者

2015 年 6 月

目 录 CONTENTS

上篇 会计基础

上篇

会计基础

第1章　会计学概述

本章阐述了对会计的定义，简要梳理了会计学的发展轨迹，重点介绍了会计核算的基本前提——会计假设和衡量会计信息质量的标准——会计信息质量要求，简要介绍了会计法规体系。通过本章的学习，应掌握会计的基本假设和信息质量要求的特征；了解会计与经济的关系及会计学的发展脉络，形成对会计基本理论的初步认识；理解基本的会计职业道德。

1.1　概述

1.1.1　会计的产生与发展

1．会计的起源

会计起源于生产活动，物资资料的生产是会计产生的基础。人类的生产过程，既是获取物资资料，提供产品的过程，也是人力、物力和财力的耗费过程。人类进行生产活动总是力求以尽可能少的劳动耗费获取尽可能多的劳动成果，为此就必须不断改革生产技术与生产工具，提高生产力。生产力的提高使得生产的产品除满足生产、生活需要之外还有剩余，于是产生了对劳动成果和剩余产品进行记录的要求。

会计产生之初，主要着重从数量上记录人们经济活动中的财产变化与劳动成果。早在原始社会时期，人们就采用“结绳记事”“刻契记数”等方式记录生产活动，这些计量记录方法标志着会计萌芽的出现。文字出现以后，人们开始对物质资料的生产与耗费进行文字记载，以书契为代表的计量记录方法代表着此阶段会计的最高水平。但是，由于原始社会生产力水平低下，生产规模小，生产过程简单，因此用来记录生产活动的会计也极为简单和粗略，会计在当时只是作为生产职能的附带部分，由生产者在生产时间之外附带地把收入、支出等记载下来。

2．早期会计

随着生产力的不断发展，有关产品的生产、储备、使用、交换等各环节的经济关系日趋复杂，这种变化促进了会计技术与会计工作职能的变革。对经济活动的核算需要有专职人员来完成，进而发展到必须建立一个独立的部门才能完成这项工作。在资本主义社会以前，自然经济占主导地位，民间生产通常规模小，对会计要求不高，“官厅会计”和欧洲封建社会时期的“庄园会计”是当时会计的主要形式。据史料记载，我国早在西周时期，就已经设立职司国家财计的独立职官系统，即司书、职内、职岁与职币等财计职能部门，负责对国家经济活动进行核算和考核。

这一阶段会计的主要任务是对财产的保管与记录，簿记是此阶段会计的重要特征。这一阶段我国的簿记方法曾一度处于世界领先水平。如汉晋时期对盈利、成本、费用已经有了一定的认识，纸张在会计中得到运用，在会计记录中使用“入”“出”或“收”“付”作为记账符号。唐代出现了“账簿”的名称，有总账与明细账之分。在官厅会计核算中采用“入-去=余”的三柱结算法，到唐朝中后期逐渐过渡到“四柱结算法”。宋代以后，四柱结算法开始广泛应用。“四柱”指“旧管”“新收”“开除”和“实在”4 个要素，相当于现代会计中的期初结存、本期收入、本期支出和期末余额。当时的会计报告被称为“四柱清册”。

3．近现代会计

13 世纪初，意大利的商品经济，特别是地中海沿岸城市的海上贸易，已经有相当大规模的发展，出现了资本主义生产的最初萌芽。当时流通货币不统一导致了交易障碍的产生，于是催生出专门为商人们提供转账结算的金融机构，这些“银行”对每个客户设置两个记账的位置：贷方记录借入（或存入）的款项，借方记录贷出（或支付）的款项。1494 年出版的意大利僧侣数学家卢卡•帕乔利（Luca Pacioli，1445—1517）的《算术、几何、比及比例概要》（Summa de Arithmetica，Geometria，Proportioni et Proportionalita，又译《数学大全》）一书第三卷第九部中《计算与记录详论》一篇对已经实践多年的复式记账法做了系统的概括和总结，被誉为会计发展史上里程碑式的文献。复式记账法经过此后几百年发展而不断完善，成为目前全球统一使用的唯一记账方法。

15 世纪后，随着经济中心的转移，复式簿记理论向德国、荷兰、葡萄牙、西班牙等国传播，并于清朝末年传入我国。1905 年（清光绪三十一年），长期驻外使节蔡锡勇所著《连环账谱》一书由湖北书局正式出版，该书系统介绍了西式簿记的原理，首开了中国会计学术著作的先河。

新中国成立后，借贷记账法开始在我国逐步推广。1951 年，财政部颁布了《国营工业企业会计制度》；1953—1978 年在高度集中的计划经济体制下，引进了苏联模式，建立了统一的会计制度，但由于这一期间政治和经济上的诸多问题导致会计制度形同虚设，出现了“无账会计”“以表代账”等会计的混乱局面；1978 年以后，十一届三中全会提出将工作重心转移到经济建设上来，为适应企业体制改革与对外开放的需要，财政部开始制定相应会计制度并尝试与国际接轨，1985 年颁布了《中外合资经营企业会计制度》（1992 年修订为《外商投资企业会计制度》），1992 年颁布《股份制试点企业会计制度》，1992 年 11 月 30 日，发布《企业会计准则》，明确规定，自 1993 年 7 月 1 日起，我国企业会计记账采用借贷记账法，同时颁布了 13 个行业的会计制度，初步形成了会计法、企业会计准则以及分行业会计制度并行的会计法规体系。1997 年 7 月 17 日，财政部发布的《事业单位会计制度》，于 1998 年 1 月 1 日起实施，其中规定，事业单位全面实行借贷记账法以替代早前使用的资金收付记账法。至此，我国才形成了统一使用借贷记账法的局面。

4．现代会计理论的发展

18—19 世纪，欧洲工业革命完成促使社会经济制度变化，会计以公司为主要核算实体。公司组织形式的推广带来新的会计理论问题，如折旧、权责发生制、跨期摊配等。19～20 世纪初，簿记学开始过渡到会计学。会计循环理论与实务出现，科学管理理念的引入使管理会计快速发展，管理会计与财务会计两大分支形成。

20 世纪后，经济环境对会计影响加剧。30 年代世界经济大萧条和金融市场的崩溃，促使政府和社会公众迫切要求公司报表要真实、合规、有效地反映财务状况和经营成果，因而促进了以财务会计准则的研究和制定为核心的现代会计理论的发展与完善。20 世纪 70 年代，多国陆续公布有关保护生态环境和改善职工福利的规章制度，倡导企业自愿履行社会责任而不应片面追求盈利。20 世纪 70 年代后期至 80 年代初，多国持续通货膨胀，物价的持续上涨严重动摇了传统资产计价和收益计量基础，会计报表的真实性和可靠性大大降低，会计的历史成本计量基础受到挑战。第二次世界大战后，国际贸易与投资、跨国公司业务急剧发展以及全球经济一体化趋势的逐渐形成，对国际经济信息传输方式与内容的变革提出了强烈要求。由此，社会责任会计、通货膨胀会计、国际会计等新的会计领域应运而生。会计理论研究方法趋于规范化，会计理论研究内容范围扩展到经济学及其他学科领域，会计业务处理技术手段也适时更新，出现了电算会计、网络会计、ERP 等会计业务处理方式。

阅读

“会计”命名

据文献记载，“会计”一词产生于西周，“会”和“计”两字最初有两种连缀方式，一种方式为将“会”置于“计”前，组合成“会计”，如《管子·四时》：“三政曰：效会计，毋发山川之藏。”《孟子·万章下》：“孔子尝为委吏矣，曰‘会计当而已矣’”。另一种方式为将“计”置于“会”前，组合成“计会”，如《六韬·龙韬·王翼》：“法算二人，主计会三军营壁、粮食、财用出入。”《战国策·齐策》：“后孟尝君出记，问门下诸客：‘谁习计会，能为文收责于薛者乎？’”两个词的含义大致相同，汉代以后，“会计”逐渐成为固定的单一用法。

清代学者焦循在《孟子正义》一书中，对“会”和“计”做过概括性的解释：“零星算为之计，总和算为之会。”

思考　为什么说经济越发展，会计越重要？

1.1.2 会计信息及其使用者

1. 会计信息

在会计信息中，有一部分是企业管理当局与外部利益各方共享的通用的会计信息，另一部分是出于竞争性自我保护，只供管理当局使用而不对外披露的会计信息。

我国企业会计准则中指出“财务会计目标是向财务会计报告使用者提供与企业财务状况、经营成果和现金流量等有关的会计信息，反映企业管理层受托责任履行情况，有助于财务会计报告使用者做出经济决策”，其中的“与企业财务状况、经营成果和现金流量等有关的会计信息”即是企业管理当局与外部利益各方共享的通用会计信息，这些信息是通过财务会计报告的形式提供给全部信息使用者的。

企业中诸如产品的成本水平与成本构成等信息，则只供管理当局使用，不要求对外披露。

2. 会计信息使用者

会计信息使用者主要包括企业管理当局、投资者、债权人、职工和政府职能部门。这些信息使用者出于不同的目的，对会计信息的关注点有所不同。

(1) 企业管理当局

企业管理当局是会计信息的内部使用者。处于单位领导和管理的最高层次，对于本单位的经济业务拥有决策权或者执行权，与单位其他人员之间是一种领导与服从的关系。企业要完成既定的经营目标，就必须对经营过程中遇到的各种重大问题进行决策，而正确的决策必须以相关的、可靠的信息为依据。当然，企业管理当局在决策过程中，除利用财务会计信息外，还可通过其他途径获取外部使用者无法掌握的内部信息。

（2）投资者

在公司制企业中，所有权与经营权分离，投资者通常不参加企业的日常经营管理，但需要利用会计信息对经营者受托责任的履行情况进行评价，并对企业经营中的重大事项做出决策。投资者通过对会计信息的分析，评价企业的财务状况与管理当局的经营业绩，检查管理当局是否实现了企业的经营目标；分析企业所处行业的市场前景、本企业的发展潜力和面临的风险，做出维持现有投资、追加投资或转让投资的决策；分析企业在市场竞争中的地位，制定企业的长远发展目标以及诸如企业扩张、收缩等方面的策略。

出资者除包括现有出资者外，还包括潜在的出资者。对于潜在的出资者来说，主要是根据财务会计信息评价企业的各种投资机遇、估量投资的预期成本和收益以及投资风险的大小，做出是否对该企业投资的决策。

（3）债权人

债权人是企业的信贷资金提供者。债权人提供资金的目的是按约定的条件收回本金并获取利息收入。债权人关心的问题是企业能否按期还本付息，所以，他更关注企业的偿债能力，通过分析评价资产与负债的比例、资产的流动性、企业的获利能力以及产生现金流量的能力，做出向企业提供贷款、维持原贷款数额、追加贷款、收回贷款或改变信用条件等决策。

（4）职工

企业研究决定生产经营的重大问题，制定重要的规章制度时，应当听取工会和职工的意见和建议；企业研究决定有关职工工资、福利、劳动保险等涉及职工切身利益的问题时，应当事先听取工会和职工的意见。职工在履行上述参与企业管理的权利和义务时，必然需要了解相关的会计信息。

（5）政府职能部门

国家通过税收、货币和财政政策进行宏观经济调控，以实现社会资源的优化配置。国民经济核算体系所提供的数据是调控的重要依据。企业会计核算资料是国家统计部门进行国民经济核算的重要资料来源。国家税务部门进行的税收征管是以财务会计数据为基础的。证券监督管理机构对企业证券的发行与交易进行监督管理，财务会计信息的质量是其监管的重要内容，真实可靠的会计信息是其对证券市场实施有效监管的重要保障。

思考 不同的会计信息使用者对会计信息的需求有什么不同？

1.1.3 会计学科

会计产生于对经济活动进行反映与控制的需要，为了保证信息提供的科学、有效，就必须对会计的实践进行总结，概括出其本质的、规律的和系统的理性认识，从而为人们对会计的认识提供依据、方法、程序和手段，对实践起指导作用，于是产生了会计学科。

会计学是经济管理学科的一个分支，是一门实践性很强的学科，其研究范畴既包括会计理论也包括会计实践；既研究会计的原理、原则，又研究会计原理和原则的具体应用，其主要特征是将企业经济活动的各种数据转化为系统的货币化的信息。本质上，会计是一个以提供财务信息为主的经济信息系统，通过对经济信息的加工，可以连续、系统、综合、全面地反映经济单位资金的运动，为信息使用者提供有用的经济信息，帮助他们做出正确的经济决策。

随着会计学研究内容的不断丰富与发展，会计学产生了许多分支，归纳起来通常有以下两个划分标准。一是按照研究的内容划分，会计学可分为基础会计学、财务会计学、管理会计学、成本会计学等；二是按照会计主体划分，会计学可分为公司与企业会计、预算会计、政府与事业单位会计、社会责任会计等。

本书主要从公司与企业角度讲述会计学基础与财务会计学的一般内容。

1.2 会计法规体系

会计法规体系是指导和约束会计工作的法律、法规、规章和规范性文件等有机构成体系的总称。它既是约束会计行为的标准，也是对会计工作进行评价的标准。我国的会计法规体系主要包括 3 个层次，即：会计法律、会计行政法规、国家统一的会计制度。

会计法律是指由全国人民代表大会及其常务委员会经过一定的立法程序制定的有关会计工作的法律，如《中华人民共和国会计法》（以下简称会计法）。会计法是制定其他会计法规的依据，也是指导会计工作的最高准则，于 1985 年 1 月 21 日在第六届全国人民代表大会常务委员会第九次会议通过，并经过了 1993 年和 1999 年的两次修订。现行会计法于 2000 年 7 月 1 日实施，它以法律的形式确立了会计工作的地位作用、管理体制、会计核算、会计监督、会计机构、会计人员职责以及会计工作必须达到的标准。

会计行政法规是由国务院制定发布，或者国务院有关部门拟订经国务院批准发布的，调整经济活动中某些方面会计关系的法律规范。如财政部发布的《企业会计准则》等。企业会计准则由财政部于 1992 年颁布，经过 2006 年和 2014 年两次修订和增补，包括基本准则和具体准则两部分。《企业会计准则——基本准则》是整个企业会计工作的规范，具有很强的约束力。基本准则共 11 章 50 条，其主要内容是，对财务会计报告的目标、会计基础、会计基本假设、会计要素和财务会计报告的基本要求做出了原则性规定。具体准则是为规范企业会计确认、计量和报告行为，保证会计信息质量，根据会计法和基本会计准则等法律法规制定的处理会计具体业务的规范。其具体内容可分为一般业务准则、特殊行业和特殊业务准则、财务报告准则三大类。到目前为止，我国已颁布了 1 项基本准则和 41 项具体准则。

国家统一的会计制度是指国务院财政部门根据会计法制定发布的关于会计核算、会计监督、会计机构和会计人员以及会计工作管理的制度，包括各种会计规章和会计规范性文件。如《企业会计制度》《小企业会计制度》《金融企业会计制度》《代理记账管理办法》《会计从业资格管理办法》《会计基础工作规范》《会计档案管理办法》等。

目前，我国已经形成以会计法为基本原则，以企业会计准则为指导核心，以会计制度为主要补充形式，以各项会计管理办法为保障的框架体系。

注意	除上述专门规范会计工作的法律法规外，其他法律中也有与会计相关的法律条款规定，如《中华人民共和国公司法》第八章公司财务、会计，第九章公司合并、分立、增资、减资等条目；《中华人民共和国企业所得税法》第一章、第二章等有关财务、会计的规定等。

思考	既然已经有《企业会计准则——具体准则》针对各种经济业务的会计处理做出了具体规定，那么为什么还有《企业会计制度》和《小企业会计制度》的存在呢？

1.3 会计假设与会计信息质量要求

1.3.1 会计假设

会计是经济环境的产物，经济环境的不确定对会计人员提出了挑战，如会计为谁记账？会计核算的业务范围是多大？会计核算的各项业务是否能一直持续下去？会计什么时候记账、算账、报账？以什么样的计量手段核算资金运动等。解决这些问题，是保证会计工作正常进行的基本前提条件。这些问题的解决是以合理的推断或人为的规定为基础做出的，因此也称为会计假设。

会计假设是企业会计确认、计量和报告的前提，是对会计核算所处的时间、空间等所做的合理设定。也就是说，会计假设并不是毫无根据的虚构设想，而是人们在会计实践中长期奉行的，无需证明便被人们接受的从事会计工作，研究会计问题的基本前提，是对客观情况合乎事理的推断，是企业设计和选择会计方法的重要依据。

会计假设包括以下 4 个方面内容：

1. 会计主体

会计主体是指会计确认、计量和报告的空间范围。具体来说，会计工作总是在某一特定的单位进行的。在会计主体假设的前提下，企业应当对其本身发生的交易或者事项进行会计确认、计量和报告，反映企业本身所从事的各项生产经营活动。

明确界定会计主体是开展会计确认、计量和报告等会计工作的重要前提。

（1）明确会计主体，才能划定会计所要处理的交易或事项的范围。对于一个特定单位来说，只有那些影响其本身经济利益的各项交易或者事项才能进行核算和报告。会计核算中所讲的资产、负债的确认，收入的实现，费用的发生，所有者权益的增减变化等，都是针对这个特定的会计主体的。

（2）明确会计主体，才能将会计主体的交易或事项与企业所有者的交易或事项分开来。即对于企业的所有者而言，除企业向其分配利润外，所有者自身发生的与该企业无关的经济业务不应纳入该企业会计核算的范围。

例如，赵先生同时经营一家餐馆和一家超市，从会计的角度，餐馆和超市是两个独立的会计主体，各自就自身财产物资、债权债务、经营成果进行核算，不能混淆。同时，赵先生也不能把自己所拥有的自住房产，日常生活开支记录在餐馆或超市的账目上。

应当指出的是，会计主体与法律主体并不完全是一个概念。作为一个法律主体，其经济上必然是独立的，因而法律主体应该是会计主体。但是反之，构成会计主体的并不一定是法律主体，例如自然人所创办的独资及合伙企业是会计主体，但不是法律主体。

2．持续经营

持续经营是指在可预见的将来，企业将会按照当前的规模和状态无限期地经营下去。即在可预见的未来，企业既不会停业、破产清算，也不会大规模削减业务。在以会计主体持续、正常的生产经营活动为假设前提的条件下，企业拥有的资产才能按原定的用途使用，其所拥有的债权等权利，将按预定的方式收回或行使；企业所承担的债务将如约偿还，经营成果也会不断地形成。

例如，赵先生的餐馆 3 年前从银行获得了 10 万元 5 年期的贷款，年利率为 8%，在这 3 年中，餐馆每年账面上都要记录 8 000 元的利息费用，并一直记录未清偿的借款 10 万元。如果赵先生的餐馆由于经营管理不善导致资不抵债，无法再正常经营下去，打算关闭，中断持续经营，那么以餐馆为借款主体借入的 10 万元债务，因债务人餐馆的解体应及时进行清算，也就不能按照既定的会计准则处理该债务的利息和本金了。

当然，在竞争日趋激烈的今天，持续经营假设只是一种理性假定，即在没有明确的证据表明企业将要破产清算的条件下，我们将认为企业的经营活动会持续下去。但这并不意味着企业真的会永远存在下去。因此，需要企业定期对其持续经营这一基本前提假设做出分析和判断。

3．会计分期

会计分期是将特定主体持续不断的生产经营活动人为地划分为若干连续的、长短相同的期间，据以结算账目和编制会计报表。会计分期假设是从持续经营假设引申出来的，也可以说是持续经营假设的客观要求。

企业的生产经营活动在时间上是持续不断的，但是，无论是企业的经营者还是投资者、债权人、政府、社会公众的决策，都需要及时的会计信息，不能等到歇业或一批产品完工。

以赵先生的两家企业为例，赵先生需要及时了解餐馆和超市各自的经营情况，这就需要两个会计主体每隔一段时间向赵先生报告各自的财产物资、债权债务，收入支出与盈利亏损等情况，那么多长时间向赵先生报告一次呢？

为了确定损益和编制财务会计报告，定期为使用者提供信息，就必须将持续不断的经营过程人为地划分成若干相等的期间，如一年、半年、一个季度或一个月，分期确认、计量和报告企业的财务状况、经营成果和现金流量，用来定期报告会计信息的相等的期间就是会计期间。会计期间通常分为年度和中期。一个完整的会计年度指公历 1 月 1 日至 12 月 31 日，会计中期指半年度、季度和月度。

正是有了会计期间，才产生了本期与非本期（以前期间、以后期间）的区别，才产生了权责发生制和收付实现制两种不同的记账基础，才使不同类型的会计主体有了记账的基准。也正是有了会计期间这个前提，才会使折旧、摊销等许多会计处理方法得以运用，并由此而产生了会计估计和会计人员的职业判断。

4. 货币计量

货币计量是指会计主体在对财务会计确认、计量和报告时统一采用货币单位作为主要计量单位，反映会计主体的生产经营活动。会计目标是向信息使用者提供数量化的财务状况和经营成果的信息，货币计量这一前提为会计核算提供了一个通用的量化标准，通过采用这种标准，可以将会计主体所发生不同种类的事项进行汇总，有利于信息使用者对会计信息进行分析、比较、利用。

例如，赵先生的超市要对进货、销货、水电费、人工费等进行会计核算，不论是对货物或固定资产这类实物，还是对债权债务，或是对收入、支出等进行会计核算，都要用货币来反映，如 1 月进货 10 万元，销货 18 万元，水电费、人工费等各项费用开支 2 万元，那么超市 1 月就有利润 6 万元。需要注意的是，除了货币这一主要计量单位外，企业往往还需要有其他计量单位进行辅助核算，以便为管理者提供数量化指标，例如，赵先生的超市 1 月购进的 10 万元货物包括方便面 10 箱，香烟 10 条，大米 100 千克等。

需要指出的是，以货币作为统一计量单位是建立在币值基本稳定的基础上的，“币值稳定”实质也是货币计量的附带假设。如果币值不稳定，货币计量假设就失去了基础，这一前提也应有所调整。

另外，采用货币计量也有不足之处，如企业的经营战略、企业的技术研发能力、企业的信誉度等影响财务状况和经营成果的因素都难以用货币来反映，因此，企业需要在财务报告中补充披露有关非财务信息，以弥补货币计量之不足。

思考	会计分期为什么以月、季、年作为分期标准？为了保证会计信息的及时，可不可以划分更短的会计期间呢？

1.3.2 会计信息质量要求

会计信息要为使用者提供有用的信息，所以必须要有一系列的规定以使企业会计信息的质量得到保证。《企业会计准则——基本准则》规定，企业提供的会计信息应符合以下要求。

1. 真实性

真实性要求是指“企业应当以实际发生的交易或者事项为依据进行会计确认、计量和报告，如实反映符合确认和计量要求的各项会计要素及其他相关信息，保证会计信息真实可靠、内容完整”。

真实性是会计信息的首要特征，也是会计工作的基本要求。真实性要求企业不得以虚构的、没有发生的或尚未发生的交易或事项为依据。真实可靠的会计信息应该是可验证的，应具有表述上的忠实性和中立性。同时，在符合重要性和成本效益原则的前提下，确保会计信息的完整性，不得随意删除或减少应予披露的信息，特别是与使用者决策相关的重要信息应当充分披露。

2. 相关性

相关性是指“企业提供的会计信息应当与财务会计报告使用者的经济决策需要相关，有助于财务会计报告使用者对企业过去、现在或者未来的情况做出评价或者预测”。

会计信息是否有用，是否有价值，关键要看其与使用者的决策需要是否相关，是否有助于决策或者提高决策水平。当会计信息具有反馈价值和预测价值时就表明它与相关性这一要求相符合。相关性还要求企业在确认、计量和报告会计信息的过程中，充分考虑使用者的决策模式和信息需要。

注意　我国在处理相关性和可靠性的关系上，更加注重可靠性，强调相关性以可靠性为基础，会计信息应在可靠性的前提下，尽可能地做到相关性，以满足投资者等财务报告使用者的决策需要。

3．可理解性

可理解性是指“企业提供的会计信息应当清晰明了，便于财务会计报告使用者理解和使用”。

企业编制财务报告、提供会计信息的目的在于使用，要使会计信息使用者有效地使用会计信息，就要求财务报告所提供的会计信息的内涵和具体内容在表达上应当清晰明了，便于财务会计报告使用者理解和使用。

需要注意的是，会计信息毕竟是一种专业性较强的信息产品，在强调会计信息的可理解性要求的同时，还应假定信息使用者具有一定的有关企业经营活动和会计方面的知识，并且愿意付出努力去研究这些信息。

4．可比性

可比性包含两层含义：

一是纵向可比性。即同一企业不同时期发生的相同或者相似的交易或者事项，应当采用一致的会计政策，不得随意变更。

企业经营业绩的走势是所有者考核管理层业绩的一项重要指标，为了比较不同期间的业绩，判断企业发展走势，就要求企业所提供的各个会计期间的会计信息具有可比性。

例如，甲公司 2014 年和 2015 年除折旧费用外的利润均为 70 万元，2014 年对固定资产采用直线法计提折旧，全年的折旧费用 1 万元，计算利润总额为 69 万元；如果 2015 年对该固定资产改用年数总和法计提折旧，全年的折旧费用就是 2 万元，计算利润总额为 68 万元。如果直接根据两年利润额得出 2015 年比 2014 年经营业绩差的结论就是不准确的，因为利润差额是由所采用的折旧方法不同所导致的，两年的会计信息不具有可比性。

满足会计信息可比性要求，并非表明企业不得变更会计政策，如果企业按照规定或会计政策变更后可以提供更可靠、更相关的会计信息，就可以变更会计政策。企业对于会计政策变更的情况，应当在附注中予以说明。

二是横向可比性。即不同企业发生的相同或者相似的交易或者事项，应当采用规定的会计政策，确保会计信息口径一致、相互可比。

对于相同或相似的经济事项，会计准则可能会提供多种可选择的会计政策，采用不同的会计政策所获得的会计信息会有一定差距，如果不同企业所采用的会计政策相同，它们的会计信息具有可比性，反之，不具有可比性。

例如，甲和乙分别经营相同行业、规模相当的甲企业和乙企业，赵先生打算选择其中一家进行投资，并将两家企业的利润指标作为投资参考。通过比较发现，甲企业的利润为 1 000 万元，乙企业的利润为 1 300 万元。赵先生是否应该据此选择账面利润高的乙企业作为投资对象呢？从会计的角度来看，赵先生首先要考虑两家企业的会计信息是否具有可比性，如果两者选用的会计政策有重大差异，那么它们的利润数据也可能相差很大，不能简单地判断乙企业的盈利高于甲企业。

考虑到可比性的问题，会计准则对会计政策的选择范围进行了限制，企业只能在准则允许的范围内选择会计政策，以此尽可能保证会计信息的可比性。

5．实质重于形式

实质重于形式是指“企业应当按照交易或者事项的经济实质进行会计确认、计量和报告，不应仅以交易或者事项的法律形式为依据”。

在绝大多数情况下，“交易或者事项”的经济实质与法律形式是一致的，例如，企业购买商品，卖方已经开具发票，商品已经验收入库。这项交易从法律形式上来看，已经开具发票并移交商品，商品所有权已经发生转移；从经济实质上判断，基于商品所有权上的主要风险和报酬已经发生转移。从会计角度看，无论从经济实质还是法律形式来判断，结果都是一致的，即商品应作为购买方的资产来核算。

在会计实务中，也存在着某些经济实质与法律形式不一致的情况。例如，以融资租赁方式租入的固定资产的业务处理。某企业与租赁公司签订融资租赁固定资产合同，由租赁公司出资购买承租企业指定设备，并由承租企业长期使用，承租企业定期向租赁公司支付租赁费。从法律形式上来看，所租赁设备的所有权属于租赁公司，不应作为承租企业的资产来核算；从经济实质上来看，承租企业拥有设备的长期使用权，并有权在租赁期末以低价取得设备的最终所有权，另外，租赁企业所支付的全部租赁费实际上已经基本相当于租赁公司购买设备所付款项与支付融资利息之和。在这种情况下，承租企业既支付了相当于购买设备的款项，也获得了基于该设备所有权的主要报酬并承担着主要风险，由此判断，租赁设备实质上为承租企业所“控制”，在会计上应依据实质重于形式的原则，将其作为承租企业的资产进行核算。

6．重要性

重要性是指“企业提供的会计信息应当反映与企业财务状况、经营成果和现金流量等有关的所有重要交易或者事项”。

会计信息是为信息使用者做出获取经济效益的决策服务的，而会计信息的取得、加工会产生相应的成本，企业在提供会计信息时要考虑成本效益的原则，不必详细报告所有会计信息，只要求对重要的会计事项按照规定的会计方法和程度进行处理，并在财务报告中予以充分、准确地披露，对于次要的会计事项则可以适当简化处理以节约核算成本。

某项会计事项是否具有重要性，在很大程度上取决于会计人员的职业判断。只要财务报告中提供的会计信息省略或者错报会影响报表使用者据此做出正确决策的，那么就认定该信息具有重要性。企业应当根据其所处的环境和实际情况，从项目的性质和金额的大小两方面来判断其重要性。不同行业、不同企业对重要性的具体判断标准存在一定的差异。

7．谨慎性

谨慎性是指“企业对交易或者事项进行会计确认、计量和报告应当保持应有的谨慎，不应高估资产或者收益、低估负债或者费用”。

面对经济活动中诸多不确定因素时，会计人员在会计处理上应保持谨慎的态度，充分估计到可能发生的风险和损失，使会计信息反映的是企业最不利或最保守状态下的情况。

在市场经济环境下，企业的生产经营活动面临着许多风险和不确定性，比如固定资产的使用寿命有多长，客户欠款收回的可能性有多大，售出的产品是否要承担保修义务等，这些问题无法提前确定，这就要求会计人员依据谨慎性要求做出职业判断，充分预计可能的负债和费用，不低估负债或者费用，不高估资产或者收益，避免夸大资产或者利润，掩盖不利因素，使会计信息使用者盲目乐观。如对应收款项计提坏账准备，期末存货采用成本与可变现净值孰低计价，对固定资产计提减值准备等都是谨慎性的具体表现。

需要注意的是，谨慎性的应用并不允许设置资产的秘密准备，不允许故意低估资产或者收益，或者高估负债或者费用。

8．及时性

及时性是指“企业对于已经发生的交易或者事项，应当及时进行会计确认、计量和报告，不得提前或者延后”。

会计信息的价值在于有助于信息使用者做出经济决策，它具有一定的时效性。会计信息在失去影响决策能力之前应及时提供给信息使用者。即使是可靠、相关的会计信息，如不及时提供，其价值往往也会随着时间的流逝而大大降低，甚至毫无实际意义。因此，在会计确认、计量和报告过程中贯彻及时性，就是要做到及时收集、处理和传递会计信息。

证监会发布的《上市公司信息披露管理办法》规定，上市公司应当披露年度报告、中期报告和季度报告。年度报告应当在每个会计年度结束之日起 4 个月内，中期报告应当在每个会计年度的上半年结束之日起 2 个月内，季度报告应当在每个会计年度第 3 个月、第 9 个月结束后的 1 个月内编制完成并披露。这些规定都是及时性要求的体现。

思考　会计信息质量的各项要求是否会出现相互冲突的情况呢？如果出现了，应该怎么办？

1.4　会计机构与会计人员

1.4.1　会计机构

会计机构是指直接组织领导和从事会计工作的职能部门。合理设置会计机构，是保证会计工作顺利进行的首要条件。我国会计机构实行的是分级管理、分工负责的制度：国务院财政部门管理全国的会计工作；地方各级人民政府的财政部门设置财会管理部门，管理本地区会计工作。各级财务部门接受上级主管部门的指导和监督。上级主管部门在统一规划，统一领导的前提下，发挥各级政府及企业的工作积极性。

1．基层会计机构的岗位设置

各单位可根据业务的需要设置单独的会计机构，也可以合并设置，即在有关机构中设置会计人员并指定会计主管人员。一般规模较大的独立核算单位应单独设置会计机构；规模较小或非独立核算单位可合并设置。不具备设置条件的，应当委托从事代理记账业务的中介机构代理记账。

会计机构内部要求合理分工，建立健全岗位责任制。对于工作内容繁杂，规模大的大中型企业，一般要分别进行资金、成本、销售、损益核算、稽核以及综合编表等工作，相应要设置会计岗、出纳岗、成本岗、稽核岗、综合岗等岗位。企业可以根据业务繁简程度设置不同专业岗位，严格执行岗位责任制。在会计人员不多的会计部门，可以根据工作内容划分会计人员的职权范围，可以实行一人一岗，也可以实行一人多岗或一岗多人，各司其职，责权明确。

2．会计机构内部控制制度

企业应建立、健全内部控制制度，对会计凭证、会计账簿、财务会计报告等会计资料的真实性、完整性进行控制，具体包括账证核对、账账核对、账实核对和账表核对方面的控制；财产物资的采购、验收、保管、盘点等方面的控制；资金的计划、审批、使用、保管等方面的控制。会计机构内部应当建立稽核制度。出纳人员不得兼任稽核、会计档案保管和收入、支出、费用、债权债务账目的登记工作；记账人员与经济业务事项和会计事项的审批人员、经办人员、财产物资保管人员的职责权限应当明确，并相互分离、相互制约；重大对外投资、资产处置、资金调配和其他重要经济业务事项的决策和执行的相互监督、相互制约程序应当明确；财产清查的范围、期限和组织程序应当明确；对会计资料定期进行内部审计的办法和程序应当明确。

1.4.2 会计人员

1．会计人员的组成及任职资格

狭义的会计人员指在单位或有关会计机构中从事会计工作的专业技术人员。广义的会计人员还包括会计中介机构的有关人员（如注册会计师）。

各单位应当在有关机构中配备会计人员并指定会计主管，或者委托经批准设立从事会计代理记账业务的中介机构代理记账。国有和国有资产占控股地位或者主导地位的大、中型企业必须设置总会计师。总会计师的任职资格、任免程序、职责权限由国务院规定。为了保证会计工作的质量，从事会计工作的人员必须取得财政部门颁发的会计从业资格证书。担任单位会计机构负责人（会计主管人员）的，除取得会计从业资格证书外，还应当具备会计师以上专业技术职务资格或者具有从事会计工作 3 年以上经历。

2．会计人员的职责权限

会计人员的职责是考核会计人员是否尽职尽责做好会计工作的标准。会计人员的权限是会计人员履行职责的重要保证。

（1）会计人员的职责

① 进行会计核算。会计人员必须按照《中华人民共和国会计法》《企业会计准则》和《企业会计制度》及其他有关财务、会计制度的规定，做好记账、算账、报账工作，如实反映经济活动情况，提供真实可靠的会计信息。

② 实行会计监督。会计人员通过会计工作对本单位各项经济业务的合法性、合理性进行监督，维护国家财经纪律。

③ 拟定本单位办理会计事务的具体办法。会计人员要根据国家和上级主管部门制定的法规、制度，结合本单位的特点和需要，建立健全适合本单位具体情况的会计制度、经济业务处理办法、账务处理程序等。

④ 参与拟订经济计划、业务计划，考核分析预算和财务计划的执行情况。

（2）会计人员的权限

为了保障会计人员能够顺利地履行自己的职责，国家赋予会计人员必要的工作权限，主要有：

① 会计人员有权要求本单位内部各有关部门、人员认真执行财务计划、预算及财务会计制度。

② 会计人员有权监督、检查本单位有关部门的资金活动、财务收支和财产保管、收发、计量、检验等情况，保证财产物资安全完整，收支合法、合理，有关部门要提供资料，如实反映情况。

③ 会计人员有权如实反映情况，对不真实、不合理的原始凭证不予受理，对不符合实际情况的会计记录做出反映，对不符合事实的会计报表予以抵制，对违反财经纪律和会计制度的行为，会计人员有权拒绝办理，并有权向单位领导或上级有关部门报告。

④ 会计人员有权参加重要的经营管理会议，参与经济计划的制订和经济合同的签订。

⑤ 会计人员有权要求内部各单位部门提供有关经济活动的相关资料。

1.5 会计职业道德

职业道德是某一职业组织以公约、守则等形式公布的，其会员自愿接受的职业行为标准。会计人员的职业道德，是指会计人员的职业品德、职业纪律、执业能力及职业责任等的总称。

会计人员在会计工作中应当遵守职业道德，树立良好的职业品质、严谨的工作作风，严守工作纪律，努力提高工作效率和工作质量。按照财政部发布的《会计基础工作规范》的规定，会计人员的职业道德的内容包括：

（1）爱岗敬业。会计人员应当热爱本职工作，努力钻研业务，使自己的知识和技能适应所从事工作的要求。

（2）熟悉法规。会计人员应当熟悉财经法律、法规、规章和国家统一的会计制度，并结合会计工作进行广泛宣传。

（3）依法办事。会计人员应当按照会计法律、法规和统一会计制度规定的程序和要求进行会计工作，保证所提供的会计信息合法、真实、准确、及时、完整。

（4）客观公正。会计人员办理会计事务应当实事求是、客观公正。从事会计工作，不仅要有高的业务素质，而且要有实事求是的精神和客观公正的作风，这样才能提高会计信息质量。

（5）做好服务。会计人员应当熟悉本单位的生产经营和业务管理情况，运用掌握的会计信息和会计方法，为改善单位内部管理、提高经济效益服务。

（6）保守秘密。会计人员应当保守本单位的商业秘密。除法律规定和单位领导人同意外，不能私自向外界提供或者泄露单位的会计信息。

案例

王某会计专业本科毕业后到某市一国债服务部工作，担任柜台出纳兼任金库保管员。20×0 年 5 月 11 日，王某偷偷从金库中取出国库券 30 万元，4 个月后，王某见无人知晓，胆子开始大了起来，又取出 50 万元，通过证券公司融资回购方法，拆借人民币 89.91 万元用来炒股，没想到赔了钱。王某在无力返还单位证券的情况下，索性于当年 12 月 14 日、15 日，将金库里剩余的 14.03 万元国库券和股市上所有的 73.7 万元人民币全部取出后潜逃，用化名在市一处民房租住隐匿。案发后，当地人民检察院立案侦查，王某迫于各种压力，于 20×1 年 1 月 8 日投案自首，检察院依法对其提起公诉。

思考 王某违背了哪些会计职业道德？

本章小结

物资资料的生产是会计产生的基础，会计随经济的发展而发展，经济越发展，会计越重要。会计通过特定的方法对企业的经济活动进行确认、计量和报告，从而提供满足各方信息使用者了解企业财务状况和经营成果等会计信息的需要。

会计核算的基本假设对会计核算的空间范围、时间范围、计量手段等问题做出合理设定。按照国际惯例，结合我国情况，我国的企业会计准则规定会计基本假设包括会计主体、持续经营、会计期间和货币计量。会计信息质量要求对企业财务报告中所提供的会计信息质量提出基本要求。企业会计准则规定，企业提供的会计信息应符合真实性、相关性、可理解性、可比性、实质重于形式、重要性、谨慎性和及时性要求。

各单位应当根据会计业务的需要，设置会计机构，配备会计人员。从事会计工作的人员必须取得财政部门颁发的会计从业资格证书。会计人员在会计工作中应当严格遵守职业道德，努力提高工作效率和工作质量。

阅读

1. 企业会计准则大规模修订

2014 年国家对会计准则进行了大规模的修订，相继修订 6 项企业会计准则（企业会计准则——基本准则、企业会计准则第 2 号——长期股权投资、企业会计准则第 9 号——职工薪酬、企业会计准则第 30 号——财务报表列报、企业会计准则第 33 号——合并财务报表、企业会计准则第 37 号——金融工具列报），并发布了 3 项新准则（企业会计准则第 39 号——公允价值计量、企业会计准则第 40 号——合营安排、企业会计准则第 41 号——在其他主体中权益的披露）及 1 项补充规定（金融工具会计准则补充规定——债务工具与权益工具的区分及相关会计处理），并要求从 2014 年 7 月 1 日起，在所有执行企业会计准则的企业范围内施行，鼓励在境外上市的企业提前执行。

此次修订借鉴相关国际会计准则，并保持与国际财务报告准则持续趋同，是继 2012 年企业会计准则修订后的又一次大规模修订。

2. 全面推进管理会计体系建设

2014 年 11 月 14 日，财政部出台《关于全面推进管理会计体系建设的指导意见》，分阶段地提出了中国管理会计体系建设的宏伟目标，即建立与我国社会主义市场经济体制相适应的管理会计体系。争取 3~5 年内，在全国培养出一批管理会计人才；力争通过 5~10 年左右的努力，中国特色的管理会计理论体系基本形成，管理会计指引体系基本建成，管理会计人才队伍显著加强，管理会计信息化水平显著提高，管理会计咨询服务市场显著繁荣，使我国管理会计接近或达到世界先进水平。

3. 政府会计改革

2014 年 9 月，财政部成立了政府会计准则委员会，12 月 31 日，国务院批转财政部《权责发生制政府综合财务报告制度改革方案》，对全面推进权责发生制的政府综合财务报告制度改革做出部署，指出必须推进政府会计改革，建立全面反映政府资产负债、收入费用、运行成本、现金流量等财务信息的权责发生制政府综合财务报告制度。

4. 修订事业单位会计制度

2014 年年底，财政部修订《科学事业单位会计制度》《高等学校会计制度》《中小学校会计制度》三类事业单位会计制度，并于 2014 年 1 月 1 日起在全国范围内实施，在核算内容和会计账户等方面都进行了较大调整，对预算管理、财务管理、会计核算、会计信息提供都提出了新的要求。

5. 会计法修订工作启动

现行会计法对会计工作涉及的新领域，如政府会计、管理会计、会计信息化、内部控制等内容没有做出具体规范，造成相关工作缺少法律依据，不能适应经济社会发展的实际需要。会计法自 1985 年颁布以来，历经两次修改之后，2014 年，再次修订会计法的步伐正在加快。在全国人大财经委、法工委以及国务院法制办的支持下，财政部邀集包括部分全国政协委员在内的相关专家召开座谈会，就会计法的再次修订进行研讨。此举标志着此次会计法的修订工作正式启动。

思考与练习

一、思考题

1. 会计与经济发展有什么关系？
2. 会计信息使用者有哪些？
3.《企业会计准则——基本准则》主要规范了哪几方面的内容？
4. 会计假设与会计信息质量要求的内容与作用是什么？
5. 对会计机构的设置有哪些规定？
6. 会计人员的职责权限有哪些？
7. 会计人员应该遵守的职业道德包括哪些内容？

二、单项选择题

1. 我国早在（　　）时期，就已经设立职司国家财计的独立职官系统，负责对国家经济活动进行核算和考核。

A. 夏　　B. 商　　C. 西周　　D. 春秋

2. 我国企事业单位使用的记账方法是（　　）。

A. 借贷记账法　　B. 增减记账法

C. 收付记账法　　D. 单项记账法

3.《企业会计准则》属于（　　）。

A. 会计法律　　B. 会计行政法规

C. 国家统一的会计制度　　D. 地方性规章

4. 确定企业会计确认、计量和报告的空间范围的会计假设是（　　）。

A. 会计主体　　B. 持续经营

C. 会计分期　　D. 货币计量

5. 财务会计确认、计量和报告统一采用货币单位作为主要计量单位。这是（　　）假设的规定。

A. 会计主体　　B. 持续经营

C. 会计分期　　D. 货币计量

6. 会计分期的目的是（　　）。

A. 为了适应生产经营过程中自然存在的阶段性时间间隔

B. 为了分期结算账目，及时获取会计信息

C. 为了和公历纪年方式保持一致

D. 为了将持续经营的期间人为地划分为若干相等的会计期间

7. “企业提供的会计信息应当与财务会计报告使用者的经济决策需要相关，有助于财务会计报告使用者对企业过去、现在或者未来的情况做出评价或者预测。”这符合（　　）要求。

A. 真实性　　B. 相关性　　C. 可比性　　D. 可理解性

8. 将融资租赁方式租入的固定资产作为企业的资产进行核算符合（　　）要求。

A. 实质重于形式　　B. 相关性　　C. 谨慎性　　D. 可理解性

9. 对固定资产等各项资产计提减值准备符合（　　）。

A. 真实性　　B. 相关性　　C. 谨慎性　　D. 可理解性

10. 国有和国有资产占控股地位或主导地位的大、中型企业必须设置总会计师，总会计师的任职资格、任免程序、职责权限由（　　）规定。

A. 国务院　　B. 财政部　　C. 企业董事长　　D. 企业总经理

三、多项选择题

1. 会计信息使用者包括（　　）。

A. 企业管理当局　　B. 投资者　　C. 债权人　　D. 企业职工

E. 政府职能部门

2. 会计假设包括（　　）。

A. 会计主体　　B. 持续经营　　C. 会计分期　　D. 货币计量

3. 以下符合谨慎性要求的有（　　）。

A. 对应收账款计提坏账准备

B. 期末对存货采用成本与可变现净值孰低计价

C. 融资租赁的设备作为企业的资产进行核算

D. 同一企业不同时期发生的相同或者相似的交易或者事项，应当采用一致的会计政策，不得随意变更。

E. 对无形资产计提减值准备

4. 企业应建立、健全内部控制制度，出纳人员不得兼任（　　）工作。

A. 稽核　　B. 会计档案保管

C. 收入、支出、费用账目的登记　　D. 债权债务账目的登记

E. 现金收付

5. 担任单位会计机构负责人的会计主管人员应具备以下（　　）条件。

A. 具有专科以上学历　　B. 取得会计从业资格证书

C. 具备会计师以上专业技术职务　　D. 从事会计工作 3 年以上

第2章 会计核算基础

本章介绍了会计的计量基础，阐述了会计对象按经济内容分类形成的会计六要素，并分析六要素之间的数量关系，对会计记账方法——借贷记账法的原理和应用做了系统解析。通过本章的学习，应掌握会计的计量基础、会计要素的确认标准及会计恒等式，理解经济业务影响会计要素的规律，能够熟练运用借贷记账法编制简单业务的会计分录，了解试算平衡的原理并能够编制试算平衡表。

2.1 会计确认与计量基础

2.1.1 权责发生制

实务工作中，企业交易或事项发生的时间与收取货币资金的时间并非完全一致，因此会产生现金流动与经济活动相分离的情况，例如货款已收到，但销售未实现或收到的是以前的销售款，或者款项已支付，但并不是因本期的经营活动而发生的费用支出。由此产生了两个确认和记录会计要素的标准：一是依据货币收支确认和记录收入或费用，称为收付实现制；另一个是依据取得收款权利或发生付款责任确认和记录收入或费用，称为权责发生制。

我国《企业会计准则——基本准则》第 9 条规定，“企业应当以权责发生制为基础进行会计确认、计量和报告”。

权责发生制，是指在会计核算中，按照收入实现以及费用发生并由本期负担作为确认本期收入或本期费用的标准的计量基础。在此基础上，收入与费用的确认不以款项的收付作为判断标准。如果收入是本期取得，不论货款是否收到，都应作为本期的收入；如果费用应由本期负担，不论款项是否支付，都应作为本期的费用。因此，权责发生制也称为“应收应付制”。

例如，某企业于20×5年3月发生以下2笔业务：

1. 向批发商赊销一批商品，价格200 000元，双方商定货款4月支付。
2. 预付了下季度的办公用房租金5 000元。

【分析】

1. 赊销商品，3月虽然未收到货款，但销售业务是3月发生的，应将200 000元确认为3月的收入。

2. 3 月支付了租金，导致了现金流出，但是由于预付的是下季度的租金，该项费用应该由下个季度承担，所以3月只需记现金减少，不记费用增加。

同一会计主体相同会计期间的业务，如果分别以权责发生制或收付实现制为基础进行核算，其收入和费用金额可能是相同的，也可能是不相同的。

例如，本期销售一批价值100 000元的产品，货款已经收存银行。

这项经济业务不论采用权责发生制还是收付实现制为基础，100 000 元货款都应该作为本期的收入，对于这类业务，两种确认基础的处理结果是一致的。

又例如，本期收到上月销售产品的货款 100 000 元存入银行。

如果采用收付实现制，由于本期收到货款，产生货币资金流入，所以 100 000 元应当作为本期的收入。如果采用权责发生制，因货款不是由本期经济业务的发生而获得的，该项资金流入不能作为本期收入，而应作为上期（销售月份）的收入。

假设企业某月有关损益的业务有以下 5 笔，分别按权责发生制与收付实现制确认损益的结果见表 2.1。

表 2.1　权责发生制与收付实现制对损益影响

经济业务	权责发生制			收付实现制		
	本月收入	本月费用	说明	本月收入	本月费用	说明
1. 收到上月产品销售货款 1 000 元	0	—	已作为上月收入确认	1 000	—	本月收到货币资金，作为本月收入
2. 销售产品 8 000 元并于当月收到货款	8 000	—	本月实现销售，作为本月收入	8 000	—	本月收到货币资金，作为本月收入
3. 销售产品 12 000 元，货款当月暂未收到	12 000	—	本月实现销售，作为收入	0	—	本月未收到货币资金，不作为本月收入
4. 预付下季度房租 9 000 元	—	0	应由下季度承担	—	9 000	本月支付货币资金，作为本月费用
5. 支付本月有关办公费 1 000 元	—	1 000	本月费用，应由本月承担	—	1 000	本月支付货币资金，作为本月费用
合计	20 000	1 000	本月利润 19 000	9000	10 000	本月亏损 1 000

权责发生制是依据持续经营和会计分期两个基本前提来划分不同会计期间资产、负债、收入、费用等会计要素的归属，并运用诸如应收、应付、预提、待摊等项目来记录由此形成的资产和负债等会计要素。

会计主体的经营带来数量繁多且持续不断的经济业务，其损益需要分期进行记录，每期损益应当反映属于当期的真实经营业绩，收付实现制不能完全做到这一点。因此，权责发生制能更加准确地反映特定会计期间实际的财务状况和经营业绩。

思考　企业会计准则规定了企业应当以权责发生制为基础进行会计确认、计量和报告。那么，收付实现制是不是就失去存在的意义了呢？

2.1.2　配比原则

会计主体的经济活动会带来一定的收入，也必然要发生相应的费用。费用的发生是为了获取收入，每期的利润是收入与费用相抵的结果。配比原则是某个会计期间或某个会计对象所取得的收入应与为取得该收入所发生的费用、成本相匹配，以正确计算会计主体在该会计期间的损益。

收入与费用之间的配比方式主要有以下两种：

一是因果关系配比，即某项收入与为取得该收入而发生的耗费配比。例如，产品销售取得的主营业务收入与所销售产品的取得成本相配比，可以计算该产品的销售利润。

二是期间配比，即某会计期间的收入与该期间发生的耗费配比。例如，将特定期间取得的收入与在此期间发生的费用进行配比，可以计算该期间的利润。

2.1.3 收益性支出与资本性支出

会计核算应严格区分收益性支出与资本性支出的界限，以正确计算各期损益。收益性支出指受益期不超过一年或一个营业周期的支出，即发生该项支出仅仅是为了取得本期收益；资本性支出是指受益期超过一年或一个营业周期的支出，即发生该项支出不仅是为了在本期取得收益，也是为了以后各期能够持续获取收益。资本性支出主要包括购买固定资产、无形资产等的支出。这类资产通常能够使用多年，随着资产的使用，按照受益原则和一定比例，通过转移、折旧和摊销等方法逐渐转化为各期的费用。

由此看来，与取得本期收益有关的支出，即本期的成本和费用，一是直接计入本期费用账户的收益性支出；二是以折旧、摊销等方式从资产账户转入本期费用账户的资本性支出。

收益性支出与资本性支出处理原则如图 2.1 所示。

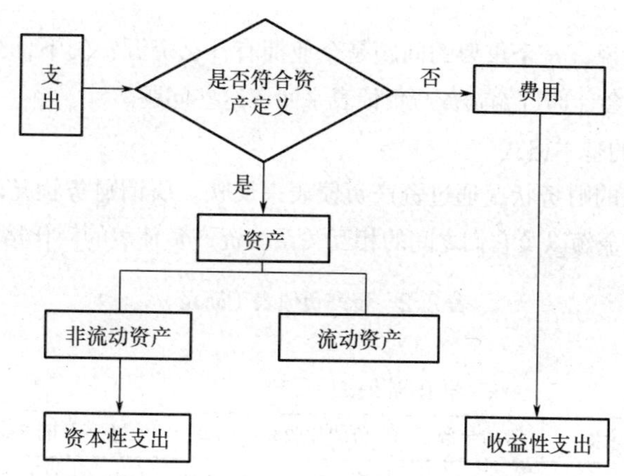

图 2.1 收益性支出与资本性支出处理原则

思考

赵先生的餐馆盈利了吗？

赵先生的餐馆 20×5 年 1 月开业，开业头一个月的经营情况如下：

1. 预付上半年房租 60 000 元。
2. 购入冰柜、空调、电脑等固定资产 50 000 元，预计使用寿命均为 5 年。
3. 采购各种食材、调料等 20 000 元，月末剩余 1 000 元。
4. 本月应付雇员工资 10 000 元，工资发放日为次月 10 日。
5. 全月营业额 50 000 元，其中 2 000 元为顾客赊账。
6. 收取下月包桌订金 500 元。
7. 全月实际发生水电费 2 000 元，费用已交。

2.2 会计要素与会计等式

会计核算的对象是会计主体的资金运动，即能够用货币表现的经济活动，也称交易或事项。由于经济业务纷繁复杂，因此有必要将这些经济活动按一定标准进行归类。会计要素是按照经济特征对经济活动所做的最基本的分类，它既是会计确认和计量的依据，又是确定财务报表结构和内容的基础。

《企业会计准则——基本准则》中将会计要素按照性质划分为资产、负债、所有者权益、收入、费用、利润六大要素。其中：资产、负债、所有者权益构成资产负债表的基本框架，侧重反映企业在某一特定时日的财务状况；收入、费用、利润构成利润表的基本框架，侧重反映企业在一定期间内的经营成果。因而这六项要素又被称为会计报表要素。

在会计工作中，针对每一项要素都涉及两个关键问题：确认和计量。“确认”解决的是将某一项目作为哪项会计要素内容进行记录并列示于财务报表的问题；“计量”解决的是将某一要素以何金额记录并列示于财务报表的问题。

2.2.1 资产负债表三要素

对于任何企业来说，一个重要的问题是企业拥有什么资源？欠下什么债务？归企业主所享有的权益有多少？会计通过编制资产负债表来回答这些问题。

1．资产负债表的基本格式

企业在特定时点的财务状况通过资产负债表来反映。所谓财务状况，就是资产、负债和所有者权益的构成、金额以及它们之间的相互关系。资产负债表的简化格式如表 2.2 所示。

表 2.2 资产负债表（简表）

会企 01 表

编制单位：　　20×5 年 12 月 31 日　　单位：元

资产	期末余额	年初余额	负债和股东（所有者）权益	期末余额	年初余额
流动资产			流动负债		
…			…		
非流动资产			非流动负债		
…			负债合计		
			股东（所有者）权益		
			…		
			股东（所有者）权益合计		
资产总计			负债及股东（所有者）权益总计		

2．资产负债表三要素

资产负债表三要素包括资产、负债和所有者权益。

（1）资产

资产是指企业过去的交易或者事项形成的、由企业拥有或者控制的、预期会给企业带来经济利益的资源。如现金、各种存货、设备、债权等。

资产应具有以下特征：

① 资产是由过去的交易或者事项所形成的。其中，“交易”是指本会计主体与外部主体之间所发生的价值交换行为，例如，购买存货、销售商品等；“事项”是指本会计主体内部所发生的价值转移行为，例如，企业内部消耗材料、生产产品等。只有过去的交易或者事项才能形成企业的资产。

② 资产应当能够为企业拥有或者控制。其中，“拥有”是指企业享有某项资源的法定所有权；“控制”是指企业虽然在法律形式上并不拥有资产的所有权，但该项资产上的主要收益和风险已经由其所享有或承担。例如，企业以融资租赁方式租入固定资产，具有租期长、租金高且租赁合同不可撤销等特点，因此该资产的使用和由此带来的收益能为承租企业控制，符合资产的定义，承租企业应将其作为资产加以确认、计量和报告。

③ 资产预期会给企业带来经济利益。资产应该具有直接或者间接导致现金或现金等价物流入企业的潜力。例如，企业可以通过销售商品增加现金流入，因此该商品可以确认为资产。如果前期已经确认为资产的项目，预期不能再为企业带来经济利益，就不再符合资产的确认条件。例如，企业商品发生毁损变质，不再具有任何价值，就应该从资产账中转出。

将一项资源确认为资产，并列示在资产负债表中，首先要符合资产定义，其次还要同时满足以下两个条件：其一，与该资源有关的经济利益很可能流入企业；其二，该资源的成本或者价值能够可靠地计量。

思考

下面这些业务发生了，企业是否要确认或继续确认资产呢？为什么？

1. 企业销售一批商品，还未确认收入即获悉买方因牵涉一场经济纠纷，预计将负有巨额赔偿义务，商品货款收回的可能性很小。该企业是否还要确认应收账款这项资产呢？

2. 自创商誉，是否要确认为企业的商誉？

3. 企业一商品因毁坏变质，不再具有任何价值，应该怎么处理呢？

资产按其流动性的不同可以分为流动资产和非流动资产两大类。流动资产是指可以在 1 年或者超过 1 年的一个营业周期内变现或被耗用的资产。包括货币资金、交易性金融资产、应收及预付款项、存货等。除流动资产以外的其他资产属于非流动资产，包括长期股权投资、固定资产、无形资产等。

资产项目列示在资产负债表的左侧，反映企业资产的规模与构成。

（2）负债

负债是指企业过去的交易或者事项形成的、预期会导致经济利益流出企业的现时义务。如从银行取得的贷款、应付给供应商的货款、应支付给员工的工资等。

负债应具有以下特征：

① 负债是由企业过去的交易或事项所形成的。“过去的交易或事项”包括对外发行债券、购买货物、取得贷款等。企业预期在未来将会发生的交易或事项可能产生的债务不形成负债，例如，企业与供货商签订了购货合同，但购货业务尚未发生，无需确认应付购货款债务。

② 清偿负债会导致经济利益流出企业。企业履行义务，无论以现金资产、实物资产，还

是以提供劳务、将负债转为资本或者是以举借新债偿还旧债等何种方式偿还债务，最终都会导致企业经济利益的流出。

③ 负债是企业承担的一项现实义务。“现时义务”是指企业在现行条件下已承担的义务，可以是法定义务，也可以是推定义务。法定义务是指具有约束力的合同、法律、法规规定的义务。例如，企业依据合同偿还购货款，企业依据税法规定缴纳的税款等均属于企业承担的法定义务，必须依法予以偿还。推定义务是根据过去的习惯做法、公开承诺或者公开宣布的政策而导致企业将承担的责任。例如，预期为售出商品提供的保修服务，符合条件的应将其作为一项负债。

将一项现实义务确认为负债，并列示在资产负债表中，首先要符合负债定义，其次还要同时满足以下两个条件：其一，与该义务有关的经济利益很可能流出企业。其二，未来流出的经济利益的金额能够可靠地计量。

思考

这些业务发生了，企业是否要确认负债呢？为什么？

1. 与银行达成一项贷款意向。

2. 因一项经济纠纷，企业被起诉，法院已受理案件，但审理尚未结束，审理结果如何无法判断。

负债按其流动性，即偿还期限的长短，可以分为流动负债和非流动负债两大类。流动负债是指主要为交易目的而持有，预计在 1 年（包括 1 年）或一个正常营业周期内应予清偿的负债。包括短期借款、应付账款、应付票据、预收账款、应交税费、应付职工薪酬、应付股利、应付利息、其他应付款等。流动负债以外的负债为非流动负债。包括长期借款、应付债券、长期应付款、专项应付款等。

负债项目列示在资产负债表的右侧，反映企业资产的债务来源。

（3）所有者权益

所有者权益是指企业资产扣除负债后，由所有者享有的剩余权益。股份公司的所有者权益又称为股东权益。所有者权益表明企业的产权关系，即企业归谁所有。所有者权益只是在整体上与企业资产保持数量关系，与企业某项特定的资产无直接关系。所有者仅对企业的净资产拥有要求权。例如，企业解散、破产清算时，应首先以企业资产清偿债务之后，若有剩余才能由所有者进行分配。

所有者权益的增加有两个途径，一是所有者缴存的资本金，表现为初始投资或追加投资时增加的注册资本和资本增值，以“实收资本”和“资本公积”列示在报表中；二是企业经营所得净利润的累积，当企业产生净利润时，既可以将利润分配给企业所有者，也可以用于企业进一步的发展，已分配给所有者的利润称为股利，留在企业中用于企业进一步发展的利润称为留存收益，以“盈余公积”和“未分配利润”列示在报表中。

所有者权益不是一个独立的要素，其确认、计量需要依赖于资产和负债要素。所有者权益项目列示在资产负债表的右侧，反映企业资产的来源。

2.2.2 利润表三要素

企业通常最关心的问题是是否能够赚到钱，即企业是否盈利，它所产生的资源是否比它消耗的资源多。会计通过编制利润表来回答这些问题。

1．利润表的基本格式

企业经过一段时间的生产经营，取得多少收入，发生多少费用，最终经营成果如何是通过利润表来反映的。利润表的简化格式如表 2.3 所示。

表 2.3　利润表（简表）

会企 02 表

编制单位：　　　　　　　　　　20×5 年度　　　　　　　　　　单位：元

项目	本期金额
营业收入	
减：营业成本	
管理费用	
销售费用	
…	
净利润	

2．利润表三要素

利润表三要素包括收入、费用和利润。

（1）收入

收入是指企业在日常活动中形成的、会导致所有者权益增加的、与所有者投入资本无关的经济利益的总流入。收入具有如下特征：

① 收入是企业日常活动中形成的，而不是从偶然发生的交易或事项中产生的。其中，日常活动是指企业为完成其经营目标而从事的所有经常性活动以及与之相关的活动。例如，工业企业制造并销售产品，运输公司提供运输服务，会计师事务所提供会计、审计、税务服务等均属于企业的日常活动。由此产生的经济利益的总流入构成收入。

不属于企业日常活动的交易或事项为企业带来的经济利益，不属于收入要素，应作为利得。如工业企业出售固定资产的净收益。

② 收入最终能够导致企业所有者权益的增加。收入既可能表现为企业资产的增加，例如，销售产品可以增加货币资金或债权；也可能表现为企业负债的减少，例如，发出客户订购的商品抵偿预收购货款；或者两者兼而有之，例如，企业预收的款项少于所销售商品的价款，在交货时形成的收入，既减少了企业负债又同时使企业拥有向购货方收取其剩余价款的权利。由于收入能使企业资产增加或负债减少，所有者权益又是指资产扣除负债后由所有者享有的剩余权益，因此，企业取得收入必然会导致所有者权益增加。

③ 收入是与所有者投入资本无关的经济利益的流入。有些导致企业经济利益流入的情况不属于收入，例如，所有者投入的资本金，不是企业生产经营活动的成果，而是企业所有者注入企业的进行生产经营活动的“本钱”，应当直接计入所有者权益。

企业收入的来源渠道和特征不同，其收入确认条件也存在着一定的差异。我国企业会计准则规定，收入确认要同时满足以下 4 个条件：其一，企业已将商品所有权上的主要风险的报酬转移给购货方；其二，企业既没有保留通常与商品所有权相联系的继续管理权，也没有对已售出的商品实施有效控制；其三，与交易相关的经济利益很可能流入企业；其四，相关的收入和成本能够可靠地计量。

（2）费用

费用是指企业在日常活动中发生的、会导致所有者权益减少的、与向所有者分配利润无关的经济利益的总流出。费用具有以下特征：

① 费用是企业在日常活动中形成的。日常活动产生的费用通常包括销售成本、折旧费、管理费用等。偶然发生的经济活动导致经济利益流出不能确认为费用，而应该作为损失处理。例如，自然灾害给企业造成的损失、企业违约支付的罚款等。

② 费用是与向所有者分配利润无关的经济利益的流出。费用的发生会导致经济利益的流出，既可能表现为企业资产的减少，也可能表现为企业负债的增加，或者两者兼而有之。例如，用银行存款支付办公费用，费用发生导致资产减少；又例如，某月产生应付未付的电话费，当月费用增加导致负债的增加。尽管向所有者分配利润也会导致经济利益的流出，但是该经济利益的流出属于所有者权益的抵减项目，不应确认为费用。

③ 费用最终会减少企业的所有者权益。与费用相关的经济利益的流出必然会导致所有者权益的减少。例如，以银行存款支付水电费导致企业经济利益流出企业，费用的增加减少了利润，最终减少了所有者权益。但是如果经济利益的流出只是偿还了负债，并未导致所有者权益减少，则不应将其作为费用予以确认。

费用的确认除了应当符合定义外，还应当同时满足以下 3 个条件：其一，与费用相关的经济利益很可能流出企业；其二，经济利益流出企业的结果会导致企业资产的减少或负债的增加；其三，经济利益的流出金额能够可靠计量。

（3）利润

利润是指企业在一定会计期间的经营成果。它反映的是企业的经营业绩情况。

利润包括收入减去费用后的净额、直接计入当期损益的利得和损失等。

直接计入当期损益的利得和损失，是指应计入当期损益、最终会导致所有者权益发生增减变动的、与所有者投入资本或者向所有者分配利润无关的利得或者损失。

利润并不是一个独立的会计要素，利润的确认主要依赖于收入、费用、利得和损失的确认，其金额的确定也主要取决于收入、费用、利得和损失的计量。

2.2.3　会计恒等式

1. 会计恒等式

作为会计核算具体内容的六要素之间存在着一定的关系，这种关系以公式来表示就是会计恒等式。

企业经营需要资金，资金的最初来源是投资者以现金或其他资产形式的投入。在以后的生产经营中，企业还可以通过负债的方式筹集到资金，这些资金以不同的形式存在，且在各种存在形式间不断发生转化。也就是说，资金的来源有两个渠道：一是所有者自有资金的投入，二是以不同形式筹集的债务资金。来源于不同渠道的资金被各种资产所占用，形成了资金存在的各种形态。如现金、银行存款、原材料、固定资产等。资产表明企业拥有或控制多少经济资源，负债和所有者权益表明谁提供了这些资金。资金的提供者对企业的资产拥有要求权。

资金的占用与资金的来源在金额上存在的这种平衡关系用公式表示为：

资产=负债+所有者权益

从公式中可以看出，企业全部资产中，一部分归债权人所有，即债权人对企业资产的求偿权，因此负债也称为债权人权益；剩余的部分，即总资产中扣除负债后的余额归企业所有者所有，也就是说，所有者权益是所有者对企业净资产的要求权。

会计期末，企业的收入和费用经过配比之后，可以获得当期的经营成果，即利润或亏损。用公式表示为：

利润（或亏损）=收入−费用

这一关系是资金运动的动态表现，企业的盈利或亏损会使得资金的来源数量增加或减少。

会计期末，通过对净利润的分配，一部分利润向所有者分配后流出企业，同时导致等式左侧的资产和右侧的权益等额减少，剩余部分以盈余公积或未分配利润的形式留存在企业中，归所有者所享有（或承担），构成所有者权益的一部分。

“资产=负债+所有者权益”这一会计恒等式反映了会计基本要素之间的数量关系，是复式记账法的理论基础，也是处理经济业务，编制财务报表的理论依据。

2．经济业务的发生对会计恒等式的影响

经济业务的发生必然导致某一项或几项会计要素金额的变动。那么，当经济业务发生时，作为反映六要素之间关系的会计恒等式会因此发生什么变化？六要素之间的恒等关系是否会因此遭到破坏呢？

为了解释这一问题，举例说明如下。

【例 2.1】企业取得银行贷款 100 000 元，存入本企业存款账户。

这项业务增加了企业资产中的银行存款，同时也使得对银行的贷款负债等额增加。

资产+100 000 = 负债+100 000 + 所有者权益

【例 2.2】企业按法定程序减资 200 000 元，以银行存款向所有者支付减少投资的金额。

这项业务减少了企业资产中的银行存款，同时所有者权益中的实收资本也相应等额减少。

资产−200 000 = 负债 + 所有者权益−200 000

【例 2.3】企业从银行提取现金 2 000 元备用。

这项业务使资产中的库存现金增加，同时资产中的银行存款等额减少。

【例 2.4】企业开出并承兑一张 15 000 元的承兑商业汇票，用于抵偿所欠供应商的购货款。

这项业务使得企业对供应商的应付账款负债得以偿还，但产生了等额的对供应商的应付票据负债。

资产 = 负债+15 000−15 000 + 所有者权益

再例如，企业用盈余公积金转增资本。这项业务使企业所有者权益中的盈余公积和实收资本等额一减一增。

由上可见，经济业务的发生，引起各会计要素金额的变化，但会计恒等式的相等关系并未因此而发生改变。

任何一笔经济业务，对会计要素的影响都不是单一的，每笔经济业务都需要在受到影响的不同要素中同时进行记录。企业经济业务复杂多变，但有规律可循，根据经济业务对会计恒等式的影响，可以将其归纳为以下 4 种类型，如图 2.2 所示。

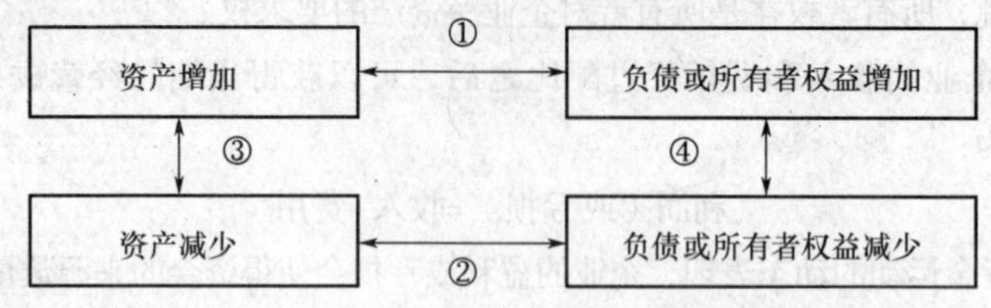

图 2.2 经济业务对会计恒等式的影响

（1）资产和权益同时增加，增加金额相等。

这种类型又包括以下 2 种情况：

① 资产增加，同时负债等额增加。如【例 2.1】。

② 资产增加，同时所有者权益等额增加。

例如，收到投资者作为股份投入到企业的资金。

（2）资产和权益同时减少，减少金额相等。

这种类型又包括以下 2 种情况：

① 资产减少，同时负债等额减少。

例如，用银行存款偿还欠供应商的购货款。

② 资产减少，同时所有者权益等额减少。如【例 2.2】。

（3）资产内部有增有减，增减金额相等。如【例 2.3】

（4）权益内部有增有减，增减金额相等。

这种类型又包括以下 4 种情况：

① 负债内部有增有减，增减金额相等。如【例 2.4】。

② 所有者权益内部有增有减，增减金额相等。

例如，用盈余公积转增实收资本。

③ 负债增加，同时所有者权益等额减少。

例如，企业宣告向股东分派现金股利。

④ 负债减少，同时所有者权益等额增加。

例如，企业将某债权人的债权转为该债权人在企业中占有的股权，即“债转股”。

注意

从会计恒等式来分析，无论什么业务发生，对会计要素的影响类型必定是这几种情况之一：

- 等式左方内部有增有减，增减金额相等；
- 等式右方内部有增有减，增减金额相等；
- 等式左右同增或同减，增减金额相等。

由于收入的增加表现为资产的增加或负债的减少从而导致所有者权益增加，费用的增加表现为资产的减少或负债的增加从而导致所有者权益的减少，因此，收入与费用的增减实质上反映为资产、负债、所有者权益 3 个要素的增减变化。涉及收入和费用的经济业务自然也

不会破坏会计等式的相等关系。

通过以上分析可以得出结论，无论发生什么经济业务，都不会改变会计恒等式的平衡关系。

思考　企业以 100 000 元的价格销售一批商品。这项经济业务如何影响会计要素？对会计等式的影响是什么？

2.3 会计科目与账户

2.3.1 会计科目

会计科目是按照经济业务的内容和经济管理的要求，对会计要素的具体内容进行分类核算的具体项目。每一个会计科目都反映一项特定的经济内容。会计科目是会计核算的基础，也是会计报表项目的基本单位。

为了规范各类企业交易或者事项的会计核算，企业会计准则应用指南对会计科目做出了规定，按资产、负债、所有者权益、收入、费用、利润六要素进行划分，共分为 6 类，分别是资产类、负债类、所有者权益类、共同类、成本类、损益类。其中，成本类科目属于生产制造过程中的资产，损益类包括收入和费用两大要素以及计入损益的得利和损失，利润为收入与费用相抵后的余额，未单独列示，利润内容分别用“本年利润”和“利润分配”科目表示，归在所有者权益类别中。

注意　共同类科目是既有资产性质，又有负债性质的具有共性的科目，多为金融、保险、投资、基金等公司使用，包括清算资金往来、货币兑换、衍生工具、套期工具、被套期项目。本书不涉及共同类科目的使用。

每个会计科目都有唯一编号，供企业填制会计凭证、登记会计账簿、查阅会计账目、采用会计软件系统时参考。企业常用会计科目如表 2.4 所示。

表 2.4　企业常用会计科目

编号	会计科目名称	编号	会计科目名称	编号	会计科目名称
一	资产类	1131	应收股利	1471	存货跌价准备
1001	库存现金	1132	应收利息	1501	持有至到期投资
1002	银行存款	1221	其他应收款	1502	持有至到期投资减值准备
1012	其他货币资金	1231	坏账准备	1503	可供出售金融资产
1101	交易性金融资产	1402	在途物资	1511	长期股权投资
1121	应收票据	1403	原材料	1512	长期股权投资减值准备
1122	应收账款	1405	库存商品	1601	固定资产
1123	预付账款	1411	周转材料	1602	累计折旧

续表

编号	会计科目名称	编号	会计科目名称	编号	会计科目名称
1603	固定资产减值准备	2232	应付股利	6001	主营业务收入
1604	在建工程	2241	其他应付款	6051	其他业务收入
1606	固定资产清理	2501	长期借款	6101	公允价值变动损益
1701	无形资产	2502	应付债券	6111	投资收益
1702	累计摊销	三	所有者权益类	6301	营业外收入
1703	无形资产减值准备	4001	实收资本	6401	主营业务成本
1901	待处理财产损溢	4002	资本公积	6402	其他业务成本
二	负债类	4101	盈余公积	6403	营业税金及附加
2001	短期借款	4103	本年利润	6601	销售费用
2201	应付票据	4104	利润分配	6602	管理费用
2202	应付账款	四	成本类	6603	财务费用
2205	预收账款	5001	生产成本	6701	资产减值损失
2211	应付职工薪酬	5101	制造费用	6711	营业外支出
2221	应交税费	5301	研发支出	6801	所得税费用
2231	应付利息	五	损益类		

会计科目按其所提供信息的详细程度及其统驭关系，又分为总分类科目（也称一级科目）和明细分类科目（也称明细科目）。总分类科目对会计要素具体内容进行总括分类，提供总括信息；明细分类科目对总分类科目作进一步分类，提供更详细的会计信息，明细分类科目可以根据核算内容的详细程度分别设置二级明细科目、三级明细科目等。

总分类科目与明细分类科目举例说明如表 2.5 所示。

表 2.5　总分类科目与明细分类科目设置

总分类科目	二级明细科目	三级明细科目
银行存款	中国银行	
	建设银行	
	农业银行	
应收账款	A 公司	
	B 公司	
原材料	原料及主要材料	甲材料
		乙材料
		丙材料
	辅助材料	丁材料

企业在不违反会计准则中确认、计量和报告规定的前提下，可以根据本单位的实际情况自行增设、分拆、合并会计科目。企业不存在的交易或者事项，可不设置相关会计科目。对于明细科目，企业可以比照准则规定科目自行设置。

2.3.2 会计账户

会计科目只是为会计核算的具体内容进行了专业"命名"，对会计事项确定了应该使用的专业名称。但无法对经济业务发生导致的要素金额增减变动进行反映。因此必须为会计科目赋予特定的结构，以便分类、连续地记录经济业务，反映会计对象增减变动情况及结果。账户就是按照规定的会计科目，在账簿中对会计对象的具体内容进行分类、连续记录的户头。

1. 账户的结构

会计账户的主要构成部分包括账户的名称、业务金额增加、业务金额减少和业务金额结存。账户的格式主要体现在账簿中，以账页的形式存在。账户的简化格式类似汉字"丁"和字母"T"，因此被称为"丁"字账户或"T"形账户。

提示　完整的账户格式在本书第 3 章 3.3 中详细介绍。

【例 2.5】现以库存现金为例对简化账户加以说明。

某企业 1 月初有库存现金 1 000 元，1 月 2 日支出 300 元，1 月 5 日收到 1 200 元，1 月 12 日支出 900 元，1 月 14 日收到 800 元，1 月 26 日支出 230 元。用账户来反映如图 2.3 所示。

库存现金

日期	摘要	金额	日期	摘要	金额
1/1	期初余额	1 000			
1/5	增加	1 200	1/2	减少	300
1/14	增加	800	1/12	减少	900
			1/26	减少	230
1/31	本期增加合计	2 000	1/31	本期减少合计	1 430
1/31	期末余额	1 570			

图 2.3

期末余额=期初余额+本期增加金额-本期减少金额

2. 总分类账户和明细分类账户

实际工作中，为了提供经济业务的总括核算资料和详细核算资料，需要按账簿反映内容的详细程度，分别设置总分类账户和明细分类账户。

（1）总分类账户

总分类账户是根据总分类科目开设的账户，又称"总账账户"或"一级账户"，简称"总账"。如"原材料"总分类账户反映的是企业全部材料的增减变化及结存情况。

按照总分类账户进行的总括性的会计核算称为总分类核算，它可以全面概括地反映和监督各单位的资金运动。总分类账户所提供的资料是编制会计报表的主要依据，总分类账户的记录采取货币形式，只需要进行金额核算。

（2）明细分类账户

明细分类账户是根据明细分类科目开设的，提供某一总分类账户下具体且详细的经济信息的核算资料，用来对会计要素的具体内容进行明细分类核算的账户，简称"明细账"。通常情况下，企业经济业务发生后，如果仅对该业务按会计要素和涉及的科目记入总分类账户，不能详细反映企业要了解的具体经济业务，不能满足业务分析的需要。此时，就要对该项业务进行再一次的具体细分，即通过明细分类账户记录该业务的详细情况。明细分类账户通常可以采用货币与其他辅助计量方式同时对经济业务进行详细记录。

（3）总分类账户与明细分类账户的平行登记

总分类账户和明细分类账户登记的经济业务内容相同，只是详略程度不同。在会计核算中，对两者要采用平行登记的方法。

平行登记是指凡是涉及明细分类账户的同一笔经济业务，都要在总分类账户以及所属明细分类账户中进行登记。平行登记要点有以下 3 项。

① 同期间。对某一项经济业务，在同一会计期内，既要记入有关的总分类账户，又要记入其所属的有关明细分类账户，不能漏记或重记。

② 同方向。对某一项经济业务，记入总分类账户中的方向应与记入其所属明细分类账户中的方向一致。

③ 同金额。即将一笔经济业务记入几个明细分类账户时，则记入总分类账户的金额，应与记入所属于明细分类账户的金额之和相等。

【例 2.6】某公司 20×5 年 7 月初"原材料"账户期初余额 6 000 元，其中，甲材料 800 千克，单价 5 元，乙材料 500 千克，单价 4 元。7 月购进甲材料 400 千克，单价 5 元，乙材料 600 千克，单价 4 元；7 月耗用甲材料 1 000 千克，乙材料 500 千克。

【分析】经济业务在"原材料"总分类账户中的登记方向与在所属"甲材料"和"乙材料"两个明细分类账户中登记方向相同；"原材料"总分类账户与"甲材料"和"乙材料"两个明细分类账户都应在 20×5 年 7 月进行登记；"原材料"总分类账户期初余额（6 000）等于所属两个明细账"甲材料"和"乙材料"期初余额之和（4 000+2 000）；总分类账户本期增加（4 400）和本期减少额（7 000）等于所属两个明细账本期增加额之和（2 000+2 400）和本期减少额之和（5 000+2 000）；总分类账期末余额（3 400）等于所属两个明细账期末余额之和（1 000+2 400）。

该公司"原材料"总账与其所属明细账登记如图 2.4 所示。

原材料

期初余额	6 000		
本期增加	4 400	本期减少	7 000
本期合计	4 400	本期合计	7 000
期末余额	3400		

原材料——甲材料

期初余额	4 000		
本期增加	2 000	本期减少	5 000
本期合计	2 000	本期合计	5 000
期末余额	1 000		

原材料——乙材料

期初余额	2 000		
本期增加	2 400	本期减少	2 000
本期合计	2 400	本期合计	2 000
期末余额	2 400		

图 2.4 "原材料"总账与其所属明细账登记

注意 实际工作中，明细分类账往往要在货币计量的基础上辅以其他计量单位，以

注意 便能够反映经济业务的详细内容。例如，上例中“甲材料”和“乙材料”两个明细分类账，在实际工作中进行账户登记时，既要登记甲材料和乙材料的金额，还要分别登记两种材料的数量和单价。账簿的登记详见第3章3.3中的内容。

2.4 借贷记账法

2.4.1 记账方法

通过账户分类、连续地记录经济业务，反映会计对象增减变动情况及结果，需要运用特定的记账方法来完成。记账方法是根据单位发生的经济业务（或会计事项），运用一定的记账符号和记账规则将经济业务登记在账户上的技术方法。

按照记录经济业务方式的不同，记账方法可分为单式记账法和复式记账法。

单式记账法是对所发生的经济业务只在一个账户进行登记的方法。单式记账法一般只记录货币资金收付和债权债务结算业务，账户与账户之间没有必然的内在联系，也没有账户之间相互对应平衡的概念。单式记账法只能反映经济业务的一个侧面，会计记录之间不存在相互勾稽关系，是一种不完整的简易记账方法。

复式记账法是对所发生的经济业务，以相等的金额同时在两个或两个以上相互联系的账户中进行登记的方法。在复式记账法下，由于对每项经济业务都以相等的金额在相互联系的账户中做双重记录，账户之间存在相互勾稽关系，可以反映完整的经济业务，还可以用试算平衡的方法检验账簿记录的正确性。

复式记账法因其科学性已被世界各国广泛采用。我国《企业会计准则——基本准则》第11条规定“企业应当采用借贷记账法记账”。

阅读

新中国成立以后采用过的复式记账法

新中国成立后的会计实务中先后采用过的复式记账方法有增减记账法、收付记账法和借贷记账法。增减记账法是用“增”和“减”作为记账符号的一种复式记账法，是我国20世纪60年代商业系统采用的记账方法，现已停用。收付记账法是用“收”和“付”作为记账符号的一种复式记账法，是在我国传统收付记账法基础上发展起来的一种复式记账法，又分为现金收付记账法和资金收付记账法等。我国预算会计曾经长期采用收付记账法，从1998年起，预算会计全部改为借贷记账法。

2.4.2 借贷记账法

1．借贷记账法的含义

借贷记账法是以“资产=负债+所有者权益”的会计恒等式为理论依据，以“借”和“贷”作为记账符号的一种复式记账法。借贷记账法是目前国际上通用的记账方法。

结合经济业务发生对会计恒等式的影响（本章 2.2.3 小节），任何一笔经济业务发生必然导致某项要素金额的变动，而每一种变动情况必然同时涉及“借”和“贷”两个记账方向，且两个方向登记的金额必然相等。因此，借贷记账法的记账规则可以表述为“有借必有贷，借贷必相等”。

借贷记账法起源于 13—14 世纪的意大利。最初，“借”和“贷”两个字表达特定的含义，借贷资本家从贷主处借入款项时，将所借款项计入贷主名下的贷方，归还记入借方；将款项贷出时，将所贷款项计入借主名下的借方，收回记贷方。贷主名下所记内容表示的是借贷资本家债务的增减变动，借主名下所记内容表示的是借贷资本家债权的增减变动。即“借”和“贷”最初反映了借贷双方的债权债务关系。但是，随着经济的发展，借贷记账法也在不断发展和完善，会计核算的对象不再仅仅局限于债权和债务关系，而是逐步扩展到财产物资、经营损益和资本的增减变化，“借”“贷”两字也逐渐失去其本身的含义，演变为纯粹的记账符号。

对经济业务的会计核算，就是分析经济业务所引起的相关账户金额增减变动，并以“借”和“贷”的符号进行记录。“借”和“贷”哪一方登记金额增加，哪一方登记金额减少，取决于账户的性质，账户性质不同，登记增减的方向不同。

2．借贷记账法的账户结构

借贷记账法的账户结构重点在于“借”和“贷”两个记账符号与账户金额增减变动的关系。

记账符号与不同性质账户金额增减的关系如表 2.6 所示。

表 2.6　记账符号与账户金额变动关系

账户性质	金额增加	金额减少	期末余额
资产	借	贷	借
负债	贷	借	贷
所有者权益	贷	借	贷
成本	借	贷	借
收入	贷	借	无
费用	借	贷	无

对表 2.6 的几点解释：

a. “账户性质”中项目是账户按经济内容的分类，由于损益类账户中包含对所有者权益影响相反的收入和费用两类账户，因此将损益类账户分为“收入”和“费用”两个项目。

b. 根据“资产=负债+所有者权益”的会计等式，等式左边账户金额增加记入借方，减少记入贷方；等式右边账户金额增减方向与左边相反。“成本”本质上是资产，反映其金额增减变动的记账符号与资产相同；“利润”本质上是所有者权益，因此，反映增加利润的“收入”账户金额增减变动的记账符号与所有者权益相同，反映减少利润的“费用”账户金额增减变动的记账符号与所有者权益相反。

c. “资产”“负债”“所有者权益”和“成本”类中的账户既可能有余额，也可能没有余额，“收入”和“费用”账户发生额于各会计期末转入“本年利润”账户，因此期末无余额。

d. “期末余额”项目中，“资产”“负债”和“所有者权益”账户余额的借贷方向通常情况下是账户金额增加的方向。

思考　不同性质账户金额增减变动的借贷关系有什么规律？为什么？

2.4.3　会计分录的编制

按照借贷记账法“有借必有贷，借贷必相等”的记账规则，确定经济业务应记入的账户，记账方向和金额的会计记录称为会计分录。会计分录应具备 3 个要素，即账户名称、借贷记账方向和经济业务的发生额。

一笔会计分录可能仅包含一个借方账户和一个贷方账户，也可能包含多个借方或贷方账户，一借一贷的会计分录称为简单会计分录，一借多贷、一贷多借或多借多贷的会计分录称为复合会计分录。

会计分录的编制步骤：

① 确定经济业务所涉及的账户。

② 确定账户的性质。

③ 分析金额变动，并根据表 2.6 的规则确定借、贷记账方向。

④ 按格式要求编制会计分录。会计分录的书写格式为：每个账户占一行，先记借，后记贷，贷方向右适当缩进。

以下以某企业 20×5 年 1 月为例说明会计分录的编制。

【例 2.7】从工商银行取得 6 个月期限的贷款 2 000 000 元，存入本企业银行账户。

这笔业务涉及“银行存款”和“短期借款”2 个账户。“银行存款”属于资产类账户，增加记入账户借方，“短期借款”属于负债类账户，增加记入账户贷方。会计分录为：

借：银行存款　　2 000 000

　贷：短期借款　　2 000 000

用“丁”字账户表示该笔业务账户间关系如图 2.5 所示。

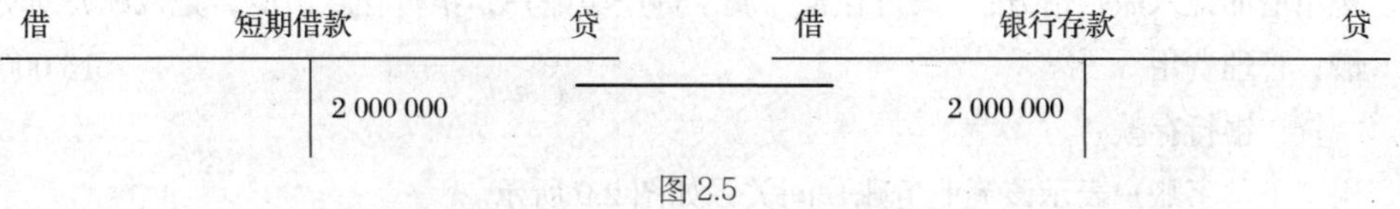

图 2.5

【例 2.8】接受投资者投入资本金 1 000 000 元，存入其银行账户。

这笔业务涉及“银行存款”和“实收资本”账户。“银行存款”属于资产类账户，增加记入账户借方；“实收资本”属于所有者权益类账户，增加记入账户贷方。

借：银行存款　　1 000 000

　贷：实收资本　　1 000 000

用“丁”字账户表示该笔业务账户间关系如图 2.6 所示。

借　实收资本　贷

1 000 000

借　银行存款　贷

1 000 000

图 2.6

【例 2.9】从银行提取现金 2 000 元备用。

这笔业务涉及“库存现金”和“银行存款”两个账户。两个账户都属于资产类账户。库存现金增加记入账户借方；银行存款减少记入账户贷方。

借：库存现金　　2 000

　贷：银行存款　　2 000

用“丁”字账户表示该笔业务账户间关系如图 2.7 所示。

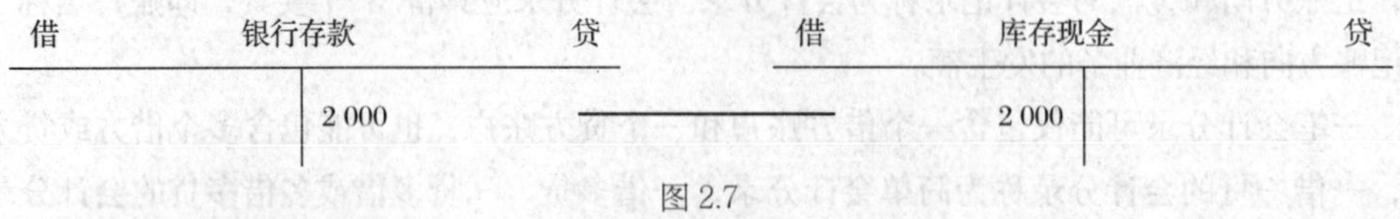

图 2.7

【例 2.10】开出并承兑商业汇票 15 000 元抵偿欠供应商的购货款。

这笔业务涉及“应付账款”和“应付票据”账户。两个账户都属于负债类账户。开出并承兑商业汇票，企业的应付票据负债增加，记入账户贷方；购货款清偿后，应付账款负债减少，记入账户借方。

借：应付账款　　15 000

　贷：应付票据　　15 000

用“丁”字账户表示该笔业务账户间关系如图 2.8 所示。

借 应付票据	贷
	15 000

借 应付账款	贷
15 000	

图 2.8

【例 2.11】用银行存款支付当月行政办公楼的电费 2 200 元。

这笔业务涉及“管理费用”和“银行存款”账户。“管理费用”属于损益类中的费用账户，费用增加记入账户借方；“银行存款”属于资产类账户，银行存款减少，记入账户贷方。

借：管理费用　　15 000

　贷：银行存款　　15 000

用“丁”字账户表示该笔业务账户间关系如图 2.9 所示。

借 银行存款	贷
	15 000

借 管理费用	贷
15 000	

图 2.9

【例 2.12】赊销某商品，发票价格 200 000 元，增值税销项税额 34 000 元。

这笔业务涉及“应收账款”“主营业务收入”和“应交税费”3 个账户。“应收账款”属于资产类账户，增加记入账户借方；“主营业务收入”属于损益类中的收入账户，增加记入账户贷方；“应交税费”属于负债类账户，增加计入账户贷方。

借：应收账款　　234 000

　贷：主营业务收入　　200 000

应交税费 34 000

用“丁”字账户表示该笔业务账户间关系如图 2.10 所示。

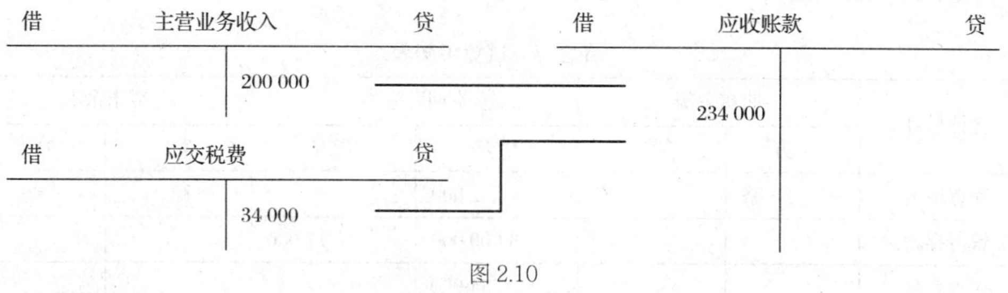

图 2.10

【例 2.13】结转【例 2.12】中所售商品的进货成本 150 000 元。

这笔业务涉及“主营业务成本”和“库存商品”两个账户。“主营业务成本”属于损益类账户中的费用账户，当确认商品销售收入的实现时，也应在当期将商品的取得成本转为主营业务成本，以便和主营业务收入进行配比，计算当期的销售利润。“主营业务成本”增加，记入账户借方；“库存商品”属于资产类账户，商品销售出库，应减少账面库存商品，记入账户贷方。

借：主营业务成本 150 000

贷：库存商品 150 000

用“丁”字账户表示该笔业务账户间关系如图 2.11 所示。

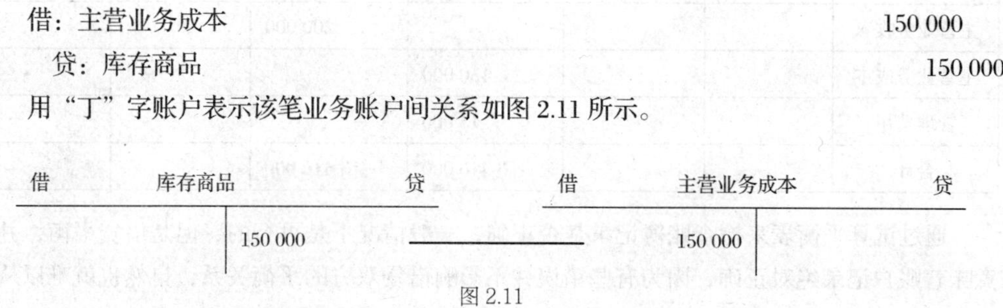

图 2.11

2.4.4 试算平衡

在会计记录过程中，可能会发生一些错误，如错记或漏记了借方或贷方发生额，导致借贷方金额不相等；将借方误记在贷方或将贷方误记在借方，导致会计分录中借方或贷方一方漏记另一方重复记录等。为防止这些情况出现，需要在每个会计期末对所有总分类账户的发生额及余额进行试算平衡，以便在结账和编制会计报表之前验证会计记录的准确性。

试算平衡是利用“资产=负债+所有者权益”的平衡原理，按照“有借必有贷，借贷必相等”的记账规则，通过汇总和比较，检查会计处理正确性的一种方法。

试算平衡的检查内容包括以下两个方面：

（1）期末余额平衡。即

全部总分类账户期末借方余额合计=全部总分类账户期末贷方余额合计

这是由会计恒等式决定的。

（2）本期发生额平衡。即

全部总分类账户本期借方发生额合计=全部总分类账户本期贷方发生额合计

这是由“有借必有贷，借贷必相等”的记账规则决定的。

如果上述两个方面都能保持平衡，说明记账工作基本上是正确的，否则就说明记账工作发生了差错。在实际工作中，试算平衡通常是通过编制试算平衡表来进行的。

【例 2.14】编制【例 2.7】至【例 2.13】业务的本期发生额试算平衡表。

试算平衡表如表 2.7 所示。

表 2.7　试算平衡表

会计科目	期初余额		本期发生额		期末余额	
	借方	贷方	借方	贷方	借方	贷方
库存现金	略	略	2 000		略	略
银行存款			3 000 000	17 000		
应收账款			234 000			
库存商品				150 000		
短期借款				2 000 000		
应付票据				15 000		
应付账款			15 000			
应交税费				34 000		
实收资本				1 000 000		
主营业务收入				200 000		
主营业务成本			150 000			
管理费用			15 000			
合计			3 416 000	3 416 000		

通过试算平衡表来检查账簿记录是否正确，一般情况下是可行的，但是借贷平衡，并不意味着账户记录绝对正确，因为有些错误并不影响借贷双方的平衡关系，自然也就难以从试算平衡表中被发现。

注意

试算平衡不能发现的错误

（1）借贷双方发生同等金额的记录错误；（2）漏记或重复记录同一项经济业务；（3）账户记录发生借贷方向错误；（4）用错同类性质账户的名称。这些错误需要利用其他方法进行检查。

思考

试算平衡表的原理是什么？

本章小结

企业应当以权责发生制为基础进行会计确认、计量和报告。利润的确定是收入与费用配比的结果，收入与费用的配比应遵循因果关系配比或期间配比。会计核算应严格区分收益性支出与资本性支出的界限以正确计算各期损益。

会计核算的对象是会计主体的资金运动，将其按照交易或事项的经济特征或性质划分为几个基本类别，即会计要素。我国企业会计准则规定了资产、负债、所有者权益、收入、费用、利润 6 个会计要素。其中：资产、负债、所有者权益构成资产负债表的基本框架；收入、费用、利润构成利润表的基本框架。6 个要素的数量关系可以表示为会计恒等式，即：资产=负债+所有者权益，此等式中隐含有收支相抵后的利润信息。

会计科目是按照经济业务的内容和经济管理的要求对会计要素的进一步细分。被赋予了特定结构的会计科目就是账户。通过账户可以分类、连续地记录经济业务，反映会计对象增减变动情况及结果。

经济业务的记录需要运用特定的记账方法来完成。我国企业会计准则规定企业应当采用借贷记账法记账。在每个会计期末结出各账户余额后应进行试算平衡，以便在编制会计报表之前验证会计记录的准确性。

阅读

借贷记账法

商人记录收入和支出的营业账簿，在欧洲早有存在。但其中的记录方式极其简单。阿拉伯数字的采用，很快就改变了这种状况。因为基督徒商人从中东地区不仅带回了数字，而且还带回了新的体系，在它的帮助下，可以比过去更为精确地记录他们的生意往来。这就是今天在世界各地都采用的方法：复式记账法。它的发明者是意大利教士卢卡·帕乔利（Luca Pacioli）（1445—1514），他于 1494 年在热那亚公布了他的方法。但他肯定不是一般意义上的“发明者”，而是总结了前人——阿拉伯和意大利商人——的实践，写入了他的课本之中。

复式记账法的基本思想很简单：一个公司所发生的一切业务，都双重记录下来。比如一个商人卖了一桶葡萄酒收入 10 块杜卡特金币，（编者注：杜卡特金币（Ducato）是意大利威尼斯铸造的金币，1284—1840 年发行，12—13 世纪时在威尼斯共和国开始使用，由于其便于携带，价值又高，因此在中世纪欧洲受到欢迎。）他就在账簿的“葡萄酒库存”一栏中记下：−10 杜卡特；而在账簿的“现金”一栏中记下：+10 杜卡特。如果把所有业务往来都用这种方法双重记录下来，那么就可以随时建立起企业的结算。

复式记账法使商人有可能系统地了解业务情况，也可以更好地理解业务中发生的问题。他们第一次可以精确地计算出企业的赢利到底有多大。或许更重要的是，他们可以制定一份别人也能看得懂的数字图表。这样，商人就可以和别人一同分享知识，数名伙伴可以共同经营，业务可以得到发展。这也便利他们借贷，他们可以事先为信贷者计算对生意是否有利。这个新方法，从意大利传播到整个欧洲。

《故事中的经济史》第七章:复式记账法——让生意做得更精确

尼古劳斯·皮珀（德国经济学家）

思考与练习

一、思考题

1. 权责发生制的内容是什么？与收付实现制有什么区别？
2. 会计要素包括什么？有哪些特征？
3. 会计六要素之间存在着什么样的关系？
4. 经济业务的发生对会计恒等式会产生什么影响？

5. 会计科目与账户存在什么关系？

6. 借贷记账法有什么特征？

7. 试算平衡有什么作用？

二、单项选择题

1. 权责发生制下，应作为本期收入的是（　　）。

A. 本期预收下月购货款

B. 本期销售产品并收到货款

C. 本月收到上月销售产品未收的货款

D. 本月收回销售方退回的上月多收货款

2. 以下符合配比原则规定的是（　　）。

A. 本月销售商品取得的收入与取得该商品支付的成本配比

B. 本月发生的费用与本月收回的货款配比

C. 本月增加的商品与本月减少的商品配比

D. 本月销售商品收入与本月采购商品的成本配比

3. 以下各项支出中，属于资本性支出的是（　　）。

A. 购买办公用品支出　　B. 购买材料支出

C. 当月水电费支出　　D. 购买专利权支出

4. 下列各项中，属于负债要素的是（　　）。

A. 银行存款　　B. 预收账款

C. 预付账款　　D. 实收资本

5. 通过编制试算平衡表能够发现的错误是（　　）。

A. 借贷方向记反　　B. 一笔业务被重复登记

C. 一笔业务误将贷方发生额记在了借方　　D. 漏记了一笔经济业务

6. 下列各项中，导致会计等式左右两边金额同时增加的是（　　）。

A. 用现金购买原材料　　B. 偿还银行贷款

C. 偿还以前月份购货款　　D. 收到投资者投入的资本金

7. 一个企业的资产总额与权益总额（　　）。

A. 必然相等　　B. 有时相等

C. 不会相等　　D. 只有在期末时相等

8. 企业的原材料属于会计要素中的（　　）。

A. 资产　　B. 负债　　C. 所有者权益　　D. 收入

9. 某企业刚刚建立时，负债和所有者权益总额为 80 万元，当期以银行存款 10 万元偿还银行借款，此时，该企业的资产的总额为（　　）万元。

A. 80　　B. 90　　C. 100　　D. 70

10. 企业收入的发生往往会引起（　　）。

A. 负债增加　　B. 资产减少

C. 资产增加　　D. 所有者权益减少

11. 费用是由过去的交易或事项产生的，它可以表现为（　　）。

A. 资产的减少或负债的增加　　B. 资产的增加或负债的减少

C. 所有者权益的增加或负债的增加　　D. 所有者权益的减少或负债的减少

12. 某企业 20×5 年 10 月末负债总额 120 万元，11 月份收回应收账款 20 万元，用银行存款归还借款 15 万元，预付购货款 6 万元，11 月末负债总额为（　　）万元。

A. 105　　B. 111　　C. 115　　D. 121

13. 下列经济业务发生，不会导致会计等式两边总额发生变化的有（　　）。

A. 收回应收账款并存入银行　　B. 从银行取得借款并存入银行

C. 以银行存款偿还应付账款　　D. 收到投资者以无形资产进行的投资

14. 某企业本期期初资产总额为 140 000 元，本期期末负债总额比期初增加 20 000 元，所有者权益总额比期初减少 10 000 元，则企业期末资产总额为（　　）元。

A. 170 000　　B. 130 000　　C. 150 000　　D. 120 000

三、多项选择题

1. 按照权责发生制的要求，下列属于本期收入或费用的项目有（　　）。

A. 本期销售商品，尚未收到对方货款

B. 用银行存款支付上月水电费

C. 预收购货单位的货款，合同要求下月交货

D. 计提本月应负担的短期借款利息

2. 下列各项支出中，属于资本性支出的有（　　）。

A. 购买固定资产支出　　B. 购买材料支出

C. 当月水电费支出　　D. 购买专利权支出

3. 以下各项支出中，属于收益性支出的是（　　）。

A. 业务招待费支出　　B. 办公用品支出

C. 购买固定资产支出　　D. 购买专利权支出

4. 构成资产负债表的基本框架，侧重反映企业在某一特定时日的财务状况的会计要素有（　　）。

A. 资产　　B. 负债　　C. 所有者权益

D. 收入　　E. 费用　　F. 利润

5. 构成利润表的基本框架，侧重反映企业在一定期间内的经营成果的会计要素有（　　）。

A. 资产　　B. 负债　　C. 所有者权益

D. 收入　　E. 费用　　F. 利润

6. 属于引起会计等式左右两边会计要素变动的经济业务有（　　）。

A. 收到某单位前欠款 20 000 元存入银行

B. 以银行存款还银行借款 10 万元

C. 收到某单位投入机器一台，价值 80 万

D. 以银行存款还前欠货款 10 万元

E. 购买材料 8 000 元以银行存款支付货款

7. 属于只引起会计等式左边会计要素变动的经济业务（　　）。

A. 购买材料 800 元，货款暂欠

B. 从银行提取现金 500 元

C. 购买一台机器，以银行存款支付 10 万元货款

D. 接受国家现金投资 200 万元

E. 收到某外商捐赠货物一批，价值 80 万元

8. 企业的收入具体可能表现为一定期间企业（　　）。

A. 负债的减少　　B. 银行存款的流入

C. 资产的增加　　D. 负债的增加

9. 下列关于会计要素之间关系的说法正确的是（　　）。

A. 费用的发生，会引起资产的减少，或引起负债的增加

B. 收入的取得，会引起资产的减少，或引起负债的增加

C. 收入的取得，会引起资产的增加，或引起负债的减少

D. 所有者权益的增加可能引起资产的增加，或引起费用的增加

E. 以上说法都正确

10. 下列关于资产的特征说法正确的有（　　）。

A. 必须为企业所拥有或控制　　B. 必须能用货币计量其价值

C. 必须是用来转卖的财产　　D. 必须是有形的财产物资

E. 必须具有能为企业带来经济利益的潜力

11. 下列属于所有者权益的有（　　）。

A. 投入资本　　B. 资本公积金

C. 盈余公积金　　D. 未分配利润

E. 银行借款

12. 经济业务的发生，会引起资产、负债、所有者权益发生增减变动的情况有（　　）。

A. 资产和负债同时增加　　B. 资产和负债同时减少

C. 资产和所有者权益同时增加　　D. 资产增加和所有者权益减少

E. 负债和所有者权益同时减少

13. 总分类账与明细分类账平行登记的要点有（　　）。

A. 两者登记金额增减变动方向相同

B. 两者应在同一会计期间入账

C. 两者登记的时间应该相同

D. 总分类账金额与所属于明细分类账金额合计应该相等

四、业务题

1. 目的：练习会计恒等式。

资料：

资产	负债	所有者权益
50 000	25 000	?
30 000	?	17 000
?	45 000	15 000
68 000	?	13 000
?	14 000	6 000

要求：根据会计恒等式，填上缺失项。

2. 目的：会计科目及会计要素间关系。

资料：甲企业 20×5 年 12 月 31 日的资产、负债、所有者权益的状况如下表所示。

项目	资产		负债及所有者权益	
	会计科目	金额	会计科目	金额
1. 由出纳保管的现金 600 元				
2. 存放在银行的款项 99 000 元				
3. 生产车间的厂房 280 000 元				
4. 各种生产设备 380 000 元				
5. 运输车辆 250 000 元				
6. 完工入库的产成品 80 000 元				
7. 车间正在加工的在产品 86 500 元				
8. 库存的各种材料 85 000 元				
9. 投资人投入的资本金 850 000 元				
10. 应付的购买材料款 182 000 元				
11. 应交未交的税金 6 570 元				
12. 向银行借入的短期借款 72 000 元				
13. 应收产品的销货款 117 000 元				
14. 商标权 250 000 元				
15. 发行的公司债券 317 000 元				
16. 盈余公积结余 68 530 元				
17. 未分配利润 132 000 元				
合计				

要求：根据上述资料确定资产、负债及所有者权益项目，并分别加计资产、负债及所有者权益金额和合计数，验证资产和权益是否相等。

3. 目的：练习经济业务的类型。

要求：举例说明下列各类经济业务：

（1）资产增加，负债增加；

（2）资产增加，所有者权益增加；

（3）资产类项目此增彼减；

（4）资产减少，所有者权益减少；

（5）资产减少，负债减少；

（6）费用增加，负债增加；

（7）费用增加，资产减少；

（8）收益增加，资产增加；

（9）收益增加，负债减少；

（10）所有者权益项目此增彼减；

（11）负债项目此增彼减；

（12）负债增加，所有者权益减少；

（13）负债减少，所有者权益增加。

4. 目的：练习会计分录的编制和试算平衡。

资料：甲公司 20×5 年 6 月末的资产总额为 956 000 元，7 月发生的经济业务如下：

（1）从银行提取现金 3 000 元，作为备用金。

（2）收到投资者投入资本 200 000 元，存入银行。

（3）以银行存款 32 000 元，支付前欠乙公司的采购材料款。

（4）从银行取得半年期借款 50 000 元存入银行账户。

（5）以银行存款上缴所欠税金 8 000 元。

（6）向乙公司购买材料 20 000 元，材料已入库，货款尚未支付。

（7）采购员赵丰出差，预支差旅费 1 000 元，以现金支付。

（8）生产领用材料 25 000 元。

（9）以前从银行取得的三年期贷款 50 000 元到期，用银行存款偿还。

（10）收回 A 企业前欠的销货款 40 000 元，存入银行。

要求：

（1）编制上述业务的会计分录。

（2）编制甲公司 7 月各总分类账户本期发生额的试算平衡表。

（3）计算甲公司 20×5 年 7 月末的资产和权益总额，验证两者是否相等。

第3章 会计信息生成

本章阐述了会计循环的基本流程，系统介绍了从会计凭证到会计账簿再到会计报表的会计循环过程。通过本章的学习，应掌握会计循环的基本流程；能够熟练进行会计凭证和会计账簿的登记，掌握对账与结账的基本方法；了解会计报表的基本结构与编制基础；对会计循环过程形成完整的认识。

3.1 会计循环概述

3.1.1 会计循环的含义

企业为实现其经营目标，会主动开展各项经济业务，包括取得资金，购置商品、材料和设备，制造产品或提供劳务，取得收入，分配利润等。在财务会计上，企业需要在每一个会计期末向财务报告的使用者提交财务会计报告。这就要求企业将每个会计期间所发生的筹资、采购、生产、销售、利润计算与分配等业务按会计准则的要求进行确认、计量与记录，完成会计报表的编制。从对经济业务发生的初始记录到财务报告的完成，即为一个会计循环。

会计循环是指在经济业务发生时，从填制和审核会计凭证开始，到登记账簿，直至编制财务会计报告的一个会计期间的完整会计核算工作的过程。在连续的会计期间，这些工作必须周而复始地重复进行。

3.1.2 会计循环的基本流程

会计循环的基本流程包括：

（1）根据经济业务实际发生和完成的真实情况取得或编制原始凭证。

（2）根据审核无误的原始凭证编制必要的会计分录，记录在记账凭证中。

（3）将会计凭证的记录按账户类别分别登记相关账簿，包括日记账、总分类账和明细分类账。

（4）将一定时期的经济业务全部入账的基础上，进行总分类账的试算平衡，并完成结账工作。

（5）根据有关账户的本期发生额和期末余额，编制会计报表。

本章讲解将企业的经济业务转换为以会计语言表达的会计分录，并填制于会计凭证之上，根据会计凭证登记账簿，并据以编制会计报表的会计循环过程。

3.2 会计凭证

会计凭证是记录经济业务，明确经济责任，并据以登记账簿的书面证明。按照填制的程序和用途，会计凭证可以分为原始凭证和记账凭证。

3.2.1 原始凭证

原始凭证是经济业务发生时填制或取得的原始单据。企业发生的经济业务，首先记录在原始凭证中，作为经济业务发生的最初客观证明。原始凭证记录的是经济业务的详细内容。

原始凭证有的是从企业外部取得的，有的是企业内部自行填制的。从外部取得的原始凭证，如销货单位取得的发票，从收款单位取得的收据，从航空公司取得的机票，从银行取得的银行存款存根等。企业内部自行填制的原始凭证，如材料入库单、领料单、销售商品时填制的销货发票等。有些自制的原始凭证需要经过计算得到，如制造费用分配表、职工薪酬分配表等。根据记载的经济业务内容的不同，原始凭证的具体内容有所区别。

通过表 3.1 和表 3.2 认识一下原始凭证。

表 3.1 原始凭证 1

东方电器股份有限公司

领料单

领料部门：组装车间　　20×5 年 5 月 9 日　　No.56431

用途：空调生产

编号	品名	型号规格	单位	数量	单价
3034	压缩机	pc300-6	台	100	580.00

记账：　　仓库主管：　　领料部门主管：　　领料人：王峰

原始凭证作为会计核算的原始凭据，填制手续必须符合以下要求。

（1）记录真实。原始凭证的填制，要由填制人或经办人根据经济业务的实际执行和完成情况填写，不得伪造、变造。

（2）书写正确。文字摘要简练，数量、单价、金额计算正确；各种凭证必须连续编号；凭证如果已有预先编号的，在写错作废时，应加盖“作废”戳记并保存，不得销毁；书写符合规定，使用蓝、黑墨水，字迹工整、清晰；大小写按规定填写，合计的小写金额前加注货币符号，如￥，币值符号和阿拉伯数字之间不得留有空白，大写金额前还应加注币值单位，金额除到分位的以外，其余应一律在末尾加“整”或“正”字；原始凭证填写如有错误，应按要求重开或使用正确的改错方法更正，更正处应加盖开出单位的公章，任何凭证不得涂改、刮擦、挖补或用褪色药水改写。

（3）内容完整。原始凭证填制的内容必须完整、齐全。凭证的填制日期、经济业务的内容、数量、金额都必须认真填写，不得遗漏。经办人员及有关单位、人员要签名盖章，做到手续完备。

表 3.2 原始凭证 2

1100087210 ××市增值税专用发票 No.76543210

开票日期

<table>
<tr><td rowspan="4">购货单位</td><td colspan="3">名称：新天商厦有限公司
纳税人识别号：110101675981234
地址、电话：×区×路 2 号 010–99007766
开户行及账号：1234 5676 5432 109</td><td>密码区</td><td colspan="3"></td></tr>
<tr><td>货物或应税劳务名称</td><td>规格型号</td><td>单位</td><td>数量</td><td>单价</td><td>金额</td><td>税率</td><td>税额</td></tr>
<tr><td>空调</td><td>PWC300–2</td><td>台</td><td>10</td><td>8 000</td><td>80 000</td><td>17%</td><td>13 600</td></tr>
<tr><td>价税合计（大写）</td><td colspan="7">人民币：玖万叁仟陆佰元整 ￥：93 600.00</td></tr>
<tr><td>销货单位</td><td colspan="3">名称：东方电器股份有限公司
纳税人识别号：120110675985678
地址、电话：×区×路 90 号 022–88009500
开户行及账号：4321 5676 5432 501</td><td>备注</td><td colspan="3"></td></tr>
</table>

收款人： 复核： 开票人： 销货单位：

第三联 发票联 购货方记账凭证

（4）编制及时。各种原始凭证必须在经济业务发生时及时填写，并应按规定的程序及时送交财务部门，由财务部门加以审核并据以编制记账凭证。

3.2.2 记账凭证

原始凭证来源渠道繁杂，格式各异，每张原始凭证所反映的经济业务内容多样，不便于直接登记账簿。因此，会计部门收到原始凭证后，需要首先对原始凭证所载经济业务进行分析，根据分析结果编制会计分录，并登记在具有统一格式的记账凭证中，以提高登记账簿工作的效率与质量。

记账凭证是会计人员根据审核无误的原始凭证，按照经济业务的内容，填写会计科目、借贷方向与金额等相关信息，据以登记账簿的会计凭证。记账凭证是会计分录的载体，会计分录是会计凭证的核心内容。记账凭证通常包括凭证名称、日期、摘要、会计分录及相关人员签章等内容。

《会计基础工作规范》规定，会计机构、会计人员要根据审核无误的原始凭证填制记账凭证。记账凭证根据其记录的经济业务类别可以分为收款凭证、付款凭证、转账凭证以及通用记账凭证。

1．收款凭证

收款凭证是记录现金、银行存款等货币资金流入业务的记账凭证。收款凭证根据记录现金和银行存款收款业务的原始凭证填制。格式如表 3.3 所示。

2．付款凭证

付款凭证是记录现金、银行存款等货币资金流出业务的记账凭证。付款凭证根据记录现金和银行存款付款业务的原始凭证填制。格式如表 3.4 所示。

库存现金与银行存款之间的收付业务只需填制付款凭证，如从银行提取现金的业务应填制银行存款付款凭证，将现金存入银行的业务应填制现金付款凭证。

表 3.3 收款凭证

借方科目：银行存款　　20×5 年 1 月 1 日　　银收字第 1 号

摘要	总账科目	明细科目	金额	记账
出售空调 100 台，款已收，	主营业务收入	空调	500 000	
	应交税费	应交增值税	85 000	
合计			585 000	

附单据 3 张

会计主管：　记账：　出纳：　审核：　制单：孙童

表 3.4 付款凭证

贷方科目：库存现金　　20×5 年 1 月 5 日　　现付字第 1 号

摘要	总账科目	明细科目	金额	记账
购买办公用品	管理费用	办公费	300	
合计			300	

附单据 1 张

会计主管：　记账：　出纳：　审核：　制单：孙童

3．转账凭证

转账凭证是记录不涉及现金、银行存款等货币资金收付业务的记账凭证。转账凭证根据记录不涉及现金和银行存款收付的转账业务的原始凭证填制。格式如表 3.5 所示。

表 3.5 转账凭证

20×5 年 1 月 11 日　　转字第 26 号

摘要	总账科目	明细科目	借方金额	贷方金额	记账
采购铝箔 500 千克，款未付	原材料	铝箔	100 000		
	应交税费	应交增值税	17 000		
	应付账款			117 000	
合计			117 000	117 000	

附单据 1 张

会计主管：　记账：　出纳：　审核：　制单：孙童

4．通用记账凭证

通用记账凭证是适用于所有经济业务，具备统一格式的记账凭证。通用记账凭证的填制可参照转账凭证。格式如表 3.6 所示。

根据原始凭证填制完成记账凭证后，将相关的原始凭证附在记账凭证后面，并在记账凭证上标明所附原始凭证张数，将原始凭证与记账凭证一并保管。这样既有利于原始凭证的保管，也便于对账和查账。

表 3.6 记账凭证

20×5 年 1 月 15 日　　　　凭证号：20

摘要	总账科目	明细科目	借方金额	贷方金额	记账
报销差旅费	管理费用	差旅费	3 210		
	其他应收款	赵旭		3 000	
	库存现金			210	
合计			3 210	3 210	

附单据2张

会计主管：　　记账：　　审核：　　制单：孙童

注意

记账凭证的登记

在收款凭证中，借方科目列示在凭证左上方，只包括“库存现金”和“银行存款”科目；在付款凭证中，贷方科目列示在凭证左上方，只包括“库存现金”和“银行存款”科目；在转账凭证中，借贷方科目均列示在凭证内的总账科目栏中。

原始凭证应粘贴在相应记账凭证之后，并在记账凭证左侧“附单据张”或“附原始凭证张”处填写所附原始凭证张数。

记账凭证填制完成后，填制人员在“制单”处签名或盖章；对于收付款凭证，还要求出纳人员收付款后在“出纳”处签名或盖章；审核人员在“审核”处签名或盖章；账簿登记人员在根据该凭证登记相关账簿后，在记账凭证相应科目对应的“记账”栏内做“✓”标记，避免重复登账，并在凭证下方“记账”处签名或盖章。

各种记账凭证在办理好各项业务手续后，分类按顺序编号，定期加具封面、封底，注明单位名称、凭证种类、起讫日期、起讫号码和凭证张数等内容，装订成册，妥善保管。

思考

对于库存现金与银行存款之间的收付业务，为什么只填制付款凭证？

3.3 会计账簿

会计账簿简称账簿，是指是由具有一定格式、相互联系的账页所组成，以审核无误的会计凭证为依据，用来序时、分类、全面地记录一个企业、单位经济业务事项的会计簿籍。

3.3.1 账簿的分类与基本内容

1. 账簿的分类

账簿按用途不同可以分为日记账、分类账和备查账，按外表形式不同可以分为订本账、活页账和卡片账。

采用手工会计核算所使用的账簿中，日记账和总分类账是订本账的形式，大多数明细分类账是活页账形式。订本账，即账簿是事先装订成册，有固定页码的账本，在使用过程中应保证账页连续。活页账，即使用前未将账页固定装订在一起，且未提前印制页码，将零散的账页装置在账夹中使用，定期装订成册进行保管。某些年度内变动很少的财产物资的明细账适宜采用卡片账形式，卡片账由具有专门格式的卡片组成，通常用来记录三级明细科目，如固定资产卡片。

2．账簿的基本内容

各种账簿一般应具备以下基本内容。

（1）封面。封面主要注明账簿的名称等内容。封面如图 3.1 所示。

（2）扉页。账簿扉页印有账簿使用登记表，包括账簿启讫日期、账簿页数、册次，经管人员交接记录等内容。

（3）账页。账页是账簿的主要组成部分，账页的格式通常有三栏式、数量金额式、多栏式和专用格式几种，不同账簿的格式有所不同。扉页和三栏式账页的格式如图 3.2 所示。

图 3.1　封面

图 3.2　账页

3.3.2　日记账

日记账，又称序时账，是按照经济业务发生或完成的时间先后顺序，逐笔顺序登记经济业务的账簿。为了加强对现金和银行存款的管理，企业通常要设置现金日记账和银行存款日记账。涉及库存现金和银行存款变动的会计分录必须单独登记到现金日记账和银行存款日记账中。

现金日记账和银行存款日记账由出纳人员根据收、付款凭证进行登记，一般采用三栏式账页格式。

依据表 3.4 的业务登记现金日记账，如表 3.7 所示。

表 3.7

现金日记账

20×4年		凭证号码	摘要	借方									√	贷方									√	余额								
月	日			百	拾	万	千	佰	拾	元	角	分		百	拾	万	千	佰	拾	元	角	分		百	拾	万	千	佰	拾	元	角	分
11	1		期初余额																								5	0	0	0	0	0
	5	现付 1	购买办公用品															3	0	0	0	0					4	7	0	0	0	0
			本日合计															3	0	0	0	0					4	7	0	0	0	0
			……																													

3.3.3 分类账

分类账，是以会计科目为分类依据，对会计信息进行分类记录的账簿。分类账按其反映指标的详细程度划分为总分类账和明细分类账。

1．总分类账

总分类账（简称“总账”），是根据总分类科目设置的账簿。会计主体将全部经济业务集中登记在总分类账簿中，可以全面、总括地反映其经济活动。总分类账一般采用三栏式，因采用的会计处理程序不同，登记的依据可以是记账凭证或科目汇总表等。

依据表3.5的业务，原材料总分类账的登记如表3.8所示。

表3.8 （金额栏位数略）

总分类账

科目：原材料　　　　第1页

20×5年		凭证号数		摘要	借方	贷方	借或贷	余额
月	日	种类	号码					
1	1			期初余额				50000
	11	转	26	采购铝箔，验收入库	100 000			150 000
				…				
				本月合计				
				…				

注意 科目汇总表是根据一定时期内的全部记账凭证，按科目作为归类标志进行编制的，按各个会计科目列示其借方发生额和贷方发生额，依据借贷记账法的基本原理，科目汇总表中各个会计科目的借方发生额合计与贷方发生额合计应该相等，因此，科目汇总表具有试算平衡的作用。科目汇总表编制的时间，应根据经济业务量的多少而定，可选择3天、5天、10天、15天或1个月。月末，根据科目汇总表中各科目的全月发生额汇总数登记总分类账。

2．明细分类账

明细分类账（简称“明细账”），是根据明细分类科目设置的账簿。会计主体考虑到本单位经营管理的需要，还应在设置总分类账的基础上，为各种财产物资、债权债务、收入费用等总分类账设置明细分类账，以反映有关经济活动的详细资料。

各种明细分类账簿所反映的经济业务内容不尽相同，这决定了其账页格式也有所区别。明细分类账簿的账页格式通常有三栏式、数量金额式、多栏式和专用格式。三栏式账页适用于只需要进行金额核算的债权、债务结算账户，如“应收账款”“短期借款”等；数量金额式账页适用于既要进行金额核算，又要进行实物量核算的各种财产物资账户，如“原材料”“库存商品”等；多栏式账页适用于需要设置多个明细科目的收入、费用类账户；还有一些特殊明细分类账需要采用专用账页格式，如“应交税费——应交增值税”明细账。

依据表3.5的业务，原材料明细分类账的登记如表3.9所示。

依据表3.6的业务，管理费用明细分类账的登记如表3.10所示。

企业每月应视不同情况，根据实际发生的业务不同分别逐笔或月末汇总进行明细分类账的登记。

思考 多栏式明细分类账没有明确标明借方或贷方，应如何进行借贷方发生额的登记？

表3.9

原材料明细分类账（数量金额式）

明细科目：铝箔　　单位：千克　　第　页

20×5年		凭证号码		摘要	收入			发出			结存		
月	日	种类	号码		数量	单价	金额	数量	单价	金额	数量	单价	金额
1	1			期初余额							10	200	2 000
	11	转	26	采购	500	200	100 000				510	200	102 000
				…									
				本月合计									
				…									

表3.10

管理费用明细分类账（多栏式）

日期		凭证号数		摘要	水电费	办公费	差旅费	…	其他	合计
月	日	种类	号码							
1	15		20	报销差旅费			3 210			3 210
				…						
				本月合计						
				…						

3.3.4　备查账

备查账，也称备查簿，是指对某些在日记账簿和分类账簿中未能记载或记载不全的经济业务信息进行补充登记的账簿。会计凭证中所载信息必须要登记日记账或分类账，但并不一定需要登记备查账，备查账是辅助和补充性质的账簿，其记录的信息只作为管理者决策的参考，不需要对外报告，不属于会计报表编制的基础。相关法规对备查账的记录无强制性要求，单位可视管理需要决定备查账的账页格式，以及对哪些信息进行备查登记。如企业发行债券，除进行正常的会计处理外，还需要将所发行债券的面值、票面利率、期限，还本付息方式、发行总额、发行日期和编号、委托代售部门等情况在备查簿中进行登记。租赁资产登记簿、代管商品物资登记簿、委托加工物资登记簿等都属于备查账。

3.3.5　对账与结账

为了总结一定期间的经济业务，考核企业的经营成果，要求定期对企业各账户进行结转和核对，以保证账簿记录的完整与正确，并为编制财务会计报告提供可靠依据。

1．对账

《会计基础工作规范》要求，会计凭证和实际情况应相符，账簿的记录和记账凭证应相符，账簿和账簿之间的相关数字应相符。由于实际工作中的多种原因，在每个工作环节都可能出现错误而造成账目差错，因此，要定期或不定期地进行对账，以便发现问题，及时更正，从而达到会计记录真实、可靠。对账分为日常核对和定期核对两种，定期核对一般在月末、季末、年末结账前进行。

对账的主要内容包括账证核对、账账核对和账实核对。

（1）账证核对，是各种账簿记录与相关的记账凭证和原始凭证核对相符。这项工作通常是在日常工作中进行。会计凭证是登记账簿的依据，账证核对主要检查登账中是否存在错误。核对时，将凭证和账簿的记录内容、数量、金额等相互对比，做到账证相符。

（2）账账核对，是各种账簿之间相关记录的互相核对，相关金额应该核对相符。核对的内容一般包括：

① 全部账户的期末借方余额合计与期末贷方余额合计数核对相符。

② 有关总账的借、贷方本期发生额及期末余额与所属明细账的借、贷方本期发生额合计及期末余额合计核对相符。

③ 现金日记账和银行存款日记账的发生额合计和期末余额与库存现金总账和银行存款总账的发生额和期末余额核对相符。

④ 会计部门财产物资明细账的本期发生额和期末余额，与财产物资保管和使用部门的明细账（卡）的发生额和期末余额核对相符。

（3）账实核对，是在账账核对的基础上，各种财产物资的账面余额与库存实际数核对。核对的内容一般包括：

① 现金日记账的账面余额，应每天与现金实际库存数核对，不能挪用现金，不能以借条或其他不符合财务相关规定的收据抵充现金库存。

② 银行存款日记账的账面余额，应定期（一般至少每月一次）与开户银行的对账单相核对。

③ 各种财产物资明细账的账面余额，应与财务物资、保管部门或使用部门的实物数量核对。例如，原材料、低值易耗品、库存商品等。

④ 各种债权、债务、应交税费等明细分类账户应定期与有关往来单位和税务等部门进行核对。

2．结账

结账是总结会计主体在一定会计期间的财务状况和经营成果的一项重要工作，定期结账为编制财务会计报告提供可靠的信息资料。

结账工作要求将当期的全部经济业务，包括折旧、摊销、成本计算、利润结转等登记入账，在此基础上，结出所有账户（包括日记账、总分类账和明细分类账）的本期发生额和期末余额。结账按时间可以分为月结、季结和年结，分别在月度、季度和年度终了时进行。

手工账簿结账时还需要做出相应结账划线标记。月度结账在本月最后一笔业务记录下一行结出各账户本期发生额合计和期末余额，摘要栏注明“本月合计”字样，并在月结栏上下各划一条通栏单红线。季度结账将各账户本季度的发生额合计和期末余额登记在本季度最后一个月的月结下一行，摘要栏注明“本季合计”字样，并在季结栏下划一条通栏单红线。年度结账要求在结账栏记录各账户本年发生额合计和期末余额，并在合计栏下划通栏双红线，表示封账。年度结账后，各种总账、日记账和明细账一般要求更换新账。

阅读

账簿更换

按照《会计档案管理办法》规定，“当年形成的会计档案，在会计年度终了后，可暂由会计机构保管一年，期满之后，应当由会计机构编制移交清册，移交本单位档案机构统一保管。”因此，一般来说，总账、日记账和明细账应每年更换一次。但对于固定资产来说，一般单位固定资产明细账年度内几乎不会发生增减事项，所以对于采用手工账簿的单位来说，固定资产明细账也可以不必每年更换。备查账是根据企业内部管理需要而设置和使用的，是对日记账和分类账中未能记载的事项进行补充登记的辅助账簿，也不必每年更换。

3.4 编制会计报表

会计循环的最终结果体现在财务报告中，因此，作为财务报告核心组成部分的会计报表是会计循环中最重要的会计文件。通过会计报表，可以使得投资者、经营者、债权人及政府的财政、税务、审计等监管部门及时了解报表单位的会计信息，以满足相关部门做出经济决策的需要。

在所有当期发生的日常业务及期末跨期业务均已编制完成会计分录，并分类登记账簿的基础上，编制总账试算平衡表。试算平衡表无误后，根据有关总账与明细账的发生额或余额，分别编制资产负债表、利润表、现金流量表和所有者权益变动表。

本章通过【会计循环举例】来说明会计信息生成的过程。

【会计循环举例】

本章 3.2 节、3.3 节中已对会计凭证和账簿的登记做过详细介绍，本节不再赘述。本例主要通过经济业务的会计分录、丁字账户、试算平衡和资产负债表与利润表的编制演示会计信息的生成过程。

【资料】20×5 年 12 月 1 日，王晟注册成立了一家小型公司——晟达商贸公司，12 月发生了以下经济业务（不考虑增值税进项税额）：

第 1 步，编制会计分录。

① 1 日，从个人账户转账 200 000 元作为晟达公司的注册资金。

借：银行存款　　200 000

　贷：实收资本　　200 000

② 1 日，从公司账户提取现金 2 000 元，用于日常开支。

借：库存现金　　2 000

　贷：银行存款　　2 000

③ 2 日，从公司账户转账 5 000 元，用于支付当月办公场所租金。

借：管理费用 5 000

　贷：银行存款 5 000

④ 3 日，开出 48 000 元转账支票，购买电脑、打印机等办公设备一批，分两年直线法摊销，无残值。

借：固定资产 48 000

　贷：银行存款 48 000

⑤ 3 日，用现金 200 元购买一批办公用品。

借：管理费用 200

　贷：库存现金 200

⑥ 4 日，购进 20 台豆浆机，价值 3 500 元，货款下月底前结清。

借：库存商品 3 500

　贷：应付账款 3 500

⑦ 6 日，购进 10 台电磁炉，价值 4 000 元，货款已通过银行转账支付。

借：库存商品 4 000

　贷：银行存款 4 000

⑧ 12 日，从银行获得小额贷款 50 000 元，期限一年，年利率为 8%。

借：银行存款 50 000

　贷：短期借款 50 000

⑨ 15 日，20 台豆浆机全部售出，发票价格 5 000 元，合同约定，货款下月结清。

借：应收账款 5 850

　贷：主营业务收入 5 000

　　应交税费——应交增值税 850

⑩ 31 日，结转本月出售豆浆机的成本 3 500 元。

借：主营业务成本 3 500

　贷：库存商品 3 500

⑪ 31 日，结转损益类账户发生额。

借：主营业务收入 5 000

　贷：本年利润 5 000

借：本年利润 8 700

　贷：主营业务成本 3 500

　　管理费用 5 200

第 2 步，通过丁字账户对上述会计分录中的账户进行汇总，如图 3.3 所示。

借		库存现金			贷
本期发生额	②	2 000	本期发生额	⑤	200
本期合计		2 000	本期合计		200
期末余额		1 800			

图 3.3　丁字账户汇总

借		银行存款			贷
本期发生额	①	200 000	本期发生额	②	2 000
	⑧	50 000		③	5 000
				④	48 000
				⑦	4 000
本期合计		250 000	本期合计		59 000
期末余额		191 000			

借		应收账款			贷
本期发生额	⑨	5 850	本期发生额		
本期合计		5 850	本期合计		
期末余额		5 850			

借		库存商品			贷
本期发生额	⑥	3 500	本期发生额	⑩	3 500
	⑦	4 000			
本期合计		7 500	本期合计		3 500
期末余额		4 000			

借		固定资产			贷
本期发生额	④	48 000	本期发生额		
本期合计		48 000	本期合计		
期末余额		48 000			

借		短期借款			贷
本期发生额			本期发生额	⑧	50 000
本期合计			本期合计		50 000
			期末余额		50 000

借		应付账款			贷
本期发生额			本期发生额	⑥	3 500
本期合计			本期合计		3 500
			期末余额		3 500

借		应交税费			贷
本期发生额			本期发生额	⑨	850
本期合计			本期合计		850
			期末余额		850

图 3.3　丁字账户汇总（续）

借	实收资本			贷
本期发生额		本期发生额	①	200 000
本期合计		本期合计		200 000
		期末余额		200 000

借	主营业务收入				贷
本期发生额	⑪	5 000	本期发生额	⑨	5 000
本期合计		5 000	本期合计		5 000

借	主营业务成本				贷
本期发生额	⑩	3 500	本期发生额	⑪	3 500
本期合计		3 500	本期合计		3 500

借	管理费用				贷
本期发生额	③	5 000	本期发生额	⑪	5 200
	⑤	200			
本期合计		5 200	本期合计		5 200

借	本年利润				贷
本期发生额	⑪	3 500	本期发生额	⑪	5 000
	⑪	5 200			
本期合计		8 700	本期合计		5 000
期末余额		3 700			

图 3.3 丁字账户汇总（续）

第 3 步，根据丁字账中各账户汇总金额，编制发生额及余额表（试算平衡表），如表 3.11 所示。

表 3.11

会计科目	期初余额		本期发生额		期末余额	
	借方	贷方	借方	贷方	借方	贷方
库存现金			2 000	200	1 800	
银行存款			250 000	59 000	191 000	
应收账款			5 850		5 850	
库存商品			7 500	3 500	4 000	
固定资产			48 000		48 000	
短期借款				50 000		50 000
应付账款				3 500		3 500

续表

会计科目	期初余额		本期发生额		期末余额	
	借方	贷方	借方	贷方	借方	贷方
应交税费				850		850
实收资本				200 000		200 000
主营业务收入			5 000	5 000		0
主营业务成本			3 500	3 500		0
管理费用			5 200	5 200		0
本年利润			8 700	5 000		–3 700
合计			335 750	335 750	250650	250 650

第 4 步，登记总分类账簿（略）

第 5 步，根据有关账户余额编制资产负债表，如表 3.12 所示。

表 3. 12　资产负债表

会企 01 表

编制单位：　　晟达商贸公司　　　　20×5 年 12 月 31 日　　　　单位：元

资产	期末余额	年初余额	负债和股东权益	期末余额	年初余额
货币资金	192 800		负债		
应收账款	5 850		短期借款	50 000	
存货	4 000		应付账款	3 500	
固定资产	48 000		应交税费	850	
			负债合计	54 350	
			所有者权益		
			实收资本	200 000	
			未分配利润	–3 700	
			所有者权益合计	196 300	
资产总计	250 650		负债及股东权益总计	250 650	

第 6 步，根据有关账户发生额编制利润表，如表 3.13 所示。

表 3. 13

利润表　　　　会企 02 表

编制单位：晟达商贸公司　　　　20×5 年 12 月　　　　单位：元

项目	本期金额
营业收入	5 000
减：营业成本	3 500
管理费用	5 200
利润总额	–3 700
减：所得税费用	
净利润	–3 700

3.5 会计档案管理

3.5.1 会计档案的内容

会计档案是指会计凭证、会计账簿和财务报告等会计核算专业材料，是记录和反映单位经济业务的重要史料和证据。具体包括以下几类。

（1）会计凭证类：原始凭证、记账凭证、汇总凭证、其他会计凭证。

（2）会计账簿类：总账、明细账、日记账、固定资产卡片、辅助账簿、其他会计账簿。

（3）财务报告类：月度、季度、年度财务报告，包括会计报表、附表、附注及文字说明，其他财务报告。

（4）其他类：银行存款余额调节表、银行对账单、其他应当保存的会计核算专业资料、会计档案移交清册、会计档案保管清册、会计档案销毁清册。

3.5.2 会计档案的保管与销毁

1. 会计档案的保管

各单位必须加强对会计档案管理工作的领导，建立会计档案的立卷、归档、保管、查阅和销毁等管理制度，保证会计档案妥善保管、有序存放、方便查阅、严防毁损、散失和泄密。采用电子计算机进行会计核算的单位，应当保存打印出的纸质会计档案。

各单位每年形成的会计档案，应当由会计机构按照归档要求，负责整理立卷，装订成册，编制会计档案保管清册。当年形成的会计档案，在会计年度终了后，可暂由会计机构保管一年，期满之后，应当由会计机构编制移交清册，移交本单位档案机构统一保管；未设立档案机构的，应当在会计机构内部指定专人保管。出纳人员不得兼管会计档案保管工作。

各单位应当建立健全会计档案查阅、复制登记制度。各单位保存的会计档案不得借出，如有特殊需要，经本单位负责人批准，并办理登记手续后，可以提供查阅或者复制。查阅或者复制会计档案的人员，严禁在会计档案上涂画、拆封和抽换。

会计档案的保管期限，从会计年度终了后的第一天算起，分为永久、定期两类。定期保管期限分为3年、5年、10年、15年、25年5类。

2. 会计档案的销毁

保管期满的会计档案，可以按照规定的程序销毁。会计档案销毁应先由本单位档案机构会同会计机构提出销毁意见，编制会计档案销毁清册，单位负责人在会计档案销毁清册上签署意见。销毁会计档案时，应当由档案机构和会计机构共同派员监销。国家机关销毁会计档案时，应当由同级财政部门、审计部门派员参加监销。财政部门销毁会计档案时，应当由同级审计部门派员参加监销。监销人应当在会计档案销毁清册上签名盖章，并将监销情况报告本单位负责人。

保管期满但未结清的债权债务原始凭证和涉及其他未了事项的原始凭证，不得销毁，应当单独抽出立卷，保管到未了事项完结时为止。单独抽出立卷的会计档案，应当在会计档案销毁清册和会计档案保管清册中列明。另外，正在项目建设期间的建设单位，其保管期满的会计档案不得销毁。

本章小结

会计信息的生成过程是从填制和审核会计凭证开始，到完成财务报表编制的一个完整会计核算工作的过程。

首先，根据经济业务实际发生和完成的真实情况取得或编制原始凭证并据以编制记账凭证。

将会计凭证的记录，按账户类别分别登记相关日记账、总分类账和明细分类账，定期结账，以便了解各账户的金额增减变动与结存情况。

期末，将各种账簿记录结出本期发生额和期末余额，并运用试算平衡方法对账簿记录的正确性进行检查后，据以编制资产表、利润表、现金流量表、所有者权益变动表。

企业必须建立会计档案的立卷、归档、保管、查阅和销毁等管理制度，保管期满的会计档案，可以按照规定的程序销毁。

阅读 1

会计书写规范

会计文字和数字书写规范是会计的基础工作标准，直接关系到会计工作质量的优劣和会计管理水平的高低。

会计书写的内容主要有阿拉伯数字的书写、中文数字大写以及汉字书写等。

1. 会计书写基本规范

（1）正确。指对经济业务发生过程中的数字和文字进行准确、完整的记载。它是会计书写的最基本的要求。

（2）规范。指记载各项经济业务的书写必须符合财经法规和会计制度的各项规定。从记账、核算、分析，到编制财务报告，都力求书写规范，文字表述精辟，同时要严格按书写格式书写。

（3）清晰。指书写字迹清楚，容易辨认，账目条理清理，使人一目了然。

（4）整洁。指无论凭证、账簿、报表，必须干净、清洁、整齐分明，无参差不齐及涂改现象。

2. 阿拉伯数字的书写规范

（1）书写顺序。阿拉伯数字书写顺序是从左到右，从高位到低位。

（2）斜度。阿拉伯数字在书写时应有一定的斜度。倾斜角度的大小应以笔顺书写方便，好看易认为准。不宜过大或过小，一般可掌握在60° 左右，即数字与底线为60° 的夹角。

（3）高度。数字书写应紧靠横格底线，数字沿底线占全格的1/2～2/3。

3. 汉字数字书写规范

（1）大写金额前要加“人民币”字样，“人民币”与首位数字之间不留空位。

（2）人民币以元为单位。大写金额数字到元或角为止的，在“元”或“角”字之后应当写“整”字或“正”字，大写金额数字有分的，分字后不写“整”字或“正”字。

（3）“零”字的写法。阿拉伯金额数字中间有“0”时，汉字大写金额要写“零”字；阿拉伯数字金额中间连续有几个“0”时，汉字大写金额中只写一个“零”字。

（4）表示位数（拾、佰、仟、万等）的文字前必须有数字，如拾元应写作壹拾元整。

（5）不能用不规范的简化字代替，如以“另”代“零”，以“两”代“贰”，以“廿”代“贰拾”等。

阅读2

各种会计档案保管期限表（见表3.14）

表3.14 企业和其他组织会计档案保管期限表

序号	档案名称	保管期限	备注
一	会计凭证类		
1	原始凭证	15年	
2	记账凭证	15年	
3	汇总凭证	15年	
二	会计账簿类		
4	总账	15年	包括日记总账
5	明细账	15年	
6	日记账	15年	现金和银行存款日记账保管25年
7	固定资产卡片		固定资产投资清理后保管5年
8	辅助账簿	15年	
三	财务报告类		包括各级主管部门汇总财务报告
9	月、季度财务报告	3年	包括文字分析
10	年度财务报告（决算）	永久	包括文字分析
四	其他类		
11	会计移交清册	15年	
12	会计档案保管清册	永久	
13	会计档案销毁清册	永久	
14	银行余额调节表	5年	
15	银行对账单	5年	

思考与练习

一、思考题

1. 收款凭证、付款凭证和转账凭证应如何填制？
2. 填制原始凭证的要求有哪些？
3. 什么是会计账簿？企业设置总分类账和明细分类账簿的目的是什么？
4. 账簿按用途一般分为哪几类？企业一般应设置哪些账簿？
5. 对账的目的是什么？对账的内容有哪些？

二、单项选择题

1. 下列不能作为原始凭证的是（　　）。

A. 发货票　　B. 合同书　　C. 入库单　　D. 领料单

2. 货币资金之间的划转业务，应编制（ ）。

A. 付款凭证 B. 收款凭证

C. 转账凭证 D. 记账凭证

3. 产品生产领用材料，应编制的记账凭证是（ ）。

A. 收款凭证 B. 付款凭证

C. 转账凭证 D. 累计凭证

4. 记账凭证的填制依据是（ ）。

A. 经济业务 B. 原始凭证

C. 账簿记录 D. 审核无误的原始凭证

5. 以银行存款归还银行借款的业务，应编制（ ）。

A. 转账凭证 B. 收款凭证

C. 付款凭证 D. 计算凭证

6. 下列原始凭证中属于外来原始凭证的是（ ）。

A. 购货发票 B. 工资结算汇总表

C. 发出材料汇总表 D. 领料单

7. 预支 1 000 元现金出差的采购员回厂报销差旅费，实报报销 1 100 元，出纳员又支付现金 100 元以结清其暂借款，这项报销业务应编制（ ）。

A. 收款凭证和转账凭证 B. 收款凭证和付款凭证

C. 两张付款凭证 D. 付款凭证和转账凭证

8. 记账凭证按其所反映的经济内容不同，可以分为（ ）。

A. 单式凭证和复式凭证 B. 收款凭证、付款凭证和转账凭证

C. 通用凭证和专用凭证 D. 一次凭证、累计凭证和汇总凭证

9. 下列各项中不属于记账凭证应具备的基本内容是（ ）。

A. 应借应贷科目 B. 经济业务的内容摘要

C. 填制和接受单位的名称 D. 填制人员的签章

10. 销售产品收到商业汇票一张，应该填制（ ）。

A. 银收字记账凭证 B. 现付字记账凭证

C. 现收字记账凭证 D. 转账凭证

11. 总分类账簿应采用（ ）外表形式。

A. 活页式 B. 卡片式 C. 订本式 D. 备查式

12. 租入固定资产备查登记簿按用途分类属于（ ）。

A. 分类账簿 B. 通用日记账

C. 备查账簿 D. 专用日记账

13. 下列明细分类账，通常采用三栏式账页格式的是（ ）。

A. 长期借款 B. 库存商品 C. 原材料 D. 管理费用

14. 在新的会计年度启用新账时，可以继续使用，不必更换新账的是（ ）。

A. 总分类账 B. 银行存款日记账

C. 固定资产卡片 D. 管理费用明细账

三、多项选择题

1. 下列经济业务中，应填制付款凭证的是（　　）。

A. 从银行提现金备用　　B. 购买材料预付定金

C. 购买材料未付款　　D. 以存款支付前欠某单位账款

E. 将现金存入银行

2. 下列凭证中属于原始凭证的有（　　）。

A. 提货单　　B. 产品成本计算单

C. 购货发票　　D. 发出材料汇总表

E. 转账凭证

3. 会计凭证按用途和填制程序分为（　　）。

A. 原始凭证　　B. 累计凭证

C. 记账凭证　　D. 转账凭证

E. 单式记账凭证

4. 各种原始凭证必须具备的基本要素包括（　　）。

A. 经济业务的内容　　B. 应借、应贷的会计科目名称

C. 有关人员的签章　　D. 填制单位签章

E. 凭证所附原始凭证的张数

5. 下列经济业务中，应填制转账凭证的是（　　）

A. 投资者以厂房对企业投资　　B. 外商以货币资金对企业投资

C. 购买材料未付款　　D. 销售商品收到商业汇票一张

E. 支付前欠某单位账款

6. 付款凭证左上角的贷方科目可能是（　　）。

A. 应收账款　　B. 应收票据

C. 其他应收款　　D. 库存现金

E. 银行存款

7. 任何会计主体都必须设置的账簿有（　　）。

A. 日记账　　B. 辅助账

C. 总分类账　　D. 备查账

E. 明细分类账

8. 登记银行存款日记账的依据可能是（　　）。

A. 银行存款收款凭证　　B. 银行存款付款凭证

C. 现金收款凭证　　D. 现金付款凭证

E. 转账凭证

9. 三栏式明细分类账的账页格式适用于（　　）。

A. 应收账款明细账　　B. 管理费用明细账

C. 银行存款明细账　　D. 原材料明细账

E. 资本公积明细账

10. 对账的具体内容包括（　　）。

A. 账证核对　　B. 账账核对

C. 账实核对

D. 账内核对

E. 表实核对

11. 明细分类账的账页格式主要有（　　）。

A. 三栏式

B. 数量金额式

C. 多栏式

D. 专用格式

E. 转账式

12. 手工记账的企业，通常每年需要更换的账簿有（　　）。

A. 现金日记账

B. 总分类账簿

C. 存货明细分类账

D. 固定资产卡片

E. 损益明细账

四、业务题

1. 目的：练习各类原始凭证的填制及审核方法。

资料：某企业是增值税一般纳税人，增值税税率为 17%，20×5 年 12 月发生以下经济业务：

（1）1 日出纳员刘峰开出现金支票一张 1 000 元，从银行提取现金，以备日常零星开支。

要求：填写“现金支票”，并根据现金支票存根编制记账凭证。

（2）1 日，供应科王明去外省采购材料，由科长王露批准，填写“借款单”向财务科预支现金 1 500 元做差旅费。复核人韩志，财务科长郭霞。

要求：填写“借款单”，并根据借款单编制记账凭证。

（3）5 日，收到本市甲公司前欠的货款 80 000 元，收到转账支票一张并转存银行。

要求：填写“进账单”一份，并根据进账单编制记账凭证（甲公司开户行：建设银行滨海分行，账号：1234565432）。

（4）6 日，向本市乙公司（地址：滨海区中心路 55 号，税务登记号：14030002010202）销售甲产品 100 件，单价 200 元，货已发出，货款暂未收到。

要求：填写“增值税专用发票”和“出库单”，并据此编制记账凭证。（“增值税专用发票”记账联和“出库单”财务联作为填制记账凭证的依据）

2. 目的：练习现金日记账的登记。

资料：某企业 20×5 年 6 月，现金日记账的期初余额为 900 元，该企业 6 月发生下列有关经济业务：

（1）1 日，经理洪程预借差旅费 800 元，以现金支付。

（2）2 日，开出现金支票，从银行提取现金 1 000 元备用。

（3）2 日，财务处以现金购买办公用品 100 元。

（4）2 日，以现金支付行政管理部门办公设备修理费 150 元。

（5）18 日，以现金支付法律咨询费 200 元。

（6）18 日，用现金支付采购材料的装卸费 150 元。

（7）30 日，收到职工黄晶缴来工具赔偿费现金 100 元。

（8）30 日，经理洪程报销差旅费 860 元，不足部分以现金补付。

要求：根据以上业务，登记现金日记账，并结出月末余额。

课堂测试题 1

班级__________ 学号__________ 姓名__________

一、单项选择题（20 分，每小题 2 分）

1. 会计主体假设对会计工作范围从（　　）上进行了限制。

A. 内容　　B. 人员　　C. 时间　　D. 空间

2. 根据复式记账的原理，对发生的每笔经济业务必须同时在（　　）中加以登记。

A. 一个账户的借方和一个账户的贷方 B. 一个资产账户和一个负债账户

C. 一个总分类账户和其所属几个明细账户

D. 两个或两个以上相互联系的账户

3. 下列会计恒等式正确的是（　　）。

A. 资产=负债+所有者权益　　B. 资产-权益=负债

C. 资产+负债=所有者权益　　D. 资产=负债-权益

4. 下列各项中会引起会计等式两边同时减少的是（　　）。

A. 购买原材料货款未付　　B. 提取现金

C. 以银行存款偿还货款　　D. 收回销货款

5. 在会计核算上对资产计提减值准备，体现（　　）信息质量的要求。

A. 重要性　　B. 谨慎性　　C. 可比性　　D. 实质重于形式

6. 借贷记账法下，损益类账户月末（　　）。

A. 一定有借方余额　　B. 一定有贷方余额

C. 一定没余额　　D. 可能有借方余额或没余额

7. 在权责发生制下，下列货款中应列作本月收入的是（　　）。

A. 本月销售商品，货款收存银行　　B. 本月预收订货款，存入银行

C. 本月收回上月赊销货款　　D. 本月收回上月多付给销售方的产品货款

8. 账户是根据（　　）开设。

A. 会计科目　　B. 经济业务　　C. 核算需要　　D. 企业管理层意见

9. 用支票支付前欠材料款，应填制（　　）。

A. 收款凭证　　B. 付款凭证　　C. 转账凭证　　D. 原始凭证

10. 某企业期初资产总额 200 万元，本期收回应收账款 10 万元，用银行存款支付应付账款 15 万元，偿还贷款本金 20 万元，投资者投入资金 50 万元，该企业期末的资产总额应为（　　）。

A. 225 万元　　B. 250 万元　　C. 205 万元　　D. 215 万元

二、多项选择题（20 分，每小题 2 分）

1. 下列属于会计核算假设条件的有（　　）。

A. 历史成本　　B. 持续经营　　C. 会计主体　　D. 会计分期　　E. 货币计量

2. 会计分录必须具备的要素包括（　　）。

A. 记账方向　　B. 记账手段　　C. 记账金额

D. 会计科目或账户的名称　　E. 发生的日期

3. 反映企业经营成果的会计要素有（　　）。

A. 资产　　B. 收入　　C. 费用　　D. 利润　　E. 所有者权益

4. 下列属于所有者权益的有（　　）。

A. 投入资本　B. 资本公积金　C. 盈余公积金　D. 未分配利润　E. 银行借款

5. 按照权责发生制的要求，下列收入或费用应归属于本期的是（　　）。

A. 本期销售产品的收入款项，对方尚未付款　B. 支付本月水电费

C. 本月收回上月销售产品的货款　D. 已经提取，尚未实际支付的本月借款利息

E. 预收购货单位货款，合同规定下月交货

6. 下列项目中，一般采用三栏式明细账账页格式的有（　　）。

A. 制造费用　B. 应付账款　C. 实收资本　D. 长期借款　E. 管理费用

7. 在借贷记账法下，账户的借方用以登记（　　）。

A. 负债的增加　B. 费用的增加　C. 收入的减少　D. 资产的减少

8. 如果一项资产减少，可能会引起（　　）。

A. 一项负债减少　B. 一项所有者权益减少

C. 另外一项资产增加　D. 一项费用增加　E. 一项成本减少

9. 反映企业经营成果的会计要素有（　　）。

A. 资产　B. 收入　C. 费用　D. 利润　E. 所有者权益

10. 成本类会计科目主要有（　　）。

A. 生产成本　B. 主营业务成本　C. 制造费用　D. 营业外支出

三、业务题（本大题共计 60 分）

1. 根据下表中企业资产和负债的具体内容，写出相应的会计科目。

项目	会计科目	项目	会计科目
用于生产的机器设备		企业的注册商标	
存放在出纳处的现钞		完工入库的产成品	
已经在办妥付款手续正在运输途中的材料		从银行借入的三年期的借款	
已经验收入库的材料物资		欠供应商的材料款	
加工中的在产品		开出并承兑的商业汇票	

2. 某公司 20×5 年 6 月发生的部分经济业务如下

（1）从银行取得一年期借款 500 000 元，存入银行存款账户。

（2）收到甲公司投资设备一台，双方协议价格为 300 000 元。

（3）购入甲材料 2 000 千克，单价 35.50 元，合计买价 71 000 元，所有款项均用银行存款支付，材料已经验收入库。（不考虑增值税）

（4）用银行存款偿还已到期的短期借款本金 300 000 元。

（5）因偷逃税款被罚款 10 000 元，以银行存款支付。

（6）行政管理部门用银行存款购买办公用品 1 000 元。

（7）生产产品耗用原材料 80 000 元。

（8）开出现金支票，从银行提取现金 50 000 元，用于发放工资。

（9）用现金发放职工工资 50 000 元。

（10）收到银行收款通知，上月销货款已经收回。

要求：（1）编制上述经济业务的会计分录；

（2）编制上述经济业务的试算平衡表。

下篇

会计实务

第 4 章　货币资金和应收款项

本章在资产确认及分类的基础上，介绍了流动性较强的货币资金和应收款项会计核算的相关内容。通过本章的学习，了解现金管理制度，支付结算办法等相关金融法规；熟悉应收款项坏账损失的“备抵法”的核算；灵活运用银行转账结算方式；掌握货币资金的会计处理；应收票据、应收账款的核算；预付账款、其他应收款的会计处理。

货币资金是指可以立即投入流通，可随时作为支付手段购买商品和劳务或用于清偿各种债务的交换媒介物。它的使用不受任何限制，具有普遍的可接受性，是流动性最强的资产，在流动资产中占有重要的地位。货币资金包括库存现金、银行存款和其他货币资金。

4.1　库存现金

4.1.1　库存现金概述

库存现金是指存放在企业财务部门，由出纳人员经管的货币，包括库存的人民币现金和各种外币现金。广义的现金包括库存现金、银行活期存款、银行本票存款、银行汇票存款、信用证存款、信用卡存款等内容。狭义的现金即库存现金。

库存现金是流动资产中流动性最强的一种货币性资产，可以直接用于支付或结算。拥有必要的现金，能够保证企业具有较强的偿债能力和承担风险的能力。

企业应当设置现金总账（一般采用三栏式）和现金日记账对库存现金进行核算。现金的总分类核算通过现金总账进行，由不从事出纳工作的会计人员负责登记。现金明细核算则通过现金日记账进行，由出纳人员根据审核后的原始凭证和现金收付款凭证以及涉及现金业务的银行存款付款凭证，按业务发生的先后顺序逐日逐笔序时登记，每日终了应计算本日现金收入、支出的合计数和结存数，并同实存现金进行核对，做到日清月结，保证账款相符。月份终了，现金日记账的余额应与现金总账的余额核对相符。

4.1.2　库存现金管理的主要内容

1. 现金的使用范围

国务院颁布的《现金管理暂行条例》规定了企业使用现金的范围，即企业现金只限于以下活动的支付：

（1）职工工资、津贴；

（2）个人劳务报酬；

（3）根据国家规定颁发给个人的科学技术、文化艺术、体育等奖金；

（4）各种劳保、福利费用以及国家规定的对个人的其他支出；

（5）向个人收购农副产品和其他物资的价款；

（6）出差人员必须随身携带的差旅费；

（7）结算起点以下的零星开支；

（8）中国人民银行确定需要支付现金的其他支出等。

2．库存现金的限额管理

库存现金的限额是指为了保证单位日常零星开支的需要，允许企业留存现金的最高限额。这一限额由开户银行根据企业的实际需要核定，一般不超过企业 3～5 天日常零星开支的需要，边远地区和交通不便地区开户企业的库存现金限额，可多余 5 天，但不得超过 15 天的日常零星开支。核定后的库存现金限额，开户银行必须严格遵守。

3．现金的日常收支管理

企业现金收支的管理，首先应该保证企业库存现金的安全完整，现金收支不出差错。这就要求企业必须加强现金的管理与控制，其基本要求包括：

（1）建立授权批准制度。明确授权、执行、记录、稽核等环节的相关控制措施和详细的工作要求。

（2）建立不相容岗位分离制度。在库存现金管理中要实行钱账分离，使出纳人员和会计人员相互牵制、互相监督，凡有库存现金收付，应坚持复核制度，当面点清，以减少差错，堵塞漏洞。

（3）建立现金收支控制制度。现金收支应及时清理，做到日清月结，确保库存现金的账面余额与实际库存相符。如果发现账款不符，应及时查明原因，进行处理；要强化收据与发票的领用制度，加强对空白凭证及使用过凭证的严格管理。

（4）严格执行现金管理禁止性制度。如不准坐支现金，不准以白条抵库，不准谎报用途套取现金，不准单位之间相互借用现金，不准私设小金库，不准公款私存。

4.1.3 库存现金的会计处理

为了总括地反映企业库存现金的收入、支出和结存的情况，应设置“库存现金”账户。该账户的借方登记现金的增加，贷方登记现金的减少，期末余额在借方，反映企业实际持有的库存现金的余额。

1．库存现金收入的核算

【例 4.1】20×5 年 9 月 10 日，东方电器股份有限公司（以下简称“东方公司”）向开户银行提取现金 50 000 元备发工资。

	借方	贷方
借：库存现金	50 000	
贷：银行存款		50 000

【例 4.2】20×5 年 9 月 12 日，车间管理人员张英出差归来，原借款 1 500 元，报销 1 300 元，剩余 200 元现金交回。

	借方	贷方
借：库存现金	200	
制造费用	1 300	
贷：其他应收款——张英		1 500

2．库存现金支出的核算

【例 4.3】20×5 年 9 月 15 日，东方公司以现金支付职工工资 50 000 元。

借：应付职工薪酬　　　　　　　　　　　　　　　　　　　　　　　　50 000

　贷：库存现金　　　　　　　　　　　　　　　　　　　　　　　　　　50 000

【例 4.4】20×5 年 9 月 16 日，销售主管王浩出差，预借差旅费 1 500 元。

借：其他应收款——王浩　　　　　　　　　　　　　　　　　　　　　1 500

　贷：库存现金　　　　　　　　　　　　　　　　　　　　　　　　　　1 500

【例 4.5】20×5 年 9 月 20 日，行政管理部门报销办公用品费 1 000 元，以现金付讫。

借：管理费用　　　　　　　　　　　　　　　　　　　　　　　　　　1 000

　贷：库存现金　　　　　　　　　　　　　　　　　　　　　　　　　　1 000

3．库存现金的清查

现金清查是指对库存现金盘点与核对，包括出纳人员每日终了前进行的现金账款核对和清查小组进行的定期或不定期的现金盘点、核对。现金清查一般采取实地盘点法。对于现金清查的结果，应编制现金盘点报告单，注明现金溢缺的金额，并由出纳人员和盘点人员签字盖章。如果有挪用现金、白条抵库情况，应及时予以更正；对于超限额留存的现金要及时送存银行。

现金清查中发现现金短缺或溢余时，一般先在“待处理财产损溢”账户核算，经查明原因后，应分情况再做处理：属于记账错误的应予以改正。如为现金短缺，属于应由责任人赔偿或保险公司赔偿的部分，记入“其他应收款”或“库存现金”账户；属于无法查明的其他原因，根据管理权限记入“管理费用”账户。如为现金溢余，属于应支付给有关人员或单位的，应记入“其他应付款”账户，属于不明原因的现金溢余，经批准后记入“营业外收入”账户。

【例 4.6】现金清查中，发现库存现金长款 100 元。

借：库存现金　　　　　　　　　　　　　　　　　　　　　　　　　　100

　贷：待处理财产损溢——待处理流动资产损溢　　　　　　　　　　　　100

【例 4.7】经反复核查，上述现金长款原因不明，经批准做营业外收入处理。

借：待处理财产损溢——待处理流动资产损溢　　　　　　　　　　　　100

　贷：营业外收入　　　　　　　　　　　　　　　　　　　　　　　　　100

【例 4.8】现金清查中，发现库存现金短款 100 元。

借：待处理财产损溢——待处理流动资产损溢　　　　　　　　　　　　100

　贷：库存现金　　　　　　　　　　　　　　　　　　　　　　　　　　100

【例 4.9】经核查，上述现金短款属于出纳人员工作粗心造成，决定由其赔偿。

借：其他应收款——应收××责任人赔偿款　　　　　　　　　　　　　100

　贷：待处理财产损溢——待处理流动资产损溢　　　　　　　　　　　　100

阅读

现金管理“八不准”

这里所说的现金管理，主要是库存现金管理。按照《现金管理暂行条例》及其实施细则的规定，企业、事业单位和机关、团体、部队现金管理应遵守“八不准”：

（1）不准用不符合财务制度的凭证顶替库存现金；

(2) 不准单位之间相互借用现金；

(3) 不准谎报用途套取现金；

(4) 不准利用银行账户代其他单位和个人存入或支取现金；

(5) 不准将单位收入的现金以个人名义存入储蓄；

(6) 不准保留账外公款（即小金库）；

(7) 不准发行变相货币；

(8) 不准以任何票券代替人民币在市场上流通。

（解释："小金库"是单位库存之外保存的现金和银行存款，一般情况下与单位设置的"账外账"相联系。设置"小金库"是侵占、截留、隐瞒收入的一种违法行为，为各种违法违纪提供了条件。）

思考　你怎么理解"现金为王"的说法？

4.2 银行存款

4.2.1 银行存款的管理

银行存款是指企业存入银行或其他金融机构的货币资金，根据中国人民银行《银行账户管理办法》的规定，每个企业都应在当地银行开立结算账户，办理存款、取款和转账结算。

《银行账户管理办法》将企业的存款账户分为 4 类，即基本存款账户、一般存款账户、临时存款账户和专用存款账户。

一般企业只能选择一家银行的一个营业机构开立一个基本存款账户，主要用于办理日常的转账结算和现金收付。

一般存款账户是指企业在基本存款账户以外的银行存款转存、与基本存款账户的企业不在同一地点的附属非独立核算单位开立的账户，本账户可以办理转账结算和现金缴存，但不能支取现金。

临时存款账户是指企业有临时生产经营活动的需要而开立的账户，本账户即可以办理转账结算，又可以根据国家现金管理规定存取现金。

专用存款账户是指企业因特定用途所开立的账户。

企业不得出租、出借账户，不得违反规定在异地存款和贷款而开立账户。任何单位和个人不得将本单位的资金以个人名义开立账户存储。

4.2.2 银行转账结算方式

根据中国人民银行发布的《银行结算办法》及国际结算的有关规定，银行结算办法主要有 9 种：银行汇票、银行本票、商业汇票、支票、汇兑、委托收款、托收承付、信用卡、信用证。

注意　银行汇票、银行本票、商业汇票、支票 4 种方式均为票据，在我国目前的会计核算中只有商业汇票作为票据核算，故商业汇票的核算分别在“应收票据”和“应付票据”的核算中介绍；银行汇票、银行本票和信用卡（证）的核算则在“其他货币资金”的核算中说明；支票、汇兑、委托收款、托收承付的核算在“银行存款”的核算中介绍。

1．银行汇票

银行汇票是汇款人将款项交存当地银行，由银行签发给汇款人持往异地办理转账结算或支取现金的票据。这种结算方式特别适用于企业先收款后发货或钱货两清的异地商品交易。

银行汇票具有使用灵活、票随人到、兑付性强、结算准确、余款自动退回等特点；银行汇票一律记名，汇款金额起点为 500 元；银行汇票的付款期限为 1 个月，可以背书转让；单位和个人的各种款项结算，均可使用银行汇票；银行汇票可以用于转账，填明“现金”字样的银行汇票也可以用于支取现金。

企业向银行提交“银行汇票委托书”并将款项交存开户银行，取得银行汇票后，根据银行盖章退回的申请书存根联，借记“其他货币资金——银行汇票”科目，贷记“银行存款”科目，具体核算将在本章 4.3 中介绍。

银行汇票结算程序如图 4.1 所示。

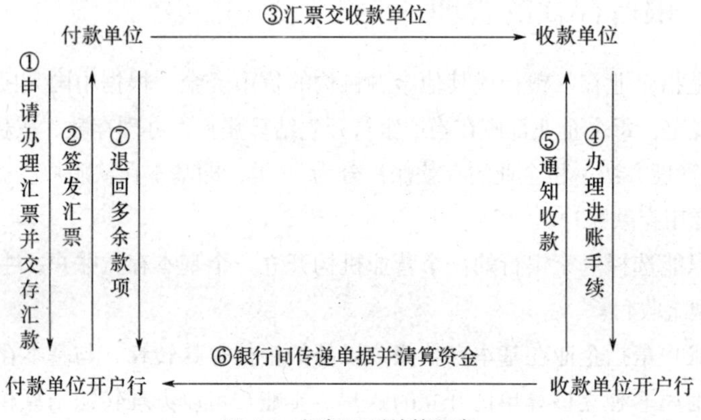

图 4.1　银行汇票结算程序

2．银行本票

银行本票是申请人将款项交存银行，由银行签发给其据以办理转账结算或支取现金的票据。银行本票一般适用于同城结算。银行本票分为定额银行本票和不定额银行本票两种。定额银行本票的面额有 1 000 元、5 000 元、10 000 元和 50 000 元；不定额银行本票的金额起点为 500 元。银行本票付款期为 2 个月，逾期后，兑付银行不予受理，但签发银行可办理退款手续。

银行本票的特点是：银行本票一律记名；银行本票允许背书转让；银行本票受理银行见票付款，不予挂失。

银行本票和银行汇票的会计处理基本相同，具体核算将在本章 4.3 节中介绍。

银行本票结算程序如图 4.2 所示。

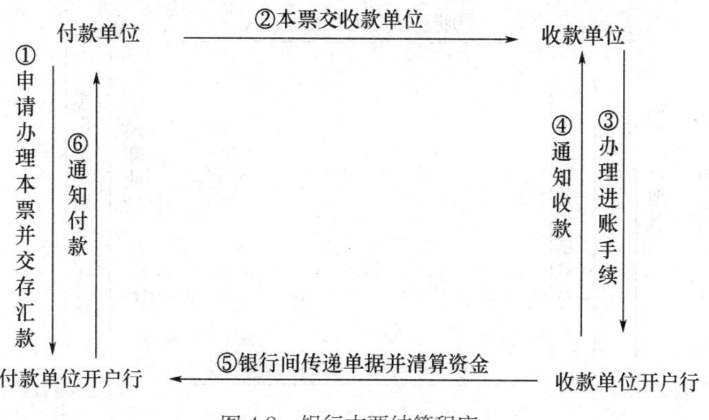

图 4.2 银行本票结算程序

3．商业汇票

商业汇票是指收款人或付款人（或承兑申请人）签发的，由承兑人承兑，并于到期日向收款人或被背书人支付款项的票据。按照承兑人的不同，商业汇票可分为商业承兑汇票和银行承兑汇票。商业承兑汇票是由收款人签发，经付款人承兑，或由付款人签发并承兑的票据。银行承兑汇票是由收款人或承兑申请人签发，并由承兑申请人向开户银行申请，经银行审查同意承兑的票据。

商业汇票的特点是：商业汇票一律记名，在同城或异地均可使用；商业汇票允许背书转让和申请贴现；商业汇票一经承兑，其承兑人即付款人负有到期无条件支付票款的责任；商业汇票的付款期限由交易的购销双方商定，但最长不得超过 6 个月。

注意

只有合法的商品交易才可签发汇票，不得签发无商品交易的汇票。商业汇票对应的会计科目为“应收票据”，我们将在本章 4.4 节介绍。

商业汇票结算程序如图 4.3、图 4.4 所示。

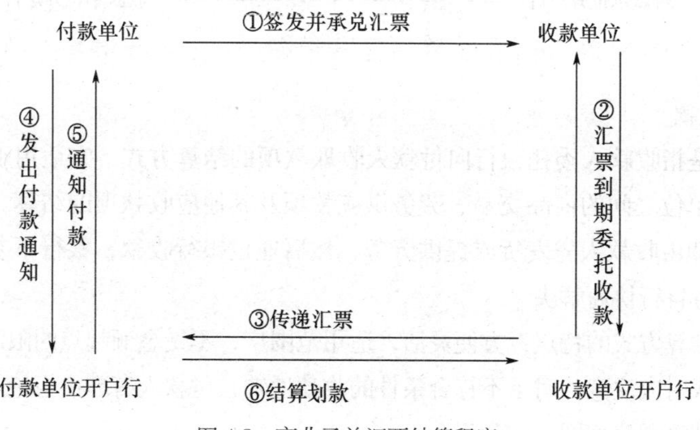

图 4.3 商业承兑汇票结算程序

4．支票

支票是单位或个人签发的，委托办理支票存款业务的银行在见票时无条件支付确定的金额给收款人或持票人的票据，是我国企业往来业务中较常见的一种结算方式，适用于同城结算。支票分为现金支票和转账支票两种，前者除用于提取现金外，还可以用于转账；后者只能用于转账，不能用于提取现金。

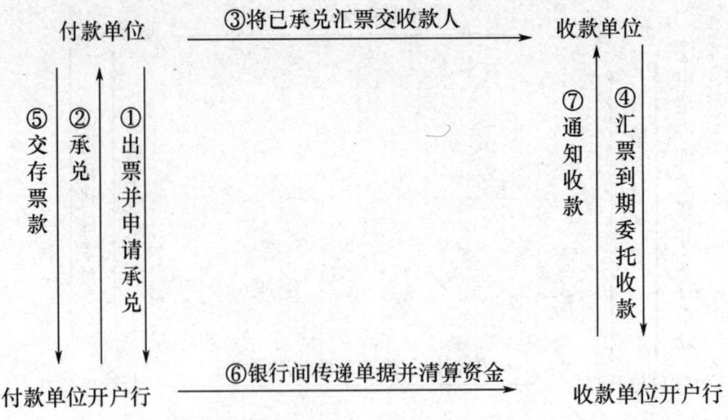

图 4.4　银行承兑汇票结算程序

支票的特点是：支票一律记名；支票的金额起点是 100 元，付款期限是 10 天；转账支票在中国人民银行批准的地区可以背书转让。从 2007 年 7 月 8 日起，支票实现了全国通用，异地使用的支票上均应记载全国统一标准的 12 位银行机构代码，异地使用支票的金额不能超过央行规定的金额上限 50 万元。

支票结算程序如图 4.5 所示。

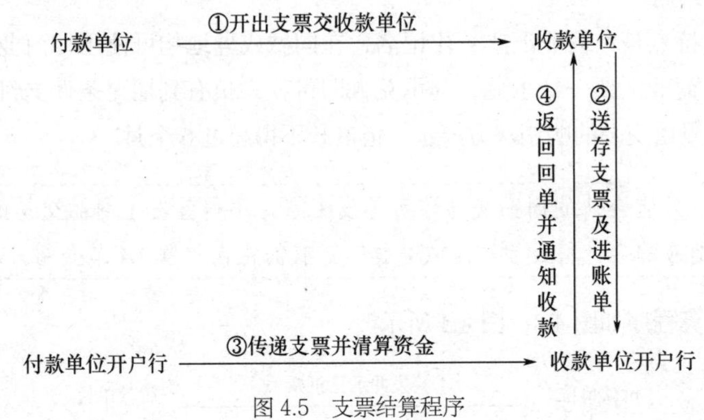

图 4.5　支票结算程序

5．委托收款

委托收款是指收款人委托银行向付款人收取款项的结算方式。它适用于在银行开立账户的同城或异地单位之间的商品交易、劳务供应款项及其他应收款项的结算。它建立在商业信用的基础上，即由收款人先发货或提供劳务，然后通过银行收款，银行不参与监督，结算中发生争议由双方自行协商解决。

委托收款结算方式的特点：方便灵活，适用范围广，不受金额起点的限制，付款期限为 3 天。采用该方式时应注意，对于不符合条件的收款通知，付款人有理由拒绝。

委托收款结算程序如图 4.6 所示。

6．托收承付

托收承付是根据购销合同由收款人发货后委托银行向异地付款人收取款项，由付款人向银行承兑付款的结算方式。办理托收承付的款项，必须是商品交易以及因商品交易而产生的劳务供应的款项。代销、寄销、赊销商品的款项，不得办理托收承付的结算。

托收承付结算的特点是：托收承付结算每笔金额起点为 10 000 元（新华书店系统每笔金

额起点为 1 000 元）。承付分为验单承付和验货承付两种，验单承付的承付期为 3 天，验货承付的承付期为 10 天。款项的划转方式分为邮划和电划两种，由收款人根据需要选择使用。收款单位办理托收承付，必须具有商品发运的证件或其他证明。付款单位在承付期内有权全部或部分拒付货款，由开户银行审核其拒付理由。

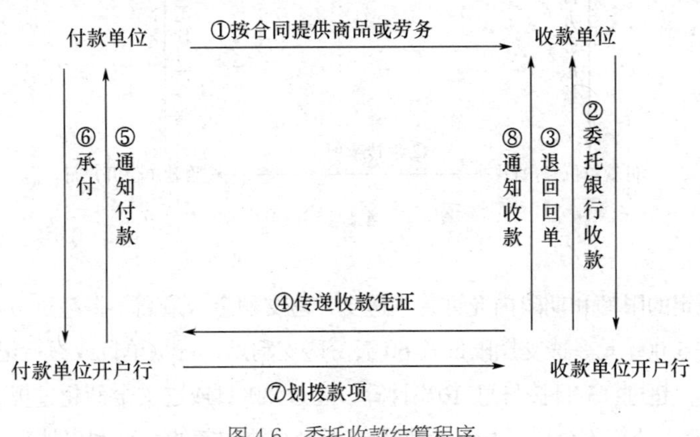

图 4.6　委托收款结算程序

托收承付结算程序如图 4.7 所示。

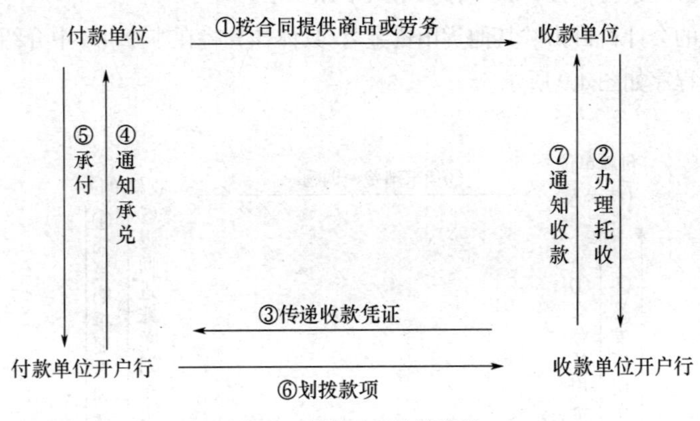

图 4.7　托收承付结算程序

7．汇兑

汇兑是指汇款人委托银行将款项汇给外地收款人的结算方式。收款单位对于汇入款项，应在收到银行的收账通知时确认收款。汇兑可分为电汇和信汇两种。

汇兑结算方式的特点是：收付双方不一定要事先订立经济合同，也不局限于商品交易款项汇划；汇款人汇出的款项不受金额起点的限制；这种结算方式便于汇款人主动向异地收款人付款，对单位和个人的各种经济往来，均能采用。

汇兑结算程序如图 4.8 所示。

8．信用卡

信用卡是指商业银行向个人或单位发行的，凭以向特约单位购物、消费和向银行存取现金，且具有消费信用的特制载体卡片。同城异地均可使用。信用卡按使用对象的不同可分为单位卡和个人卡；按信誉等级可分为金卡和普通卡。

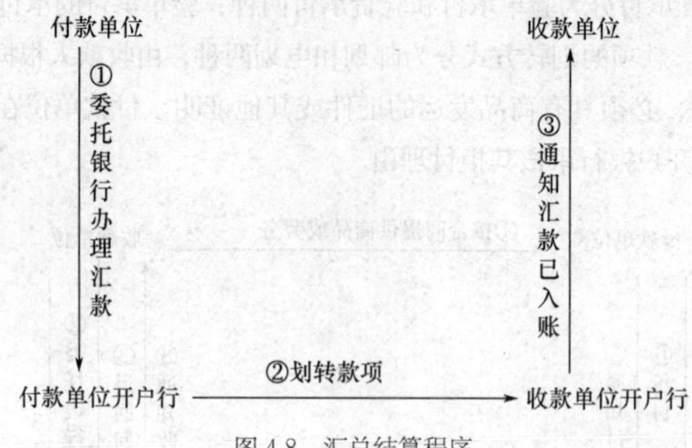

图 4.8　汇兑结算程序

信用卡在规定的限额和期限内允许善意透支，透支额金卡最高不得超过 10 000 元，普通卡最高不得超过 5 000 元。透支期限最长 60 天。透支利息，自签单日或银行记账日起 15 日内按日息 5‰计算，超过 15 日按日息 10‰计算，超过 30 日或透支金额超过规定限额的，按日息 15‰计算。透支计算不分段，按最后期限或者最高透支额的最高利率档次计算。超过规定限额或规定期限，并且经发卡银行催收无效的透支行为称为恶意透支，持卡人使用信用卡不得发生恶意透支。严禁将单位的款项存入个人卡账户中。

信用卡对应的会计科目为“其他货币资金”，具体核算将在本章 4.3 中介绍。

信用卡结算程序如图 4.9 所示。

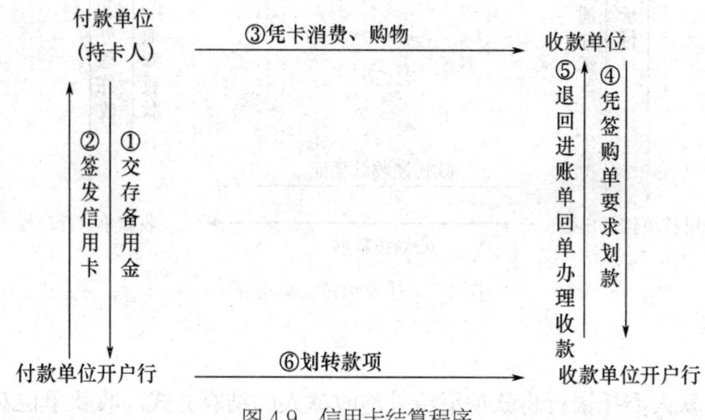

图 4.9　信用卡结算程序

9．信用证

信用证是国际结算的主要方式，从事进出口业务的企业和对外经济合作企业常采用这种方式。就国际信用证而言，它是进口方银行应进口方要求，向出口方（受益人）开立，以受益人按规定提供运输单据和发票为前提的、支付一定金额的书面承诺，即有条件的银行付款凭证。

信用证结算程序如图 4.10 所示。

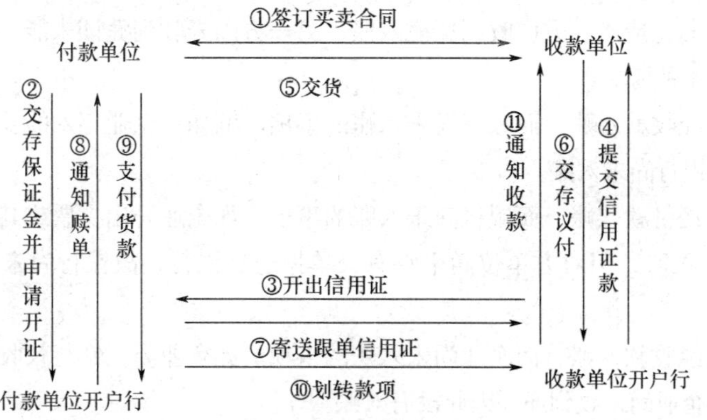

图 4.10 信用证结算程序

4.2.3 银行存款的会计处理

1．银行存款的核算

银行存款的核算有总分类核算和明细核分类算两个方面。总分类核算是通过“银行存款”总分类账户进行的，明细分类核算则是通过“银行存款日记账”序时核算的。

（1）银行存款的总分类核算

为了总括反映银行存款的收入、支出和结存情况，企业应设置“银行存款”账户，该账户属于资产类账户，借方登记银行存款的增加数额，贷方登记银行存款的减少数额，余额在借方，表示期末企业银行存款的实际结存数额。

（2）银行存款的序时核算

为了全面、系统、连续、详细地反映有关银行存款收支的情况，应设置“银行存款日记账”，一般采用三栏式账页，由出纳人员根据审核无误的银行存款收付款凭证以及涉及银行存款业务的现金付款凭证，按业务发生的先后顺序逐日逐笔序时登记，每日终了时应计算银行存款收入合计、银行存款支出合计及结余数，定期与银行转来的对账单进行核对。

2．银行存款的清查

为了加强对银行存款的管理，银行存款日记账每日终了应结出余额，月份终了银行存款日记账的余额必须与“银行存款”总账科目的余额核对相符。银行存款日记账账面结余与银行对账单余额至少每月核对一次。若双方余额一致，则企业不用进行处理；若双方余额不一致，则需追查原因，如图 4.11 所示。造成双方余额不一致的原因除记账错误外，还可能存在未达账项的影响。

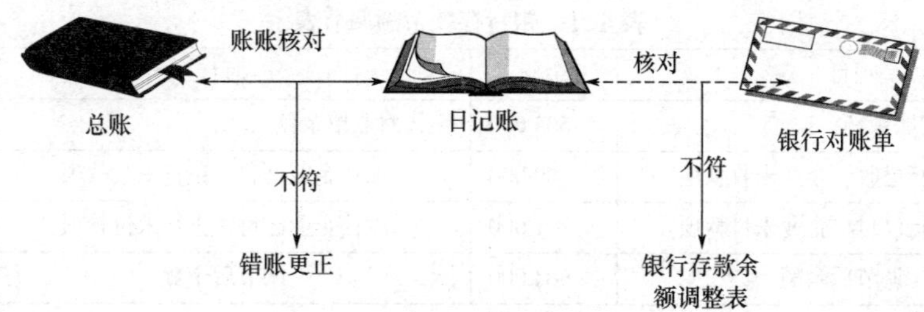

图 4.11 银行存款的清查

未达账项是指对于同一经济业务，由于结算凭证在企业与银行之间或收付款银行之间传递需要的时间不同，造成一方已收到凭证入账，另一方尚未收到凭证未能入账的事项。未达账项一般有下列 4 种情况。

（1）企业已经收款入账，而银行尚未入账的事项。例如：企业存入的款项，企业已做存款增加入账，但银行尚未入账。

（2）企业已经付款入账，而银行尚未入账的事项。如企业开出支票或其他付款凭证，企业已做存款减少入账，但对方单位尚未将有关单据送交银行，故银行尚未记录企业存款减少。

（3）银行已经收款入账，而企业尚未入账的事项。如企业委托银行代收的款项，银行已经收款入账，而企业尚未收到通知因此没有入账。

（4）银行已经付款入账，而企业尚未入账的事项。如由银行直接代付的款项，银行已从企业存款中拨付给收款方，但企业因尚未收到票据还没有入账。

以上任何一种情况的发生，都会使双方账面存款余额不相一致。

为了消除未达账项的影响，企业应根据核对后发现的未达账项，编制“银行存款余额调节表”，据以调节双方账面余额。调节方法为：

企业银行存款日记账余额 + 银行已收、企业未收的款项 − 银行已付、企业未付的款项

= 银行对账单余额 + 企业已收、银行未收的款项 − 企业已付、银行未付的款项

【例 4.10】东方公司 20×5 年 7 月 31 日银行存款的账面余额为 535 000 元，开户银行送来对账单，其银行存款余额为 508 000 元。经查对，发现有以下几笔未达账项：

（1）7 月 30 日，委托银行收款 50 000 元，银行已收入企业银行存款户，收款通知尚未送达。

（2）7 月 30 日，企业开出现金支票一张，计 1 600 元，企业已减少银行存款，银行尚未记账。

（3）7 月 31 日，银行为企业支付电费 1 000 元，银行已入账，减少企业存款，企业尚未记账。

（4）7 月 31 日，企业收到外单位转账支票一张，计 64 000 元，企业已收账，银行尚未记账。

要求：

东方公司月末实际可用的银行存款余额是多少？假定银行对账单所列公司存款无误，未达账项也由双方查明无误，公司银行存款的账面余额应是多少？根据以上资料，东方公司编制的银行存款余额调节表如表 4.1 所示。

表 4.1 银行存款余额调节表

项目	金额	项目	金额
银行存款日记账余额	535 000	银行对账单余额	508 000
加：银行已收、企业未收款项	50 000	加：企业已收、银行未收款项	64 000
减：银行已付、企业未付款项	1 000	减：企业已付、银行未付款项	1 600
调节后余额	584 000	调节后余额	570 400

调节后余额的余额仍然不等，问题中也提示银行对账单中所列公司存款金额无误，且已查明未达账项无误，东方公司月末实际可用银行存款余额应为调节表右侧所得调节后余额，

即570 400元；同时也就说明公司银行存款日记账的账面余额不准确，那么银行存款日记账的余额应该为多少呢？经计算（570 400 + 1 000 – 50 000）应为521 400元。

需要说明的是，“银行存款余额调节表”主要是用来核对企业与银行双方的记账有无差错，不能作为记账的依据。对于因未达账项而使双方账面余额出现的差异，无须账面调整，待结算凭证到达后再进行账务处理，登记入账。

4.3 其他货币资金

4.3.1 其他货币资金的内容

其他货币资金是指企业除现金和银行存款以外的各种货币资金，包括企业的外埠存款、银行汇票存款、银行本票存款、在途货币资金、信用卡存款、信用证保证金存款和存出投资款等。

为了核算和监督其他货币资金的增减变化和结存情况，应设置“其他货币资金”账户。该账户属于资产类账户，借方登记其他货币资金的增加额，贷方登记其他货币资金的减少额，余额在借方，表示期末其他货币资金的结存额。这个账户的使用方法与“库存现金”“银行存款”账户相同。企业需要根据实际情况在总账下设“外埠存款”“银行汇票”“银行本票”“信用卡”“信用证保证金”“存出投资款”等明细账户进行明细核算。

4.3.2 其他货币资金的会计处理

1. 外埠存款

外埠存款是指企业到外地进行临时或零星采购时，汇往采购地银行开立采购专户的款项。采购专户只付不收，付完结束账户。企业将款项委托当地银行汇往采购地开立专户时，借记“其他货币资金——外埠存款”账户，贷记“银行存款”账户。收到采购员交来供应单位发票账单等报销凭证时，借记“材料采购”“应交税费——应交增值税（进项税额）”账户，贷记“其他货币资金——外埠存款”账户。将多余的外埠存款转回当地银行时，根据银行的收账通知，借记“银行存款”账户，贷记“其他货币资金——外埠存款”账户。

【例4.11】利阳公司于20×5年7月20日，为收购野生菌在某地农业银行开设临时存款账户，存入70 000元。8月10日，采购员交来收购单据，货物金额为50 000元，增值税8 500元，货物尚未收到。8月30日未使用的11 500元资金转回了原开户行。

开设外地临时采购专户时：

借：其他货币资金——外埠存款　　70 000

　贷：银行存款　　70 000

收到供货企业发票等报销凭证时：

借：在途物资　　50 000

　　应交税费——应交增值税（进项税额）　　8 500

　贷：其他货币资金——外埠存款　　58 500

将多余资金 11 500 元转回原开户银行时：

借：银行存款 11 500

贷：其他货币资金——外埠存款 11 500

2．银行汇票存款

银行汇票存款指企业为取得银行汇票，按照规定存入银行的款项。企业需要使用银行汇票时，应填送“银行汇票申请书”，并将款项交存银行，取得银行汇票和解讫通知两联凭证后，根据银行盖章退回的银行汇票申请书存根联，借记“其他货币资金——银行汇票”账户，贷记“银行存款”账户。

付款方持银行汇票结算联和解讫通知联去异地采购材料，支付购买材料款及其采购费用时，根据发票账单等有关原始凭证，借记“在途物资”“应交税费——应交增值税（进项税额）”账户，贷记“其他货币资金——银行汇票”账户；若实际结算金额低于出票金额或因汇票超过付款期等原因而退回款项，根据开户行转来的银行汇票第四联（多余款收账通知），借记“银行存款”账户，贷记“其他货币资金——银行汇票”账户。

【例 4.12】东方公司向银行申请办理 100 000 元银行汇票，有关手续办妥；采购员持汇票赴异地购买铝箔材料，价款计 60 000 元，进项税 10 200 元；期末开户银行将余额退还。

取得银行汇票时：

借：其他货币资金——银行汇票 100 000

贷：银行存款 100 000

采购员购买商品并取得发票，归来报销时：

借：在途物资 60 000

应交税费——应交增值税（进项税额） 10 200

贷：其他货币资金——银行汇票 70 200

汇款到期，开户行将余额退还时：

借：银行存款 29 800

贷：其他货币资金——银行汇票 29 800

3．银行本票存款

银行本票存款是指企业为取得银行本票按规定存入银行的款项。企业向银行提交“银行本票申请书”并将款项交存银行，取得银行本票后，根据银行盖章退回的银行本票申请书（存根联），借记“其他货币资金——银行本票”账户，贷记“银行存款”账户。企业使用银行本票支付采购材料的货款，根据发票账单等有关原始凭证，借记“材料采购”“应交税费——应交增值税（进项税额）”账户，贷记“其他货币资金——银行本票”账户；因本票超过付款期等原因未曾使用而要求银行退款时，借记“银行存款”账户，贷记“其他货币资金——银行本票”账户。

4．信用卡存款

信用卡存款是指企业为取得信用卡而存入银行信用卡专户的款项。企业申请使用信用卡，应按照规定填制申请表，连同支票和有关资料一并送交发卡银行，银行受理后，为企业开立信用卡存款账户并签发信用卡。企业取得信用卡后，根据银行盖章退回的交存备用金的进账单第一联，借记“其他货币资金——信用卡”账户，贷记“银行存款”账户。企业使用信用卡在特约单位购物或消费时，根据开户银行转来的信用卡存款的付款凭证，在与有关发票账单等原始凭证核对无误后，借记“在途物资”“管理费用”等账户，贷记“其他货币资金——信用卡”账户。信用卡使用过程中，需要对其账户续存资金时，按实际续存的金额，借记“其他货币资金——信用卡”账户，贷记“银行存款”账户。

5. 信用证保证金存款

信用证保证金存款是指企业为取得信用证按规定存入银行的保证金。信用证保证金存款的核算账户为“其他货币资金——信用证保证金”。企业向银行申请开立信用证，应按规定向银行提交开证申请书、信用证申请人承诺书和购销合同，企业向银行交纳保证金，根据银行退回的进账单第一联，借记“其他货币资金——信用卡”账户，贷记“银行存款”账户。根据开证行交来的信用证来单通知书及有关单据列明的金额，借记“在途物资”“应交税费——应交增值税（进项税额）”等账户，贷记“其他货币资金——信用卡”账户。

6. 存出投资款

存出投资款是指企业已存入证券公司但尚未进行各项短期投资的款项。企业向证券公司划出款项时，借记“其他货币资金——存出投资款”账户，贷记“银行存款”账户；进行短期投资时，借记“可供出售金融资产”等账户，贷记“其他货币资金——存出投资款”账户。

4.4 应收及预付款项

应收款项是指企业因销售商品、提供劳务等发生的应向有关债权人收取的款项。它是流动资产的重要组成部分，主要包括应收票据、应收账款和其他应收款等。预付账款是指企业因采购货物等预先支付给有关单位的款项，也属于流动资产。

4.4.1 应收票据

1. 应收票据概述

应收票据，是指企业因采用商业汇票结算方式销售商品、产品等而收到的商业汇票。商业汇票是一种由出票人签发，委托付款人在指定日期无条件支付确定金额给收款人或者持票人的票据。商业汇票的付款期限，最长不得超过 6 个月，商业汇票可以背书转让。

根据承兑人不同，商业汇票分为商业承兑汇票和银行承兑汇票。商业承兑汇票是指由付款人签发并承兑，或由收款人签发交由付款人承兑的汇票。银行承兑汇票是指由在承兑银行开立存款账户的存款人（这里也是出票人）签发，由承兑银行承兑的票据。企业申请使用银行承兑汇票时，应向其承兑银行按票面金额的 5‰缴纳手续费。

根据票据是否带息，商业汇票分为带息商业汇票（简称带息票据）和不带息商业汇票（简称不带息票据）。带息票据是指汇票到期时，承兑人按票据面额及应计利息之和向收款人付款的商业汇票。

2. 应收票据的核算

为了反映企业应收票据的增减变动情况，应设置“应收票据”账户进行核算。这个账户属于资产类账户，其借方登记企业收到的商业汇票票面金额；贷方登记票据到期时收回的票面金额或到期注销无法收回的票面金额；期末余额在借方，反映期末尚未到期的应收票据金额。

（1）取得应收票据

当企业收到承兑的商业汇票时，应按票面额借记“应收票据”账户，贷记“主营业务收入”“应交税费”等账户。若所收票据是用来抵偿应收账款的，应按票据的面额借记“应收票据”账户，贷记“应收账款”账户。

（2）收回到期票据

不带息票据的到期值即是票据的面值，因此，收回时按照票面金额，借记“银行存款”账户，贷记“应收票据”账户；带息票据到期收回时，首先应计算票据到期值，按到期值收回票款时，借记“银行存款”账户，按票面金额贷记“应收票据”账户，按票据利息额贷记“财务费用”账户。如果是承兑人违约拒付或无力偿还票款时，应按票据到期值转为应收账款进行核算，借记“应收账款”账户，贷记“应收票据”账户。

应收票据到期值 = 票据面值 ×（1 + 票面利率 × 票据期限）

注意

如无特殊说明，应收票据上注明的利率一般指年利率，全年按 360 天计算，每个月不论实际天数，均按 30 天计算。

票据期限有两种表示方式：

一是以“天数”表示。即采用票据签发日与到期日“算头不算尾”或“算尾不算头”的方法，按照实际天数计算到期日。

二是以“月数”表示。即票据到期日以签发日数月后的对日计算，而不论各月份实际日历天数多少。

3．应收票据的贴现

应收票据的贴现是指持票人因急需资金，将未到期的商业汇票背书后转让给银行，贴给银行一定利息后收取剩余票款的业务活动。企业将票据贴现后从金融机构取得的货币资金称为贴现值，它等于票据到期值减去贴现息的余额。所谓贴现息是金融机构接受贴现票据时索取的利息费用，它等于票据到期值乘以贴现率再乘以贴现期。票据的贴现期是金融机构持有该票据的时间，它用票据的到期日减去票据的贴现日。企业将尚未到期的应收票据向银行贴现后，按扣除贴现利息后所得贴现值，借记“银行存款”账户，按应收票据的票面额贷记“应收票据”账户，票据贴现金额与票面金额的差额，作为企业利息费用的增项或减项，借记或贷记“财务费用”账户。

有关计算公式如下：

贴现息 = 票据到期值 × 贴现利率 × 贴现期

贴现值 = 票据到期值 − 贴现息

【例 4.13】东方公司急需资金，于 6 月 7 日将一张 5 月 8 日签发、120 天期限、票面价值 50 000 元的不带息商业汇票向银行贴现，年贴现率为 10%，票据到期日为 9 月 5 日。

票据持有天数 30 天（5 月 24 天，6 月 6 天）

贴现天数 = 120 − 30 = 90（天）

贴现息 = 50 000 × 10% × 90 ÷ 360 = 1 250（元）

贴现值＝50 000－1 250＝48 750（元）

有关会计处理如下：

借：银行存款　　48 750

　　财务费用　　1 250

　贷：应收票据　　50 000

在我国，贴现是附追索权的。根据票据法的规定，“背书人以背书转让汇票后，即承担保证其后手所持汇票承兑和付款的责任”。因此，已贴现的商业承兑汇票到期时，若出票人或承兑人无力支付票款，申请贴现的企业应负连带的偿还责任。所以，企业在将商业承兑汇票贴现后，仍负有可能承担支付票款的责任，这种责任最终取决于付款人的行为。会计上把这种责任称为“或有负债”。

如果已贴现的商业汇票到期，承兑人的银行账户不足支付，银行即将已贴现的票据退回申请贴现的企业，同时从贴现企业的账户中将票据款划回。此时，贴现企业应将应收票据本息款项转做“应收账款”，借记“应收账款”账户，贷记“银行存款”账户；如果申请贴现的企业银行存款余额不足支付，银行将做逾期贷款处理，贴现企业应借记“应收账款”账户，贷记“短期借款”账户。

【例 4.14】见【例 4.13】资料，如果该贴现的商业承兑汇票到期，承兑人的银行账户不足支付，银行将以贴现的票据退回东方公司，同时从东方公司账户中将票据款划回。会计处理如下：

借：应收账款　　50 000

　贷：银行存款　　50 000

如果东方公司的银行存款账户余额不足 50 000 元，银行将作为东方公司的逾期贷款处理。会计处理如下：

借：应收账款　　50 000

　贷：短期借款　　50 000

4.4.2 应收账款

1．应收账款的计价

应收账款是指企业因销售商品或提供劳务等原因，应向购货单位或接受劳务单位收取的款项。应收账款是在销售活动中产生的，是企业一项重要的流动资产，属于短期性债权。

应收账款通常按实际发生额计价入账，即以交易发生日或销售收入确认时买卖双方成交的实际金额入账。其入账价值包括：销售货款或提供劳务的价款、增值税，以及代购货方垫付的各种运杂费、包装费等。计价时，还需考虑商业折扣和现金折扣等因素。

（1）商业折扣

商业折扣是销货企业为鼓励客户多购买商品在商品标价上给予的扣除，一般在交易时即已经确定。商业折扣对应收账款的入账价值没有什么实质性的影响，企业只需按扣除商业折扣后的净额确认应收账款。

（2）现金折扣

现金折扣是销货企业为了鼓励客户提前偿付货款而向客户提供的债务扣除。现金折扣一般用符号“折扣/付款期限”来表示。例如，“2/10，1/20，*n*/30”，即买方 10 天内付款，销货企业将按商品售价给予客户 2%的折扣；买方在 20 天内付款，企业可按售价给予客户 1%的折扣；企业允许客户最长的付款期限为 30 天，但客户在 21～30 天内付款，将不能享受到现金折扣。

现金折扣使销货企业应收账款的实际数额随客户的付款时间而异，其应收账款入账价值的确定有两种处理方法：一是总价法，二是净价法。

总价法是将未扣减现金折扣前的金额作为实际售价，记做应收账款的入账价值。现金折扣只有客户在折扣期内支付货款时，才予以确认。在总价法下，销货方把给予客户的现金折扣视为融资的理财费用，会计上作为财务费用处理。总价法可以较好地反映销售的总过程，但在顾客可能享受现金折扣的情况下，会引起期末应收账款和销售收入的高估，从而导致资产和利润的虚增。

净价法是将扣减现金折扣后的金额作为实际售价，据以确认应收账款的入账价值。这种方法把客户取得折扣视为正常现象，认为客户一般都会提前付款，而将由于客户超过折扣期付款而多收入的金额，视为向客户提供信贷而获得的收入，这笔金额在收到账款时作为冲减财务费用的减项。

目前我国的会计实务中，一般都采用总价法。

注意

由于现金折扣的比率比一般银行贷款利率高得多，所以一般认为顾客不会轻易错过获得现金折扣的机会。净价法因此显得比总价法更合理，它同时也弥补了前述总价法易高估资产和收益的缺陷，从而能较为客观地反映企业的财务状况和经营成果。

2．应收账款的核算

为了反映企业应收账款的增减变动及结存情况，需要设置“应收账款”账户。该账户属于资产类账户，它的借方登记应向购货单位收取的销货款，贷方登记已收回的销货款，余额在借方表示购货单位尚未归还的账款，该账户应按往来单位设置明细分类账。

企业销售产品或材料等发生应收款项时，借记“应收账款”账户，贷记“主营（其他）业务收入”“应交税费——应交增值税（销项税额）”等账户；收回款项时，借记“银行存款”等账户，贷记“应收账款”账户。

企业代购货单位垫付包装费、运杂费时，借记“应收账款”账户，贷记“银行存款”等账户；收回代垫费用时，借记“银行存款”账户，贷记“应收账款”账户。

企业应收账款改用应收票据结算时，在收到承兑的商业汇票时，借记“应收票据”账户，贷记“应收账款”账户。

【例 4.15】东方公司采用赊销的方式销售一批商品给客户，赊销期一个月，该批商品的售价 300 000 元，适用的增值税税率为 17%，规定的现金折扣条件为“2/10，1/20，*n*/30”，产品交付并办妥托收手续。其有关的会计处理如下：

办妥托收手续时：

借：应收账款　　351 000

　贷：主营业务收入　　300 000

　　应交税费——应交增值税（销项税额）　　51 000

如果上述货款在 10 天内收到：

借：银行存款　　345 000

　　财务费用　　6 000

　贷：应收账款　　351 000

如果上述货款在20天内收到：

借：银行存款　　34 8000

　　财务费用　　3 000

　贷：应收账款　　351 000

如果超过了现金折扣的最后期限收到货款：

借：银行存款　　351 000

　贷：应收账款　　351 000

4.4.3 预付账款和其他应收款

1．预付账款

预付账款是指企业按照购货合同或劳务合同规定，预先支付给销货方的款项。为了反映预付账款的增减变动，企业应设置“预付账款”账户。该账户属于资产类账户，它的借方登记预付的款项和补付的款项，贷方登记收到采购货物时按发票金额冲销的预付账款数和因预付货款多余而退回的款项，期末余额一般在借方，反映企业实际预付的款项。

预付账款与应收账款都属于企业的债权，但两者产生的原因不同，应收账款是企业向购货方收取的款项；预付账款则是企业预先付给供货方的款项。二者应分别设置账户。

预付款项时，借记“预付账款”账户，贷记“银行存款”账户。收到预定货物时，根据发票账单等列明的金额，借记“原材料”“应交税费——应交增值税（进项税额）”等账户；贷记“预付账款”账户。如所购物品实际货款总额大于预付货款，应补付货款，借记“预付账款”账户，贷记“银行存款”账户；如所购物品实际货款总额小于预付货款，收回多付的款项时，借记“银行存款”账户，贷记“预付账款”账户。

如企业预付货款情况不多，也可以不单独设置“预付账款”账户，而将预付的货款直接记入“应付账款”账户的借方。预付货款时，借记“应付账款”账户，贷记“银行存款”账户，收到货物时再从贷方结转。

2．其他应收款

其他应收款核算企业除应收票据、应收账款及预付账款以外的其他各种应收、暂付给其他单位和个人的款项，是企业非购销活动中产生的债权，主要包括拨付给企业内部单位和个人的备用款，应收的各种罚款、赔款，应收的租金，存出保证金，应向职工收取的各种垫付款项。由于其他应收款不反映企业销售经营活动的货款结算，一般数额较小。作为企业的短期性债权，应将这类项目单独归类，以便与购销业务发生的应收项目相区别。

为了核算监督企业其他应收款项的结算情况，应设置“其他应收款”账户，该账户属于资产类账户，其借方登记企业发生的各项其他应收款项；贷方登记收到和结转的其他应收款项。期末借方余额表示应收未收的各项其他应收款项。当企业发生各种应收的赔款、罚款、租金等，及其他各种暂付款时借记“其他应收款”账户，贷记有关账户；收回应收、暂付款项或对预支款项报销时，借记有关账户，贷记“其他应收款”账户。

4.4.4 应收款项减值

企业应当在资产负债表日对应收款项的账面价值进行检查，有客观证据表明该应收款项发生减值的，应当将该应收款项的账面价值减记至预计未来现金流量现值，减记的金额确认减值损失，计提坏账准备。

1．坏账损失的概念

企业的各项应收款项（此处包括应收账款和其他应收款），可能会因购货方拒付、破产等原因而无法收回，这类无法收回的应收款项就是坏账，其给企业带来的损失称为坏账损失。

2．坏账损失的核算

对于坏账损失，一般有两种会计处理方法：直接转销法和备抵法。

（1）直接转销法

采用直接转销法时，日常核算中应收款项可能发生的坏账损失不予考虑，只有在实际发生坏账损失时，才作为坏账损失计入当期损益，同时冲销应收款项。这种方法会计处理简单，但不符合权责发生制和配比原则。另外，在资产负债表上，应收款项是按账面余额而不按净额反映，这在一定程度上歪曲了期末的财务状况。所以会计制度规定，企业对坏账的核算采用备抵法。

（2）备抵法

备抵法是按期估计坏账损失，提取坏账准备并计入当期损益，实际发生坏账损失时再冲销坏账准备的方法。为此，企业应设置“坏账准备”账户，该账户属于资产类账户，是“应收账款”等账户的抵消调整账户。该账户贷方登记已提取的坏账准备金及已转销后又收回的坏账金额，借方登记已确认并转销的坏账，期末余额一般在贷方，表示已提取但尚未转销的坏账准备数额。

坏账损失的提取方法主要有应收账款余额百分比法、账龄分析法和销货百分比法。企业计提坏账准备时，借记“资产减值损失——计提的坏账准备”账户，贷记“坏账准备”账户；实际发生坏账时，借记“坏账准备”账户，贷记“应收账款”账户。如果已确认并转销的坏账以后又收回，则应按收回的金额，借记“应收账款”账户，贷记“坏账准备”账户，以恢复企业债权并冲回已转销的坏账准备金额；同时，借记“银行存款”账户，贷记“应收账款”账户，以反映账款收回情况。

【例 4.16】东方公司于 20×3 年开始计提坏账准备。20×3—20×5 年的一些相关会计处理如下：

① 20×3 年年末应收账款余额为 1200 000 元，各个单项金额均非重大，按照以前年度的实际损失率确定坏账准备的计提比例为 5‰。则

当年的坏账准备提取额 = 1200 000 × 5‰ = 6 000（元）

借：资产减值损失——计提的坏账准备	6 000	
贷：坏账准备		6 000

② 20×4 年 9 月，企业发现有 1 600 元的应收账款无法收回，经批准后做坏账处理。

借：坏账准备	1 600	
贷：应收账款		1 600

③ 20×4 年 12 月 31 日，企业应收账款余额为 1 440 000 元。按当年年末应收账款应计提的坏账准备金额为 7 200 元（1 440 000×5‰）。而在年末计提坏账准备前，"坏账准备" 账户的贷方余额为 4 400 元（6 000–1 600）。所以，当年应补提的坏账准备金额为 2 800 元（7 200–4 400）。

借：资产减值损失——计提的坏账准备　　2 800

　贷：坏账准备　　2 800

④ 20×5 年 6 月接银行通知，企业上年度已冲销的 1 600 元坏账又收回，款项已存入银行。有关会计处理如下：

借：应收账款　　1 600

　贷：坏账准备　　1 600

借：银行存款　　1 600

　贷：应收账款　　1 600

也可将上述两个会计分录简化为一个会计分录。

借：银行存款　　1 600

　贷：坏账准备　　1 600

本章小结

我国会计实务中的货币资金是处于货币形态的资金，包括库存现金、银行存款和其他货币资金。

现金的管理与控制一般涉及使用范围、库存限额和日常收支的内部控制 3 个方面。

企业日常生产经营活动所发生的各项经济往来主要通过银行结算，目前主要的银行结算方式有银行汇票、银行本票、商业汇票、支票、汇兑、委托收款、托收承付、信用卡、信用证。

其他货币资金是指企业除现金和银行存款以外的各种货币资金，包括企业的外埠存款、银行本票存款、银行汇票存款、在途货币资金、信用卡存款、信用证保证金存款和存出投资款等。

应收款项是指企业因销售商品、提供劳务等发生的应向有关债权人收取的款项。它是流动资产的重要组成部分，主要包括应收票据、应收账款和其他应收款等。预付账款是指企业因采购货物等预先支付给有关单位的款项，也属于流动资产。应收票据的核算涉及带息和不带息商业汇票两种，在入账时需关注到期值的确认；明确应收票据贴现的意义并掌握相应账务处理。明确应收账款的核算内容、计价依据，掌握应收账款的总价法核算，掌握应收款项减值核算。

思考与练习

一、思考题

1. 库存现金管理的内容是什么？
2. 如何进行库存现金的清查？

3. 银行存款账户有哪些类型？如何管理？

4. 银行转账结算方式主要有几种？

5. 如何进行银行存款的清查？

6. 其他货币资金包括什么内容？如何进行核算？

7. 应收票据如何进行核算？

8. 在应收账款核算中，总价法和净价法的区别？

9. 如何进行坏账损失核算？

二、单项选择题

1. 以下不属于货币资金的是（　　）。

A. 应收账款　　B. 银行存款

C. 其他货币资金　　D. 库存现金

2. 企业清查中，如果发现现金短缺，应借记（　　）。

A. "库存现金"账户　　B. "待处理财产损溢"账户

C. "其他应付款"账户　　D. "营业外支出"账户

3. 现金清查中发现现金溢余，首先应通过（　　）科目核算。

A. "其他应收款"账户　　B. "待处理财产损溢"账户

C. "其他应付款"账户　　D. "营业外收入"账户

4. 企业办理日常结算和现金收付的银行存款账户是（　　）。

A. 基本存款账户　　B. 一般存款账户

C. 临时存款账户　　D. 专用存款账户

5. 企业的应收票据在到期时，承兑人无力偿还票款的，应将其转入（　　）账户。

A. 应收账款　　B. 应付账款

C. 其他应收款　　D. 预收账款

6. 企业现金清查中，发现库存现金较账面余额溢余 400 元，在未查明原因前，应贷记的账户是（　　）。

A. 待处理财产损溢　　B. 其他应付款

C. 管理费用　　D. 营业外收入

7. "现金日记账"是由（　　）。

A. 出纳人员登记　　B. 会计人员登记

C. 会计主管登记　　D. 非出纳人员登记

8. 在我国，应收票据是指（　　）。

A. 支票　　B. 银行本票　　C. 商业汇票　　D. 银行汇票

9. 对于银行已经收款而企业尚未入账的未达账项，企业应做的处理为（　　）。

A. 以"银行对账单"为原始记录将该业务入账

B. 根据"银行存款余额调节表"和"银行对账单"自制原始凭证入账

C. 在编制"银行存款余额调节表"的同时入账

D. 待有关结算凭证到达后入账

10. 企业现金清查中，对于现金溢余，如果属于应支付给有关人员或单位的，经过批准后应计入的会计账户是（　　）。

A. 营业外收入　　B. 待处理财产损溢

C. 管理费用　　D. 其他应付款

三、多项选择题

1. 货币资金包括（　　）。

A. 应收账款　　B. 银行存款

C. 其他货币资金　　D. 库存现金

2. 企业平时应当设置（　　）对库存现金进行日常核算。

A. 库存现金总账　　B. 库存现金日记账

C. 银行存款总账　　D. 库存现金盘点表

3.《银行账户管理办法》将企业的存款账户分为（　　）。

A. 基本存款账户　　B. 一般存款账户

C. 临时存款账户　　D. 专用存款账户

4. 下列选项属于票据的有（　　）。

A. 商业汇票　　B. 银行汇票

C. 银行本票　　D. 支票

E. 信用卡

5. 其他货币资金是指企业除现金和银行存款以外的各种货币资金，包括企业的（　　）。

A. 外埠存款　　B. 银行汇票存款

C. 信用卡存款　　D. 银行本票存款

E. 信用证保证金存款　　F. 存出投资款

6. 商业汇票按其承兑人的不同，可分为（　　）。

A. 商业承兑汇票　　B. 银行汇票

C. 银行本票　　D. 银行承兑汇票

E. 信用卡

7. 企业银行存款账面余额与银行对账单之间不一致的原因是存在未达账项，以下会使企业银行存款账面余额大于银行对账单余额的是（　　）。

A. 企业已收款入账但银行尚未入账　　B. 银行已付款入账但企业尚未付款入账

C. 银行已收款入账但企业尚未收款入账　　D. 企业已付款入账但银行尚未付款入账

8. 下列各项中，符合《现金管理暂行条例》规定可以用现金结算的有（　　）。

A. 向个人收购农副产品支付的价款　　B. 向企业购买大宗材料支付的价款

C. 支付给职工个人的劳务报酬　　D. 出差人员随身携带的差旅费

E. 根据国家规定颁发给个人的科学技术、文化技术、体育等各种奖金

9. 银行存款账户核算的内容包括（　　）。

A. 外埠存款　　B. 外币存款

C. 人民币存款　　D. 银行本票存款

10. 应收账款包括下列各种应收款项（　　）。

A. 销售商品应收的货款　　B. 职工预借的差旅费

C. 提供劳务应收的账款　　D. 应收铁路部门的赔款

四、业务题

1. 目的：练习银行存款余额调节表的编制。

资料：20×4 年 12 月 31 日，甲公司的“银行存款日记账”余额为 39 400 元，“银行对账单”余额为 46 700 元，经逐笔核对，发现有以下未达账项：

① 12 月 10 日，甲公司委托银行代收 A 公司的货款 8 000 元，银行已代收入账，甲公司未收到收款通知。

② 12 月 15 日，甲公司开出支票 5 000 元支付了相应货款，但是持票人尚未到银行办理转账，银行尚未登记入账。

③ 12 月 17 日，甲公司收到 A 公司的转账支票 3 000 元，并已登记银行存款增加，但是银行尚未记账。

④ 12 月 30 日，银行代扣本月的水电费和电话费共计 2 700 元，但是企业尚未收到付款通知。

银行存款余额调节表

存款种类：人民币　　20×4 年 12 月 31 日　　单位：元

项目	金额	项目	金额
（1）		（4）	
（2）		（5）	
（3）		（6）	
调整后的余额		调整后的余额	

要求：编制银行存款余额调节表，填写（1）～（6）表中的内容、金额以及调整后的余额。

2. 目的：赊销业务会计分录的编制。

资料：某企业 20×4 年发生如下的经济业务：

（1）3 月 1 日，销售产品一批，货款为 100 000 元，款项尚未收到，已办妥托收手续，适用的增值税率为 17%。

（2）3 月 2 日，赊销商品一批，不含税价款 200 000 元，付款期 1 个月，增值税税率为 17%。现金折扣条件为“2/10、1/20、*n*/30”，现金折扣按价款计算。

（3）3 月 9 日，收到了客户交来的货款。

要求：根据上述经济业务，进行相关业务的会计处理。

第5章 金融资产

本章主要介绍企业从事金融工具交易活动中所形成的金融资产的分类及其确认计量，主要阐述了以公允价值计量且其变动计入当期损益的金融资产中的交易性金融资产的会计核算。通过本章学习，了解持有至到期投资、可供出售金融资产的相关账务处理，并进行比较学习；理解金融资产的分类依据；掌握交易性金融资产的取得、出售及投资收益的会计处理。

5.1 金融资产的分类

金融工具，是指形成一个企业的金融资产，并形成其他单位的金融负债或权益工具的合同。从会计的角度看，金融工具的本质属性是一项合同，该合同必然形成投资方的金融资产，同时形成对应一方的金融负债或权益工具。例如，企业发行股票或者债券，该合同形成发行企业的权益工具或金融负债，同时形成持有方的金融资产。

金融资产，是指企业持有的现金、权益工具投资、从其他单位收取现金或其他金融资产的合同权利，以及在有利条件下与其他单位交换金融资产或金融负债的合同权利。主要包括：库存现金、银行存款、应收账款、应收票据、应收利息、应收股利、其他应收款、贷款、债权投资、股权投资和衍生金融工具形成的资产等。

企业应当结合自身业务特点、投资策略和风险管理要求，将取得的金融资产在初始确认时分为以下几类：

（1）以公允价值计量且其变动计入当期损益的金融资产；

（2）持有至到期投资；

（3）贷款和应收款项；

（4）可供出售金融资产。

上述分类一经确定，不得随意变动。

本章主要讲解交易性金融资产、持有至到期投资和可供出售的金融资产的核算。

阅读

金融负债和权益工具

金融负债，是指企业向其他单位支付现金或其他金融资产的合同义务，以及在不利条件下与其他单位交换金融资产或金融负债的合同义务。金融负债属于一种现时义务，由过去的交易或事项而形成，其最终预期会导致经济利益流出企业。

金融负债在初始确认时分为下列两类：

（1）交易性金融负债；

（2）其他金融负债。

金融负债的具体内容包括：短期借款、应付票据、应付债券、长期借款等。

权益工具，是指能够证明企业资产扣除负债后的剩余权益的合同，是一种所有权凭证，体现了一种合约权利。从权益工具发行方看，权益工具属于所有者权益的组成内容。

5.2 以公允价值计量且其变动计入当期损益的金融资产

以公允价值计量且其变动计入当期损益的金融资产，可以进一步分为交易性金融资产和直接指定为公允价值计量且变动计入当期损益的金融资产。同时，某项金融资产划分为以公允价值计量且其变动计入当期损益的金融资产后，不能再重分类为其他类别的金融资产；其他类别的金融资产也不能再重分类为以公允价值计量且其变动计入当期损益的金融资产。

5.2.1 以公允价值计量且其变动计入当期损益的金融资产分类

1．交易性金融资产

交易性金融资产，是指企业持有的以短期获利为目的，从二级市场购入的股票、债券、基金等。交易通常是指活跃和频繁的买卖行为，因此交易性金融工具经常用于从价格的短期波动中获利，即交易性金融工具的目的主要是为了近期内出售。

满足以下条件之一的金融资产，应当划分为交易性金融资产。

（1）取得该金融资产的目的，主要是为了近期内出售或回购或赎回。例如，企业以赚取差价为目的地从二级市场买入的股票、债券、基金等。

（2）属于进行集中管理的金融工具组合的一部分，且有客观证据表明企业近期采用短期获利方式对该组合进行管理。

（3）属于金融衍生工具。但是，被指定为有效套期工具的衍生工具以及属于财务担保合同的衍生工具除外。也就是说，衍生工具如果没有被指认为有效套期工具和财务担保，那么，企业持有这类衍生工具的目的就是为了短期获利，在会计核算上就应该划分为交易性金融资产。

2．直接指定为公允价值计量且变动计入当期损益的金融资产

企业将某项金融资产指定为公允价值计量且变动计入当期损益的金融资产，通常是指该金融资产不满足确认为交易性金融资产条件时，企业仍可在符合某些特定条件的情况下将其按公允价值进行计量，并将其公允价值变动计入当期损益。

（1）该指定可以消除或明显减少由于该资产的计量基础不同而导致的相关利得或损失在确认和计量方面不一致的情况。

设立这项条件，目的在于通过直接指定为以公允价值计量，并将其变动计入当期损益，以消除会计上可能存在的不配比现象。

例如，按照《企业会计准则第 22 号——金融工具确认和计量》（以下简称为金融工具确认和计量准则）的规定，有些金融资产可以被指定或划分为可供出售金融资产，从而其公允价值变动计入所有者权益，但与之直接相关的金融负债却划分为以摊余成本进行后续计量的金融负债，从而导致“会计不配比”。但是，如果将以上金融资产和金融负债均直接指定为以公允价值计量且其变动计入当期损益的金融资产或金融负债，那么就能够消除这种会计不配比现象。

（2）企业的风险管理或投资策略的正式书面文件已载明，该金融资产组合或该金融资产和金融负债组合，以公允价值为基础进行管理、评价并向关键管理人员报告。

此项条件着重企业日常管理和评价业绩的方式，而不是关注金融工具组合中各组成部分的性质。

例如，风险投资机构、证券投资基金或类似会计主体，其经营活动的主要目的在于从投资工具的公允价值变动中获取回报，它们在风险管理或投资策略的正式书面文件中对此有清楚的说明。

在活跃市场中没有报价、公允价值不能可靠计量的权益工具投资，不得指定为以公允价值计量且其变动计入当期损益的金融资产。所谓活跃市场是指同时具有以下特征的市场：市场内交易的对象具有同质性；可随时找到自愿交易的买方和卖方；市场价格信息是公开的。

5.2.2　以公允价值计量且其变动计入当期损益的金融资产的会计处理

企业对公允价值计量且其变动计入当期损益的金融资产的会计处理，应着重于该金融资产与金融市场的紧密结合性，反映该类金融资产相关市场变量变化对其价值的影响，进而对企业财务状况和经营成果的影响。

为了核算交易性金融资产的取得、收取现金股利或利息、处置等业务，企业应当设置“交易性金融资产”“公允价值变动损益”“投资收益”等账户。

“交易性金融资产”账户核算企业为交易目的所持有的债券投资、股票投资、基金投资等交易性金融资产的公允价值。企业持有的直接指定为以公允价值计量且变动计入当期损益的金融资产也在“交易性金融资产”账户核算。“交易性金融资产”账户的借方登记交易性金融资产的取得成本、资产负债表日其公允价值高于账面余额的差额等；贷方登记资产负债表日其公允价值低于账面余额的差额，以及企业出售交易性金融资产时结转的成本和公允价值变动损益。企业应当按照交易性金融资产的类别和品种，分别设置“成本”“公允价值变动”等明细账户进行核算。

“公允价值变动损益”账户核算企业交易性金融资产等公允价值变动而形成的应计入当期损益的利得或损失，贷方登记资产负债表日企业持有的交易性金融资产等的公允价值高于账面余额的差额：借方登记资产负债表日企业持有的交易性金融资产等的公允价值低于账面额的差额。

“投资收益”账户核算企业持有交易性金融资产等期间取得的投资收益以及处置交易性金融资产实现的投资收益或投资损失，贷方登记企业出售交易性金融资产等实现的投资收益，借方登记企业出售交易性金融资产等发生的投资损失。

1. 交易性金融资产的取得

企业取得交易性金融资产时，应当按照该金融资产取得时的公允价值作为其初始确认金额，记入“交易性金融资产——成本”账户。取得交易性金融资产所支付价款中包含了已宣告但尚未发放的现金股利或已到付息期但尚未领取的债券利息的，应当单独确认为应收项目，记入“应收股利”或“应收利息”账户。

取得交易性金融资产所发生的相关交易费用应当在发生时记入投资收益。交易费用是指可直接归属于购买、发行或处置金融工具新增的外部费用，如支付给代理机构、咨询公司、券商等的手续费和佣金及其他必要支出。不包括债券溢价、折价、融资费用、内部管理成本及其他与交易不直接相关的费用。

【例 5.1】20×5 年 3 月 20 日，东方公司委托某证券公司从上海证券交易所购入 A 上市公司股票 100 万股，并将其划分为交易性金融资产。该笔股票购买价格为每股 10.5 元（其中包含已宣告尚未发放的现金股利 0.5 元），公允价值为 1 000 万元。另支付相关交易费用金额为 25 000 万元。

东方公司会计处理如下：

20×5 年 3 月 20 日，购入 A 上市公司股票时：

借：交易性金融资产——成本　　10 500 000

　贷：其他货币资金——存出投资款　　10 500 000

支付相关交易费用：

借：投资收益　　25 000

　贷：其他货币资金——存出投资款　　25 000

在本例中，取得交易性金融资产所发生的相关交易费用 25 000 元应当在发生时计入投资收益。

【例 5.2】20×5 年 1 月 1 日，东方公司购入丙公司发行的公司债券，该笔债券于 20×4 年 7 月 1 日发行，面值为 2 500 万元，票面利率为 4%，债券按年计息，付息日为每年 1 月 1 日。东方公司将其划分为交易性金融资产，支付价款为 2 600 万元（其中包含已到付息期尚未领取的债券利息 50 万元），另支付交易费用 30 万元。

东方公司会计处理如下：

借：交易性金融资产——成本　　25 500 000

　　应收利息　　500 000

　　投资收益　　300 000

　贷：银行存款　　26 300 000

2. 交易性金融资产持有期间的核算

（1）持有期间股利和利息的核算

企业持有交易性金融资产期间对于被投资单位宣告发放的现金股利或企业在资产负债表日按分期付息、一次还本债券投资的票面利率计算的利息投入，应当确认为应收项目，记入“应收股利”或“应收利息”账户，并确认投资收益。

【例 5.3】承【例 5.1】，20×5 年 3 月 28 日，东方公司收到 A 公司已宣告发放的每股 0.5 元现金股利。20×6 年 3 月 26 日，A 公司宣告发放 20×5 年度的现金股利每股 0.3 元，东方公司于 20×6 年 4 月 1 日收到上述股利。

东方公司应作如下会计处理：

20×5 年 3 月 28 日，收到现金股利：

借：银行存款　　500 000

　贷：其他货币资金——存出投资款　　500 000

20×6 年 3 月 26 日，A 公司宣告发放现金股利：

借：应收股利　　300 000

　贷：投资收益　　300 000

【例 5.4】承【例 5.2】，20×5 年 1 月 5 日，东方公司收到前例中丙公司已到付息期尚未收取的债券利息 50 万元。20×5 年末确认当年债券利息收益。20×6 年 1 月 1 日，收到 20×5 年利息 100 万元。

东方公司会计处理如下：

20×5 年 1 月 5 日收到购买价款中包含的已宣告发放的债券利息时：

借：银行存款　　500 000

　贷：应收利息　　500 000

20×5 年 12 月 31 日，确认债券利息收益：

借：应收利息　　1 000 000

　贷：投资收益　　1 000 000

20×6 年 1 月 1 日，收到债券利息：

借：银行存款　　1 000 000

　贷：应收利息　　1 000 000

在本例中，取得交易性金融资产所支付价款中包含了已宣告但尚未发放的债券利息 500 000 元，应当记入“应收利息”账户，不记入“交易性金融资产”账户。

（2）交易性金融资产的期末计量

资产负债表日，交易性金融资产应当按照公允价值计量，公允价值与账面余额之间的产额计入当期损益。企业应当在资产负债表日按照交易性金融资产公允价值与其账面余额的差额，借记或贷记“交易性金融资产——公允价值变动”账户，贷记或借记“公允价值变动损益”账户。

【例 5.5】承【例 5.2】，假定 20×5 年 6 月 30 日，东方公司购买的该笔债券的市价为 2 580 万元；20×5 年 12 月 31 日，东方公司购买的该笔债券的市价为 2 560 万元。东方公司会计处理如下：

20×5 年 6 月 30 日，确认该笔债券的公允价值变动损益：

借：交易性金融资产——公允价值变动　　300 000

　贷：公允价值变动损益　　300 000

20×5 年 12 月 31 日确认该笔债券的公允价值变动损益

借：公允价值变动损益　　200 000

　贷：交易性金融资产——公允价值变动　　200 000

在本例中，20×5 年 6 月 30 日，该笔债券的公允价值为 2 580 万元，账面余额为 2 550 万元，公允价值大于账面余额 30 万元，应记入“公允价值变动损益”科目的贷方；20×5 年 12 月 31 日，该笔债券的公允价值为 2 560 万元，公允价值小于账面余额 20 万元，应记入“公允价值变动损益”科目的借方。

3．交易性金融资产的处置

出售交易性金融资产时，应当将该笔金融资产出售时的公允价值与其初始入账金额之间的差额确认为投资收益，同时调整公允价值变动损益。

企业应按实际收到的金额，借记“银行存款”等账户，按该金融资产的账面余额，贷记“交易性金融资产”账户，按其差额，贷记或借记“投资收益”账户。同时，将原记入该金融资产的公允价值变动转出，借记或贷记“公允价值变动损益”账户，贷记或借记“投资收益”账户。

【例 5.6】承【例 5.5】，假定 20×6 年 1 月 15 日，东方公司出售了所持有的丙公司的公司债券，售价为 2 565 万元，会计处理如下：

借：银行存款　　25 650 000

　贷：交易性金融资产——成本　　25 500 000

　　　　　　　　　——公允价值变动　　100 000

　　　投资收益　　50 000

同时，

借：公允价值变动损益　　100 000

　贷：投资收益　　100 000

在本例中，企业出售交易性金融资产时，还应将原记入该金融资产的公允价值变动转出，即出售交易性金融资产时，应按“公允价值变动”明细账户的贷方余额 100 000 元，借记“公允价值变动损益”账户，贷记“投资收益”账户。

5.3 持有至到期投资

5.3.1 持有至到期投资概述

持有至到期投资是指到期日固定、回收金额固定或可确定，且企业有明确意图和能力持有至到期的非衍生金融资产。例如，企业从二级市场上购入的固定利率国债、浮动利率公司债券等，符合持有至到期投资条件的，可以划分为持有至到期投资；购入的股权投资因没有固定的到期日，不符合持有至到期投资的条件，不能划分为持有至到期投资。持有至到期投资通常具有长期性质，但期限较短（一年以内）的债券投资，符合持有至到期投资条件的，也可将其划分为持有至到期投资。

企业在将金融资产划分为持有至到期投资时，应当注意把握其以下特征：

1．到期日固定，可收回金额固定或可确定

对于持有至到期投资，相关合同通常明确了投资者在确定的期间内获得的现金流量金额或应收取的现金流量金额和时间。因此，企业确认持有至到期投资时，可以不考虑发行方的重大支付风险，也不能因为某项债务是浮动利率而不将其划分为持有至到期投资。另外，由于到期日固定、可收回金额固定或可确定，就排除了将权益工具投资划分为持有至到期投资的可能，也就是说，持有至到期投资只能是债券类投资。

2．企业有明确意图将该金融资产持有至到期

投资者在取得投资时意图明确，即有意图将该金融资产持有至到期，而不会将其中途出售或转让，除非遇到一些企业不能控制、预期不会重复发生且难以合理预计的独立事件。这些独立事件包括：因被投资单位信用状况严重恶化，将持有至到期投资予以出售；因相关税收法规取消了持有至到期投资的利息税前可抵扣的政策，或显著减少了税前可抵扣金额，而将持有至到期投资予以出售；因发生重大企业合并或重大处置，为保持现行利率风险头寸或维持现行信用风险政策，将持有至到期投资予以出售；等等。

3．企业有能力将该金融资产持有至到期

某项金融资产划分为持有至到期投资，要求企业要有足够的财务资源，并可以不受外界因素的影响而将该金融资产持有至到期。

注意

存在下列情况之一的，表明企业没有能力将金融资产持有至到期：

（1）没有可利用的财务资源持续地为该金融资产提供资金支持，从而使之不能持有至到期；

（2）受法律、法规的限制，使企业难以将该金融资产投资持有至到期；

（3）其他表明企业没有能力将该金融资产持有至到期的情况。

企业应当于每个资产负债表日，对持有至到期投资的意图和能力进行评价。意图和能力发生变化的，应当重新将该金融资产由持有至到期投资划分为可供出售金融资产，但不能划分为交易性金融资产或贷款和应收款项。

企业应当设置“持有至到期投资”科目，核算持有至到期投资的摊余成本，并按照持有至到期投资的类别和品种，分“成本”“利息调整”“应计利息”等进行明细核算。

5.3.2 持有至到期投资的取得

持有至到期投资应当按取得时的公允价值与相关交易费用之和作为初始确认金额。如果支付的价款中包含已到付息期但尚未领取的利息，应单独确认为应收项目。

企业取得持有至到期投资，应按该投资的面值，借记“持有至到期投资——成本”账户，支付的价款中包含的已到付息期但尚未领取的利息，借记“应收利息”账户，按实际支付金额，贷记“银行存款”等账户，按其差额，借记或贷记“持有至到期投资——利息调整”账户。收到支付的价款中包含的已到付息期但尚未领取的利息，借记“银行存款”账户，贷记“应收利息”账户。

【例 5.7】20×5 年 1 月 1 日，东方公司支付价款 1 000 万元（含交易费用）从活跃市场上购入甲公司 5 年期债券，面值 1 250 万元，票面年利率为 4.72%，按年支付利息（即每年 59 万元），本金最后一次支付。合同约定，该债券的发行方在遇到特定情况时可以将债券赎回，且不需要为提前赎回支付额外款项。东方公司在购买债券时，预计发行方不会提前赎回。

东方公司将购入的甲公司债券划分为持有至到期投资，且不考虑所得税、减值损失等因素。

20×5 年 1 月 1 日，购入债券：

借：持有至到期投资——成本　1 250

　贷：银行存款　1 000

　　持有至到期投资——利息调整　250

5.3.3 持有至到期投资后续计量

持有至到期投资在持有期间应当按照摊余成本和实际利率计算确认利息收入，计入投资收益。其中，实际利率是使持有至到期投资未来收回的利息和本金的现值恰好等于持有至到期投资取得成本的折现率。实际利率应当在取得持有至到期投资时确定，在该持有至到期投资预期存续期间或适用的更短期间内保持不变。

持有至到期投资如为分期付息、一次还本债券投资，应于资产负债表日按票面利率计算确定的应收未收利息，借记“应收利息”账户，按持有至到期投资摊余成本和实际利率计算确定的利息收入，贷记“投资收益”账户，按其差额，借记或贷记“持有至到期投资——利息调整”账户。收到分期付息、一次还本持有至到期投资持有期间支付的利息，借记“银行存款”账户，贷记“应收利息”账户。

【例 5.8】承【例 5.7】，东方公司购入甲公司债券的实际利率为 10%。则该持有至到期投资的持有期间投资收益的计算如表 5.1 所示。

表 5.1　单位：万元

年份	期初摊余成本（a）	实际利息收入（b）（按 10%计算）	现金流入（c）	期末摊余成本（d=a+b−c）
20×5 年	1 000	100	59	1 041
20×6 年	1 041	104	59	1 086
20×7 年	1 086	109	59	1 136
20×8 年	1 136	114*	59	1 191
20×9 年	1 191	118**	1 309	0

*数字四舍五入取整；

**数字考虑了计算过程中出现的尾差。

根据上述数据，东方公司持有至到期投资在持有期间会计处理如下：

20×5 年 12 月 31 日，确认实际利息收入、收到票面利息等：

借：应收利息　59

　　持有至到期投资——利息调整　41

　贷：投资收益　100

借：银行存款　59

　贷：应收利息　59

20×6 年 12 月 31 日，确认实际利息收入、收到票面利息等：

借：应收利息　59

持有至到期投资——利息调整　45

　贷：投资收益　104

借：银行存款　59

贷：应收利息 59

20×7年12月31日，确认实际利息收入、收到票面利息等：

借：应收利息 59

持有至到期投资——利息调整 50

贷：投资收益 109

借：银行存款 59

贷：应收利息 59

20×8年12月31日，确认实际利息收入、收到票面利息等：

借：应收利息 59

持有至到期投资——利息调整 55

贷：投资收益 114

借：银行存款 59

贷：应收利息 59

20×9年12月31日，确认实际利息收入、收到票面利息等：

借：应收利息 59

持有至到期投资——利息调整 59

贷：投资收益 118

借：银行存款 59

贷：应收利息 59

借：银行存款等 1 250

贷：持有至到期投资——成本 1 250

5.3.4 持有至到期投资的处置和重分类

持有至到期，企业处置持有至到期投资时，应将所取得的价款与该投资账面价值之间的差额计入投资收益。

处置持有至到期投资，按实际收到的金额，借记“银行存款”账户，按持有至到期投资账面余额，贷记“持有至到期投资——成本”账户、“持有至到期投资——应计利息”账户，贷记或借记“持有至到期投资——利息调整”账户，按其差额，贷记或借记“投资收益”账户。

企业因持有至到期投资部分出售部分金额较大，且不属于企业会计准则所允许的例外情况，使该投资的剩余部分不再适合划分为持有至到期投资的，企业应当将该投资的剩余部分重分类为可供出售的金融资产，并以公允价值进行后续计量。重分类日，该投资剩余部分的账面价值与其公允价值之间的差额计入所有者的权益，与该可供出售金融资产发生减值或终止确认时转出，计入当期损益。

【例5.9】20×5年3月，由于贷款基准利率的变动和其他市场因素的影响，东方公司持有的、原划分为持有至到期投资的甲公司的债券价格持续下跌。为此，东方公司于4月1日对外出售该持有至到期投资的10%，收取价款1 200 000元（即所出售债券的公允价值）。

假定4月1日该债券出售前的账面余额（成本）为1 000 000元，不考虑债券出售等其他相关因素的影响，则东方公司会计处理如下：

借：银行存款　1 200 000
　贷：持有至到期投资——成本　1 000 000
　　投资收益：　200 000
借：可供出售金融资产　10 800 000
　贷：持有至到期投资——成本　9 000 000
　资本公积——其他资本公积　1 800 000

假定4月25日，东方公司将该债券全部出售，收取价款11 800 000元，则东方公司会计处理如下：

借：银行存款　11 800 000
　贷：可供出售金融资产　10 800 000
　　投资收益　1 000 000
借：资本公积——其他资本公积　1 800 000
　贷：投资收益　1 800 000

5.4 可供出售金融资产

5.4.1 可供出售金融资产概述

可供出售金融资产，是指初始确认时即被指定为可供出售的非衍生金融资产，以及除下列各类资产以外的金融资产：①贷款和应收款项；②持有至到期投资；③以公允价值计量且其变动计入当期损益的金融资产。例如，企业购入的在活跃市场上有报价的股票、债券和基金等，没有划分为以公允价值计量且其变动计入当期损益的金融资产或持有至到期投资等金融资产的，可归类为可供出售金融资产。

企业应当设置“可供出售金融资产”账户，核算持有的可供出售金融资产的公允价值，并按照可供出售金融资产类别和品种，分“成本”“利息调整”“应计利息”“公允价值变动”明细分类账户进行明细核算。

5.4.2 可供出售金融资产的取得

可供出售金融资产应当按取得该金融资产的公允价值和相关交易费用之和作为初始确认金额。如果支付的价款中包含已到付息期但尚未领取的债券利息或已宣告但尚未发放的现金股利，应单独确认为应收项目。

企业取得可供出售金融资产，应按其公允价值交易费用之和，借记“可供出售金融资产——成本”账户，按支付的价款中包含的已宣告但尚未发放的现金股利，借记“应收股利”账户，按实际支付的金额，贷记“银行存款”等账户。企业取得的可供出售金融资产为债券投资的，应按债券的面值，借记“应收利息”账户，按实际支付的金额，贷记“银行存款”等账户，按差额，借记或贷记“可供出售金融资产——利息调整”账户。

收到支付的价款中包含的已宣告但尚未发放的现金股利或已到付息期但尚未领取的利

息，借记“银行存款”账户，贷记“应收利息”或“应收股利”账户。

5.4.3 可供出售金融资产后续计量

1. 债券利息和现金股利收益的确认

可供出售金融资产在持有期间取得的债券利息或现金股利，应计入投资收益。

在资产负债表日，可供出售债券如为分期付息、一次还本债券投资，应按票面利率计算确定的应收未收利息，借记“应收利息”账户，按可供出售债券摊余成本和实际利率计算确定的利息收入，贷记“投资收益”账户，按其差额，借记或贷记“可供出售金融资产——利息调整”账户。可供出售债券如为一次还本付息债券投资，应于资产负债表日按票面利率计算确定的应收未收利息，借记“可供出售金融资产——应计利息”账户，按可供出售债券摊余成本和实际利率计算确定的利息收入，贷记“投资收益”账户，按其差额，借记或贷记“可供出售金融资产——利息调整”账户。收到可供出售债券投资持有期间的利息，借记“银行存款”账户，贷记“应收利息”账户。可供出售权益工具投资持有期间被投资单位宣告发放现金股利的，按应享有的份额，借记“应收股利”账户，贷记“投资收益”账户；收到可供出售权益工具投资发放现金股利，借记“银行存款”账户，贷记“应收股利”账户。

2. 公允价值变动损益的确认

在资产负债表日，可供出售金融资产应当以公允价值计量，且公允价值变动计入资本公积（其他资本公积）。

在资产负债表日，可供出售金融资产的公允价值高于其账面余额（如可供出售金融资产为债券，即为其摊余成本）的差额，借记“可供出售金融资产——公允价值变动”账户，贷记“资本公积——其他资本公积”账户；公允价值低于其账面余额的差额，借记“资本公积——其他资本公积”账户，贷记“可供出售金融资产——公允价值变动”账户。

5.4.4 可供出售金融资产的处置

处置可供出售金融资产时，应将取得的价款与该金融资产账面价值之间的差额计入投资收益；同时，将原直接计入所有者权益的公允价值变动累计额对应处置部分的金额转出，计入投资收益。

处置可供出售金融资产时，应按实际收到的金额，借记“银行存款”账户，按该金融资产账面余额，贷记“可供出售金融资产（成本、公允价值变动、利息调整、应计利息）”账户，按其差额，贷记或借记“投资收益”账户。

【例5.10】20×5年1月1日，东方公司以1 028.24万元购买甲公司发行的3年期公司债券，该公司债券的票面总金额为1 000万元，票面年利率4%，实际年利率为3%，利息每年年末支付，本金到期支付。东方公司将该公司债券划分为可供出售金融资产。20×5年12月31日，该债券的市场价格为1 000.09万元。假设无交易费用和其他因素的影响，其会计处理如下：

（1）20×5年1月1日，购入债券：

借：持有至到期投资——成本	1 000
——利息调整	28.244
贷：银行存款	1 028.244

（2）20×5 年 12 月 31 日，收到债券利息，确认公允价值变动：

实际利息 = 1 028.24 × 3% = 30.85（万元）

年末摊余成本 = 1 028.24 + 30.85 − 40 = 1 019.09（万元）

借：应收利息　　40

　贷：投资收益　　30.85

　　　可供出售的金融资产——利息调整　　9.15

借：银行存款　　40

　贷：应收利息　　40

借：资本公积——其他资本公积　　19

　贷：可供出售金融资产——公允价值变动　　19

本章小结

企业应当结合自身业务特点、投资策略和风险管理要求，将取得的金融资产在初始确认时分为以下几类：（1）以公允价值计量且变动计入当期损益的金融资产；（2）持有至到期投资；（3）贷款和应收款项；（4）可供出售的金融资产。上述分类一经确定，不得随意变动。

以公允价值计量且变动计入当期损益的金融资产，可以进一步分为交易性金融资产和直接指定为公允价值计量且变动计入当期损益的金融资产。该类金融资产初始成本以公允价值计量，相关交易费用于发生时计入投资收益，资产负债表日公允价值变动金额确认为公允价值变动损益，同时调整交易性金融资产账面价值。

持有至到期投资核算到期日固定、回收金额固定或可确定，企业有明确意图与能力持有至到期的非衍生金融资金，取得该投资时以公允价值与相关交易费用之和确认投资成本，并确定实际利率，持有期间以实际利率法进行核算。

可供出售金融资产按取得时的公允价值与相关交易费用之和作为初始确认金额，债权性可供出售金融资产的核算采用实际利率法。资产负债表日公允价值变动金额确认为资本公积，同时调整可供出售金融资产账面价值。

思考与练习

一、思考题

1. 什么是金融资产？金融资产包括哪些内容？
2. 以公允价值计量且其变动计入当期损益的金融资产分为哪几类？
3. 交易性金融资产会计处理要点是什么？
4. 企业在将金融资产划分为持有至到期投资时应当注意的要点有哪些？
5. 持有至到期投资如何进行会计处理？
6. 什么是可供出售金融资产？可供出售金融资产的会计处理要点是什么？
7. 金融资产中哪些资产采用公允价值计量模式？对此你有何评价？

二、单项选择题

1. 下列金融资产中，应按公允价值进行初始计量，且其交易费用计入当期损益的是

(　　)。

A. 交易性金融资产　　B. 持有至到期投资

C. 应收账款　　D. 可供出售金融资产

2. 下列选项中，企业持有交易性金融资产目的是（　　）。

A. 短期获利　　B. 生产经营的需要

C. 长期投资的需要　　D. 优化企业资产结构的需要

3. 关于可供出售金融资产的计量，下列说法中正确的是（　　）。

A. 应当按取得该金融资产的公允价值和相关交易费用之和作为初始确认金额

B. 应当按取得该金融资产的公允价值作为初始确认金额，相关交易费用计入当期损益

C. 持有期间取得的利息或现金股利，应当冲减成本

D. 可供出售金融资产持有期间公允价值变动一定计入资本公积

4. 20×5 年 5 月 4 日，A 公司以银行存款 10 000 万元购买 B 公司 800 万股普通股，每股含有已宣告尚未领取的现金股利 0.05 元，共计 40 万元，另支付交易费 10 万元。A 公司将其作为交易性金融资产，该资产的入账价值是（　　）万元。

A. 9 950　　B. 9 960　　C. 9 970　　D. 10 000

5. 根据《企业会计准则第 22 号——金融工具确认和计量》的规定，下列交易性金融资产的后续计量表述正确的是（　　）。

A. 按照公允价值进行后续计量，公允价值变动计入当期投资收益

B. 按照公允价值进行后续计量，公允价值变动计入当期公允价值变动损益

C. 按照公允价值进行后续计量，公允价值变动计入资本公积

D. 按照公允价值进行后续计量，公允价值变动计入营业外收支

6. “持有至到期投资”科目的期末借方余额，反映企业持有至到期投资的（　　）。

A. 净值　　B. 实际成本　　C. 账面成本　　D. 摊余成本

7. 交易性金融资产初始计量的金额是（　　）。

A. 原始价值　　B. 公允价值

C. 实际成交金额　　D. 历史成本

8. 企业因持有至到期投资部分出售或重分类的金额较大，且不属于企业会计准则所允许的例外情况，使该投资的剩余部分重分类为（　　）。

A. 交易性金融资产　　B. 持有至到期投资

C. 应收账款　　D. 可供出售金融资产

9. 根据《企业会计准则第 22 号——金融工具确认和计量》的规定，下列关于可供出售金融资产后续计量表述正确的是（　　）。

A. 按照公允价值进行后续计量，公允价值变动计入当期投资收益

B. 按照公允价值进行后续计量，公允价值变动计入当期公允价值变动损益

C. 按照公允价值进行后续计量，公允价值变动计入资本公积

D. 按照公允价值进行后续计量，公允价值变动计入营业外收支

10. 企业将持有至到期投资一部分出售，且金额较大，应将该投资的剩余部分重分类为可供出售金融资产，并将剩余部分的账面价值与重分类日公允价值之间的差额，计入（　　）。

A. 公允价值变动损益　　　　B. 投资收益
C. 其他业务收入　　　　D. 资本公积

三、多项选择题

1. 下列选项中，属于金融资产的是（　）。

A. 库存现金和银行存款　　　　B. 衍生金融工具
C. 应收账款和应收票据　　　　D. 债权投资
E. 股权投资

2. 根据企业会计准则对金融资产的分类，金融资产在初始确认时应当分为（　　）。

A. 以公允价值计量且变动计入当期损益的金融资产
B. 交易性金融资产
C. 持有至到期投资
D. 贷款和应收款项
E. 可供出售金融资产

3. 企业将金融资产划分为持有至到期的金融资产应具备的基本条件有（　　）。

A. 有明确意图持有至到期
B. 有能力持有至到期
C. 到期日固定、回收金额固定或可确定
D. 到期日固定、回收金额不固定或不可确定
E. 属于衍生金融资产

4. 取得交易性金融资产所支付价款中包含了已宣告但尚未发放的现金股利或已到付息期但尚未领取的债券利息的，应当单独确认为（　　）项目。

A. 应收股利　　B. 应收利息　　C. 交易性金融资产　　D. 投资收益

5. 企业取得交易性金融资产时，实际支付的交易费用包括（　　）。

A. 支付给代理机构的手续费　　　　B. 支付给咨询公司的佣金
C. 支付给券商的手续费　　　　D. 债券溢价或折价金额
E. 为取得金融资产的融资费用

6. 企业将金融资产划分为持有至到期的金融资产应具备的基本条件有（　　）。

A. 有明确意图持有至到期
B. 有能力持有至到期
C. 到期日固定、回收金额固定或可确定
D. 到期日固定、回收金额不固定或不可确定
E. 属于衍生金融资产

7. “持有至到期投资”账户应设置的明细科目有（　　）。

A. 成本　　　　B. 公允价值变动
C. 利息调整　　　　D. 损益调整
E. 应计利息

8. “可供出售金融资产”账户应设置的明细科目有（　　）。

A. 成本　　　　B. 公允价值变动
C. 公允价值变动损益　　　　D. 利息调整

E. 应计利息

9. 可供出售金融资产初始确认金额应当按（　　）之和作为初始入账金额。

A. 取得该金融资产的公允价值　　B. 相关交易费用

C. 支付给券商的手续费　　D. 已到付息期但尚未领取的债券利息

10. 处置可供出售金融资产时，下列（　　）项目结转至“投资收益”账户。

A. 取得的价款与该金融资产账面价值之间的差额

B. 相关交易费用

C. 资本公积——其他资本公积

D. 已到付息期但尚未领取的债券利息

四、业务题

目的：掌握交易性金融资产的会计处理。

资料：甲公司 20×4 年有关交易性金融资产的业务如下：

（1）3 月 1 日，以银行存款 4 800 000 元购入 A 公司 600 000 股，并准备随时变现，另支付相关税费 100 000 元；

（2）4 月 10 日，A 公司宣告发放的现金股利每股 0.2 元；

（3）4 月 20 日收到分派的现金股利；

（4）12 月 31 日，甲公司仍持有该交易性金融资产，期末每股市价为 8.5 元；

（5）20×5 年 1 月 11 日，以 5 150 000 元出售该交易性金融资产。

要求：根据上述经济业务，进行相关的会计处理。

第6章 长期股权投资

本章论述了长期股权投资的确认、计量等的会计处理。在本章的学习中，应理解长期股权投资的确认，明确其核算范围；掌握长期股权投资的初始计量，确定不同方式取得长期股权投资的成本；掌握长期股权投资成本法和权益法的一般业务核算；了解长期股权投资减值的会计处理。

6.1 长期股权投资概述

长期股权投资是企业通过各种资产的投入以影响、控制其他在经济业务上相关联的企业，以获得长远利益的经济行为。企业进行长期股权投资后，即成为被投资单位的股东。

本章所指长期股权投资包括：

（1）企业持有的能够对被投资单位实施控制的权益性投资，即对子公司投资；

（2）投资企业与其他合营方一同对被投资单位实施共同控制的权益性投资，即对合营企业投资；

（3）投资企业对被投资单位具有重大影响的权益性投资，即对联营企业投资。

6.1.1 对子公司投资

对子公司投资是指企业持有的能够对被投资单位实施控制的权益性投资。

“控制”，是指投资方拥有对被投资方的权力，通过参与被投资方的相关活动而享有可变回报，并且有能力运用对被投资方的权力影响其回报金额。被投资方的相关活动应当根据具体情况进行判断，通常包括商品或劳务的销售和购买、金融资产的管理、资产的购买和处置、研究与开发活动以及融资活动等。投资企业能够对被投资单位实施控制的，被投资单位为其子公司。

投资方应当在综合考虑所有相关事实和情况的基础上，对是否控制被投资方进行判断。相关事实和情况主要包括：

（1）被投资方的设立目的。

（2）被投资方的相关活动以及如何对相关活动做出决策。

（3）投资方享有的权利是否使其目前有能力主导被投资方的相关活动。

（4）投资方是否通过参与被投资方的相关活动而享有可变回报。

（5）投资方是否有能力运用对被投资方的权力影响其回报金额。

（6）投资方与其他方的关系。

一旦相关事实和情况的变化导致对控制定义所涉及的相关要素发生变化的，投资方应当进行重新评估。

注意 在具体确定投资方能否对被投资单位实施控制时，应当根据《企业会计准则第33号——合并财务报表》的有关规定进行判断，本章不做详细介绍。

6.1.2 对合营企业投资

对合营企业投资是指企业持有的与其他合营方一同对被投资单位实施共同控制的权益性投资。

“共同控制”，是指按照相关约定对某项安排所共有的控制，并且该安排的相关活动必须经过分享控制权的参与方一致同意后才能决策。投资企业与其他方对被投资单位实施共同控制的，被投资单位为其合营企业。

在确定是否构成共同控制时，一般可以考虑以下情况作为确定基础：

（1）任何一个合营方均不能单独控制合营企业的生产经营活动。

（2）涉及合营企业基本经营活动的决策需要各合营方一致同意。

（3）各合营方可能通过合同或协议的形式任命其中的一个合营方对合营企业的日常活动进行管理，但其必须在各合营方已经一致同意的财务和经营政策范围内行使管理权。

注意 在具体确定投资方能否对被投资单位实施共同控制时，应当根据《企业会计准则第40号——合营安排》的有关规定进行判断，本章不做详细介绍。

6.1.3 对联营企业投资

对联营企业投资是指企业持有的能够对被投资单位施加重大影响的权益性投资。

“重大影响”，是指对一个企业的财务和经营政策有参与决策的权力，但并不能够控制或者与其他方一起共同控制这些政策的制定。投资企业能够对被投资单位施加重大影响的，被投资单位为其联营企业。

投资企业直接或通过子公司间接拥有被投资单位 20%以上但低于 50%的表决权股份时，一般认为对被投资单位具有重大影响。投资企业拥有被投资单位 20%以下的表决权资本，一般认为对被投资单位不具有重大影响，但若符合下列情况之一的，也应确认为对被投资单位具有重大影响：

（1）在被投资企业的董事会或类似权力机构中派有代表。在这种情况下，投资企业可以通过其代表参与被投资单位的权力会议，并影响被投资单位经营政策的制定，从而对被投资企业实施重大影响。

（2）参与被投资企业经营政策的制定过程。由于直接参与被投资企业经营政策的制定过程，从而可以站在自身利益的角度对经营政策提出建设性意见，进而对被投资企业的经营活动实施重大影响。

（3）与被投资单位之间发生重要交易。因为有关的交易对被投资单位的日常经营具有重要性，进而在一定程度上可以影响到被投资单位的生产经营决策。

（4）向被投资企业派出管理人员。这种情况下，由于投资企业向被投资企业派出管理人员，通过这些管理人员，投资企业对被投资企业的生产经营活动将产生重大影响。

（5）向被投资单位提供关键技术资料。被投资企业生产经营活动的正常开展依赖于投资企业提供技术帮助或技术资料，因此，投资企业能够对被投资单位施加重大影响。

注意 企业在确定能否对被投资单位实施控制或施加重大影响时，还应当考虑投资企业和其他方持有的现行可执行潜在表决权在假定转换为对被投资单位的股权后产生的影响。如被投资单位发行的现行可转换的认股权证、股票期权和可转换公司债券等的影响。如果投资企业对可执行潜在表决权转换后，使得投资企业能够参与被投资单位的财务和经营决策的，应当认为投资企业对被投资单位具有重大影响。

6.2 长期股权投资的初始计量

长期股权投资在取得时，应按初始投资成本入账。长期股权投资初始投资成本，应区别“形成控股合并”和“不形成控股合并”两种情况分别确定。

注意 企业控股合并形成的长期股权投资初始投资成本的确定遵循《企业会计准则第 20 号——企业合并》（2006）的相关规定，对合营企业投资和对联营企业投资属于不形成控股合并的长期股权投资，其初始投资成本的确定遵循《企业会计准则第 2 号——长期股权投资》（2014）。

6.2.1 企业合并分类

企业合并，是指将两个或者两个以上单独的企业合并形成一个报告主体的交易或事项。

1．从合并方式上划分

本质上看，企业合并是一个企业取得对另外一个企业的控制权、吸收另一个或多个企业的净资产以及将参与合并的企业相关资产、负债进行整合后成立新的企业等情况。因此，以合并方式为基础，企业合并包括控股合并、吸收合并及新设合并。

（1）控股合并，是指合并方（或购买方，下同）通过企业合并交易或事项取得对被合并方（或被购买方，下同）的控制权，能够主导被合并方的生产经营决策，从而将被合并方纳入其合并财务报表范围形成一个报告主体的情况。控股合并中，被合并方在企业合并后仍保持其独立的法人资格继续经营，合并方在合并中取得的是对被合并方的控制权，被合并方成为其子公司，合并方在其账簿及个别财务报表中应确认对被合并方的长期股权投资。

（2）吸收合并，是指合并方在企业合并中取得被合并方的全部净资产，并将有关资产、负债并入合并方自身的账簿和报表进行核算。企业合并后，注销被合并方的法人资格，由合并方持有合并中取得的被合并方的资产、负债，在新的基础上继续经营。

（3）新设合并，是指企业合并中注册成立一家新的企业，由其持有原参与合并各方的资产、负债，在新的基础上经营。原参与合并各方在合并后均注销其法人资格。

吸收合并和新设合并之后，只存在一个法律主体，将被合并方的资产、负债等并入合并方进行统一核算。控股合并后，合并各方依旧是独立的法律主体，投资企业需要核算其在被投资企业所拥有的股权，也就是说，企业合并形成的长期股权投资只产生于控股合并方式中。

2．从合并类型上划分

《企业会计准则第 20 号——企业合并》中将控股合并划分为两大基本类型——同一控制下的企业合并和非同一控制下的企业合并。企业合并类型不同，所遵循的会计处理原则也不同。

（1）同一控制下的企业合并

参与合并的企业在合并前后均受同一方或相同的多方最终控制，且该控制并非暂时性的企业合并，为同一控制下的企业合并。对于同一控制下的企业合并，在合并日取得对其他参与合并企业控制权的一方为合并方，参与合并的其他企业为被合并方。合并日，是指合并方实际取得对被合并方控制权的日期。

同一控制下的企业合并包括但不仅限于以下几种情况，实务操作中，企业应根据企业会计准则中对于同一控制下企业合并的界定，按照实质重于形式的原则进行判断：

① 母公司将其持有的对子公司的股权用于交换非全资子公司增加发行的股份；

② 母公司将其持有的对某一子公司的控股权出售给另一子公司；

③ 集团内某子公司自另一子公司处取得对某一孙公司的控制权。

（2）非同一控制下的企业合并

参与合并的各方在合并前后不受同一方或相同的多方最终控制的，为非同一控制下的企业合并。对于非同一控制下的企业合并，在购买日取得对其他参与合并企业控制权的一方为购买方，参与合并的其他企业为被购买方。购买日，是指购买方实际取得对被购买方控制权的日期。

6.2.2 形成控股合并的长期股权投资

1．同一控制下的企业合并

同一控制下的企业合并，参与合并的各方合并前后均受最终控制方控制，即最终控制方在合并前后能够实施控制的净资产没有发生变化。因此，合并方在此情况下取得的长期股权投资的成本所代表的是被合并方所有者权益账面价值中相应份额。

企业取得的长期股权投资，应在合并日，按取得被合并方所有者权益账面价值的份额，借记“长期股权投资”账户；按享有被投资单位已宣告但尚未发放的现金股利或利润，借记“应收股利”账户；按支付的合并对价的账面价值，贷记有关资产或有关负债账户；按其差额，借或贷记“资本公积——资本溢价（或股本溢价）”账户；如为借方差额且资本溢价或股本溢价不足冲减的，依次借记“盈余公积”和“利润分配——未分配利润”账户。

合并方发生的审计、法律服务、评估咨询等中介费用以及其他相关管理费用，应当于发生时计入当期损益。

（1）合并方以支付现金、转让非现金资产或承担债务方式作为合并对价。应当在合并日按照取得被合并方所有者权益账面价值的份额作为长期股权投资的初始投资成本。长期股权投资初始投资成本与支付的现金、转让的非现金资产以及所承担债务账面价值之间的差额，应当调整资本公积；资本公积（资本溢价或股本溢价）不足冲减的，调整留存收益。

【例 6.1】东方公司和甲公司同为 E 公司的子公司，20×5 年 4 月 1 日，东方公司支付银行存款 700 万元取得甲公司所有者权益的 80%，同日甲公司所有者权益的账面价值为 1 000

万元。

【分析】合并方东方公司以现金作为合并对价，取得对甲公司的长期股权投资。初始投资成本为应享有的被合并方所有者权益账面价值的份额 800 万元（1 000×80%），支付对价与投资成本的差额看作是资本增值，计入资本公积。

东方公司的会计处理如下：

借：长期股权投资　　8 000 000

　贷：银行存款　　7 000 000

　　资本公积——股本溢价　　1 000 000

假设东方公司支付银行存款 1 200 万元取得上述股权，合并日东方公司账面上“资本公积（股本溢价）”贷方余额为 100 万元，“盈余公积”贷方余额 100 万元。

【分析】长期股权投资初始投资成本依然是 800 万元（1 000×80%），支付对价与投资成本的借方差额 400 万元（1 200–800）首先冲减资本公积 100 万元，其次冲减盈利公积 100 万元，其余部分记入未分配利润账户。

东方公司的会计处理如下：

借：长期股权投资　　8 000 000

　资本公积——股本溢价　　1 000 000

　盈余公积　　1 000 000

　利润分配——未分配利润　　2 000 000

　贷：银行存款　　12 000 000

（2）合并方以发行权益性证券作为合并对价。在合并日，按照取得被合并方所有者权益账面价值的份额作为长期股权投资的初始投资成本；按照发行股份的面值总额作为股本；长期股权投资初始投资成本与所发行股份面值总额之间的差额，应当调整资本公积（资本溢价或股本溢价）；资本公积不足冲减的，调整留存收益。

【例 6.2】东方公司和乙公司同为 F 公司的子公司，20×5 年 4 月 1 日东方公司发行 600 万股普通股（每股面值 1 元）作为对价取得乙公司 60%的股权，同日乙公司所有者权益的账面价值为 1 100 万元。

东方公司会计处理如下：

借：长期股权投资　　（11 000 000×60%）6 600 000

　贷：股本　　6 000 000

　　资本公积——股本溢价　　600 000

（3）通过多次交换交易，分步取得股权，最终形成控股合并。在个别报表中，应当以持股比例计算的合并日应享有被合并方账面所有者权益份额作为该项投资的初始投资成本。初始投资成本与其原长期股权投资账面价值加上合并日为取得新的股份所支付对价的公允价值之和的差额，调整资本公积（资本溢价或股本溢价），资本公积不足冲减的，冲减留存收益。

2．非同一控制下的企业合并

非同一控制下的企业合并，购买方应基于公允价值确定合并成本，因此，购买方在购买日应当按照购买方付出的资产、发生或承担的负债、发行的权益性证券的公允价值作为长期股权投资的初始投资成本。

企业取得的长期股权投资，应在购买日按企业合并成本（不含应自被投资单位收取的现金股利或利润），借记“长期股权投资”账户；按享有被投资单位已宣告但尚未发放的现金股利或利润，借记“应收股利”账户；按支付合并对价的账面价值，贷记有关资产或有关负债账户；按其差额，贷记“营业外收入”或借记“营业外支出”等账户。

非同一控制下企业合并涉及以库存商品等作为合并对价的，应按库存商品的公允价值，贷记“主营业务收入”账户，并同时结转相关的成本。涉及增值税的，还应进行相应的处理。

购买方为企业合并发生的审计、法律服务、评估咨询等中介费用以及其他相关管理费用，应当于发生时计入当期损益。为完成企业合并发行的权益性证券所发生的手续费、佣金等相关发行费用应冲减资本公积，资本公积不足冲减的，冲减留存收益。

【例 6.3】20×5 年 1 月 2 日，东方公司以一台固定资产和银行存款 200 万元向丙公司投资（东方公司和丙公司不属于受同一方最终控制的公司），投资后占丙公司注册资本的 60%，该固定资产的账面原价为 1 000 万元，已计提累计折旧 100 万元，已计提固定资产减值准备 50 万元，公允价值为 860 万元。不考虑其他相关税费。

东方公司的会计处理如下：

将用于投资的固定资产转入清理。

借：固定资产清理	8 500 000	
累计折旧	1 000 000	
固定资产减值准备	500 000	
贷：固定资产		10 000 000

合并成本为东方公司为取得长期股权投资所付出银行存款和固定资产的公允价值的合计。

东方公司取得丙公司股权的合并成本=200+860=1 060（万元）。

借：长期股权投资	10 600 000	
贷：固定资产清理		8 500 000
银行存款		2 000 000
营业外收入		100 000

【例 6.4】承【例 6.3】，假如东方公司以一项专利权和银行存款 200 万元向丙公司投资，占丙公司注册资本的 60%，该专利权的账面原价为 1 000 万元，已计提累计摊销 150 万元，未计提无形资产减值准备，公允价值为 800 万元。不考虑其他相关税费。

合并成本为东方公司为取得长期股权投资所付出的银行存款和专利权的公允价值的合计。

东方公司取得丙公司股权的合并成本=200+800=1 000（万元）。

借：长期股权投资	10 000 000	
累计摊销	1 500 000	
营业外支出	500 000	
贷：无形资产		10 000 000
银行存款		2 000 000

【例 6.5】东方公司 20×5 年 4 月 1 日与丁公司签订协议，以存货和现金作为对价换取丁公司 60%股权（东方公司和丁公司不属于受同一方最终控制的公司）。合并日，丁公司可辨认净资产公允价值为 1 000 万元，东方公司作为合并对价的存货的公允价值为 400 万元，增值税为 68 万元，账面成本 300 万元；另以银行存款支付 200 万元。不考虑其他相关费用。

以存货作为对价换取长期股权投资，在会计上为视同销售行为，销售收入与销项税额应一并计入长期股权投资的初始成本。

东方公司取得丁公司股权的合并成本=400+68+200=668（万元）

东方公司的会计处理如下：

借：长期股权投资 6 680 000

　贷：银行存款 2 000 000

　　主营业务收入 4 000 000

　　应交税费——应交增值税（销项税额） 680 000

借：主营业务成本 3 000 000

　贷：库存商品 3 000 000

一次交换交易实现的企业合并，合并成本为购买方在购买日为取得对被购买方的控制权而付出的资产、发生或承担的负债以及发行的权益性证券的公允价值。通过多次交易分步实现的企业合并，合并成本为每一单项交易成本之和。

【例 6.6】东方公司于 20×5 年 4 月以银行存款 1 600 万元取得大成公司 40%的股权。20×6 年 11 月，东方公司又支付 1 000 万元银行存款取得大成公司 20%的股权。

【分析】东方公司是通过分步购买累计取得大成公司 60%的股权，完成了对大成公司的控股合并。

20×5 年 4 月取得投资时，确认长期股权投资成本 1 600 万元，20×6 年 11 月追加投资 1 000 万元时，确认长期股权投资成本 1 000 万元。因此，东方公司对大成公司实施企业合并的总成本为 2 600 万元（1 600+1 000）。

6.2.3 不形成控股合并的长期股权投资

除企业合并形成的长期股权投资以外，其他方式取得的长期股权投资，应当按照下列规定确定其初始投资成本：

1．以支付现金方式取得长期股权投资

以支付现金方式取得的长期股权投资，应当按照实际支付的购买价款作为初始投资成本。初始投资成本包括与取得长期股权投资直接相关的费用、税金及其他必要支出。企业取得长期股权投资实际支付的价款或对价中包含的已宣告但尚未发放的现金股利或利润，作为应收项目处理。

【例 6.7】20×5 年 4 月 1 日，东方公司取得甲公司 20%股份作为长期股权投资，支付价款 6 000 万元，另支付手续 40 万元。

东方公司应以价款 6 000 万元和手续费 40 万元作为长期股权投资成本。

借：长期股权投资 60 400 000

　贷：银行存款 60 400 000

2．以发行权益性证券方式取得长期股权投资

以发行权益性证券取得的长期股权投资，应当按照发行权益性证券的公允价值作为初始投资成本。为发行权益性证券支付的手续费、佣金等应自权益性证券的溢价发行收入中扣除，溢价收入不足的，应冲减盈余公积和未分配利润。

【例6.8】20×5年7月1日，东方公司发行100万股普通股作为对价，取得长江公司25%的股权，每股面值为1元，公允价值为每股3元。另向证券承销机构等支付佣金和手续费12万元。

东方公司应当以所发行股票的公允价值作为长期股权投资的成本：

借：长期股权投资 3 000 000

贷：股本 1 000 000

资本公积——股本溢价 2 000 000

东方公司向证券承销机构等支付的佣金和手续费12万元从溢价收入中扣除：

借：资本公积——股本溢价 60 000

贷：银行存款 60 000

3．投资者投入的长期股权投资

投资者投入的长期股权投资，应当按照投资合同或协议约定的价值作为初始投资成本，但合同或协议约定价值不公允的除外。

投资合同或协议约定的价值明显有失公允的按公允价值确定长期股权投资的成本。

投资者投入的长期股权投资，应按确定的长期股权投资成本，借记“长期股权投资”账户，贷记“实收资本”或“股本”账户。

【例6.9】晟昌公司以所持有对H公司的长期股权投资作为对价投入到东方公司，取得其5%的股权。长期股权投资的该账面余额为800万元，未计提减值准备。晟昌公司和东方公司投资合同约定的价值为1 000万元（假设投资合同约定价值与公允价值相同）。

【分析】晟昌公司以其持有的第三方H公司的投资作为出资投入到东方公司，作为接受投资的东方公司在会计核算时应注意以下几点：①应当按照投资合同约定价值1 000万元作为取得投资的初始投资成本；②东方公司从晟昌公司取得的长期股权投资是对H公司的投资，而不是对晟昌公司的投资；③此项业务带来的结果是，东方公司拥有H公司的股权，晟昌公司拥有东方公司的股权。

东方公司的会计处理如下：

借：长期股权投资——H公司 10 000 000

贷：实收资本——晟昌公司 10 000 000

注意 以给付存货、固定资产、无形资产等非货币性资产方式取得长期股权投资的成本按照《企业会计准则第7号——非货币性资产交换》的规定确定。以债务重组方式取得长期股权投资的成本按照《企业会计准则第12号——债务重组》的规定确定。

6.3 长期股权投资的后续计量

长期股权投资在持有期间，根据投资企业对被投资单位的影响程度及是否存在活跃市场、公允价值能否可靠取得等进行划分，应当根据不同情况分别采用成本法及权益法进行核算。

6.3.1 长期股权投资的成本法

1．成本法的定义和适用范围

成本法，是指长期股权投资按成本计价的方法。成本法核算适用于企业能够对被投资单位实施控制的长期股权投资，即对子公司的投资。

2．成本法的核算

（1）初始投资或追加投资时，按照初始投资或追加投资的成本增加长期股权投资账面价值。

（2）取得投资时，实际支付的价款或对价中包含已宣告但尚未发放的现金股利或利润，属于应收项目，不应作为投资成本入账。按投资成本借记“长期股权投资”账户；按实际支付的价款或对价中包含的已宣告但尚未发放的现金股利或利润，借记“应收股利”账户；按支付的价款或对价，贷记“银行存款”等相关会计账户。

（3）除取得投资时实际支付的价款或对价中包含的已宣告但尚未发放的现金股利或利润外，投资企业应按照享有被投资单位宣告发放的现金股利或利润，确认为当期投资收益，借记“应收股利”账户，贷记“投资收益”账户。

【例 6.10】东方公司 20×5 年 4 月 2 日，以银行存款 1 500 万元购入甲公司普通股 1 000 万股，占甲公司 90%的股权，甲公司已于当年 3 月 30 日公告了年度利润分配方案，每股分派现金股利 0.02 元，股利发放日为 4 月 5 日。东方公司对该项长期股权投资采用成本法核算。假设不存在其他相关税费。

20×5 年 4 月 2 日，投资时：

借：长期股权投资——甲公司　14 800 000

　　应收股利　200 000

　贷：银行存款　15 000 000

20×5 年 4 月 5 日，收到甲公司发放的上述现金股利：

借：银行存款　200 000

　贷：应收股利　200 000

假设 20×6 年 5 月 1 日，甲公司公告 20×5 年度利润分配方案，每股分派现金股利 0.05 元。

借：应收股利　500 000

　贷：投资收益　500 000

【分析】取得投资时实际支付的价款或对价中包含甲公司已宣告但尚未发放的现金股利 200 000 元（10 000 000×0.02）属于应收项目，不作为投资成本。

20×6 年 5 月 1 日确认的应收股利 500 000 元（10 000 000×0.05）是在东方公司取得投资后被投资方甲公司宣告发放的，应确认为东方公司的投资收益。

注意　成本法核算下，投资单位取得投资后，被投资单位宣告发放的现金股利或利润，按投资单位应享有的份额全部计入投资单位的“投资收益”，并不区分该现金股利或利润是否是取得投资后对被投资单位所实现的净利润的分配。

投资企业在确认自被投资单位应分得的现金股利或利润后，应当遵循《企业会计准则第 8 号——资产减值》的规定考虑有关长期股权投资是否存在减值迹象，进行减值测试，可收回金额低于长期股权投资账面价值的，应当计提减值准备。

6.3.2 长期股权投资核算的权益法

1．权益法的定义和适用范围

权益法，是指投资以初始投资成本计量后，在投资持有期间根据投资企业享有被投资单位所有者权益份额的变动对长期股权投资的账面价值进行调整的方法。

投资企业对被投资单位具有共同控制或重大影响的长期股权投资，应当采用权益法核算。即采用权益法核算的长期股权投资包括两类：一是对合营企业投资；二是对联营企业的投资。

2．权益法的核算

权益法下应设置以下明细账户对长期股权投资进行核算：

长期股权投资——××公司（投资成本）

（损益调整）

（其他权益变动）

其一般的核算程序为：

（1）初始投资成本的确定

初始投资或追加投资时，按照初始投资或追加投资的投资成本，增加长期股权投资的账面价值。

投资企业取得长期股权投资后，应视以下两种情况确定是否需要对长期股权投资的成本进行调整：

① 长期股权投资的初始投资成本大于投资时应享有被投资单位可辨认净资产公允价值份额的，不调整已确认的初始投资成本。

这部分差额实质上是企业在取得投资过程中，通过购买作价体现出来的与所取得股权份额相对应的商誉以及被投资单位不符合确认条件的资产的价值。

② 长期股权投资的初始投资成本小于投资时应享有被投资单位可辨认净资产公允价值份额的，应按其差额调整增加长期股权投资成本，借记“长期股权投资——××公司（投资成本）”账户，贷记“营业外收入”账户。

这部分差额体现为交易双方作价过程中被投资方做出的让步，是投资方经济利益的流入，应作为投资方投资当期的收益。

【例 6.11】东方公司于 20×5 年 4 月以银行存款 2 000 万元取得乙公司 30%的股权，取得投资时乙公司可辨认净资产的公允价值为 6 000 万元。

乙公司在生产经营决策过程中，所有股东均按持股比例行使表决权。东方公司在取得乙公司股权后，派人参与乙公司的生产经营决策，能够对其施加重大影响，因此，东方公司应当采用权益法核算。

东方公司取得对乙公司投资时的会计处理如下：

借：长期股权投资——乙公司（投资成本）　　20 000 000

　贷：银行存款　　20 000 000

【分析】长期股权投资的初始投资成本为 2 000 万元，大于投资时应享有的乙公司可辨认净资产公允价值的份额 1 800 万元（6 000×30%），差额 200 万元不调整长期股权投资的账面价值。

假设投资时，乙公司可辨认净资产的公允价值为 7 000 万元，其他条件不变，则东方公司长期股权资投资的初始投资成本为 2 000 万元，小于投资时应享有的乙公司可辨认净资产公允价值的份额 2 100 万元（7 000×30%），两者的差额 100 万元应调整增加长期股权投资的投资成本，并确认取得投资当期的营业外收入。

借：长期股权投资——乙公司（投资成本）　　1000 000

　贷：营业外收入　　1 000 000

（2）投资损益的确认

投资企业取得长期股权投资后，应当按照应享有或应分担的被投资单位实现的净损益的份额，调整长期股权投资的账面价值，并确认为当期的投资收益。

在确认应享有或应分担的被投资单位净利润或净亏损时，应当以取得投资时被投资单位各项资产、负债等公允价值为基础。被投资单位采用的会计政策及会计期间与投资企业不一致的，应当按照投资企业的会计政策及会计期间对被投资单位的财务报表进行调整。

【例 6.12】承【例 6.11】，乙公司 20×5 年实现净利润 1 000 万元。假设东方公司与被投资单位乙公司的会计期间和所采用的会计政策相同，投资时乙公司各项资产、负债的账面价值与其公允价值相同。东方公司应确认的投资收益为 300 万元（1 000×30%）。

东方公司确认投资收益的会计处理如下：

借：长期股权投资——乙公司（损益调整）　　300

　贷：投资收益　　300

【例 6.13】承【例 6.11】，如果乙公司 20×5 年发生净亏损 2 000 万元。假设东方公司与被投资单位乙公司的会计期间和所采用的会计政策相同，投资时乙公司各项资产、负债的账面价值与其公允价值相同。东方公司应确认的投资损失为 600 万元（2 000×30%）。

东方公司确认投资收益的会计处理如下：

借：投资收益　　600

　贷：长期股权投资——乙公司（损益调整）　　600

阅读

关于超额亏损问题

投资企业确认被投资单位发生的净亏损，应当以长期股权投资的账面价值以及其他实质上构成对被投资单位净投资的长期权益减记至零为限，投资企业负有承担额外损失义务的除外。

企业存在其他实质上构成对被投资单位净投资的长期权益项目以及负有承担额外损失义务的情况下，在确认应分担被投资单位发生的亏损时，应当按照以下顺序进行处理：

①冲减长期股权投资的账面价值。

②如果长期股权投资的账面价值不足以冲减的，应当以其他实质上构成对被投资单位净投资的长期权益账面价值为限继续确认投资损失，冲减长期权益的账面价值。

其他实质上构成对被投资单位净投资的长期权益，通常是指长期性的应收项目，如企业对被投资单位的长期债权，该债权没有明确的清收计划，且在可预见的未来期间不准备收回的，这类长期应收项目实质上构成对被投资单位的净投资。

③在进行上述处理后，按照投资合同或协议约定企业仍承担额外义务的，应按预计承担的义务确认预计负债，计入当期投资损失。

④ 经上述处理如果仍有应分担的亏损未予确认，则不再确认，仅做备查登记。

被投资单位以后期间实现盈利的，扣除未确认的亏损分担额后，应按与上述顺序相反的顺序处理，减记已确认预计负债的账面余额、恢复其他长期权益以及长期股权投资的账面价值，同时确认投资收益。

（3）取得现金股利或利润的处理

投资企业按照被投资单位宣告分派的利润或现金股利计算应分得的部分，相应减少长期股权投资的账面价值。投资单位分派股票股利的，投资企业应于除权日注明所增加的股份数以反映股份变化，不做账务处理。

【例6.14】承【例6.12】，20×6年4月5日，乙公司宣告发放现金股利900万元。东方公司按投资比例计算应自乙公司取得现金股利270万元（900×30%）。

东方公司会计处理如下：

借：应收股利　　270

　贷：长期股权投资——乙公司（损益调整）　　270

（4）被投资单位除净损益以外其他所有者权益变动的处理

对于被投资单位除净损益以外的其他所有者权益变动，在持股比例不变的情况下，投资企业应按照持股比例与被投资单位除净损益以外所有者权益的其他变动中归属于本企业的部分，调整长期股权投资的账面价值，同时增加或减少资本公积。

【例6.15】承【例6.14】，20×6年6月30日，乙公司持有的可供出售金融资产公允价值从5 000万元上升为5 500万元，由此导致乙公司计入资本公积的金额为500万元。假设两企业适用相同的会计政策与会计期间，投资时乙公司有关资产、负债的公允价值与其账面价值相同。

东方公司应按投资比例30%调整长期股权投资账面价值：

借：长期股权投资——其他权益变动　　150

　贷：资本公积——其他资本公积　　150

此项资本公积应于该长期股权投资处置时转出，同时确认投资损益。

注意

乙公司确认可供出售金融资产公允价值变动时的会计处理为：

借：可供出售金融资产——公允价值变动　　500

　贷：资本公积——其他资本公积　　500

6.4 长期股权投资的减值与处置

6.4.1 长期股权投资的减值

企业在资产负债表日应当判断长期股权投资是否存在可能发生减值的迹象，如果有确凿证据表明长期股权投资存在减值迹象的，应当进行减值测试，估计长期股权投资的可收回金额，可收回金额低于其账面价值的，应当将长期股权投资的账面价值减记至可收回金额，减记金额确认为资产减值损失，计入当期损益，同时计提长期股权投资减值准备。

减值损失一经确认，在以后会计期间不得转回。

企业确定资产发生减值时，应当根据所确认的资产减值金额，借记“资产减值损失”账户，贷记“长期股权投资减值准备”账户。

【例 6.16】综合【例 6.11】【例 6.12】【例 6.14】【例 6.15】，东方公司于 20×5 年 4 月以银行存款 2 000 万元取得乙公司 30%的股权。

20×5 年乙公司实现净利润 1 000 万元，

20×6 年 4 月 1 日，乙公司宣告分派现金股利 900 万元。

20×6 年 6 月 30 日，乙公司因可供出售金融资产公允价值上升，确认资本公积 150 万元。

20×6 年 12 月 31 日，东方公司该长期股权投资可收回金额为 1 900 万元。

【分析】东方公司取得该项投资时确认长期股权投资成本 2 000 万元；

20×5 年乙公司实现净利润，按应享有份额确认长期股权投资——损益调整 300 万元（1 000×30%）；

20×6 年 4 月 1 日，乙公司宣告分派现金股利时，冲减长期股权投资——损益调整 270 万元（900×30%）；

20×6 年 6 月 30 日，因乙公司可供出售金融资产公允价值上升确认长期股权资——其他权益变动 150 万元（500×30%）。

由上可计算得出，20×6 年 12 月 31 日，东方公司对乙公司的长期股权投资的账面价值为 2 180 万元（2 000+300−270+150）。该长期股权投资可收回金额为 1 900 万元，低于其成本，东方公司应于 20×6 年 12 月 31 日确认资产减值损失 280 万元（2 180−1 900）。

东方公司会计处理如下：

借：资产减值损失　　2 800 000

　贷：长期股权投资减值准备　　2 800 000

注意

长期股权投资减值按照《企业会计准则第 9 号——资产减值》的规定处理。

6.4.2 长期股权投资的处置

企业处置长期股权投资时，应相应结转与所售股权相对应的长期股权投资的账面价值，出售所得价款与处置长期股权投资账面价值之间的差额，应确认为投资收益。

处置长期股权投资时，按实际收到的金额，借记“银行存款”等账户，按账面余额，贷记“长期股权投资”账户，按尚未领取的现金股利或利润，贷记“应收股利”账户，已对该长期股权投资计提减值准备的，还应同时结转减值准备，借记“长期股权投资减值准备”账户。按差额，贷记或借记“投资收益”账户。

采用权益法核算长期股权投资的处置，除上述规定外，因被投资单位除净损益以外所有者权益的其他变动而计入所有者权益的，还应结转原记入资本公积的相关金额，借记或贷记“资本公积——其他资本公积”账户，贷记或借记“投资收益”账户。

【例 6.17】承【例 6.16】，东方公司于 20×7 年 2 月 1 日将对乙公司的长期股权投资全部出售，所得价款 2 200 万元已收存银行。

东方公司出售股权时：

借：银行存款　22 000 000

　　长期股权投资减值准备　2 800 000

　贷：长期股权投资——投资成本　20 000 000

　　　　　　　　　——损益调整　300 000

　　　　　　　　　——其他权益变动　1 500 000

　　　投资收益　3 000 000

除上述处理外，还应将原计入资本公积的部分转入当期损益：

借：资本公积——其他资本公积　1 500 000

　贷：投资收益　1 500 000

本章小结

长期股权投资包括对子公司投资、对合营企业投资和对联营企业投资。长期股权投资的业务处理包括确认、计量、转换及处置等。学习和理解本章内容应当关注以下几点：

长期股权投资的确认。长期股权投资包括对子公司投资、对合营企业投资和对联营企业投资。

长期股权投资的初始计量。长期股权投资应按照取得时的成本进行初始计量。具体如表 6.1 所示。

长期股权投资的后续计量。长期股权投资持有期间，根据投资企业对被投资单位的影响程度等进行划分，分别采用成本法或权益法核算。具体如表 6.2 所示。

长期股权投资的减值和处置。在资产负债表日，长期股权投资的可收回金额低于其账面价值的，应当将长期股权投资的账面价值减记至可收回金额。企业处置长期股权投资时，应相应结转与所售股权相对应的长期股权投资的账面价值，所得价款与处置长期股权投资账面价值、权益法核算原记入资本公积的相关金额之间的差额，确认为投资损益。

表 6.1　长期股权投资成本的确定

项目		投资成本	相关费用
形成控股合并方式	同一控制	被合并方所有者权益账面价值享有的份额	合并费用记入当期损益
	非同一控制	支付资产、发生或承担负债、发行权益性证券的公允价值之和	合并费用记入当期损益
不形成控股合并方式	支付现金	实际支付的购买价款	投资成本
	发行权益性证券	所发行权益性证券的公允价值	证券发行费用从溢价中扣除
	投资者投入	投资合同或协议约定价值	
	债务重组、非货币性资产交换	按照 12 号债务重组和 7 号非货币性资产交换准则规定确定	

表 6.2　成本法与权益法核算

	项目	成本法	权益法
初始计量	调整投资成本	不调整	初始投资成本小于投资时应享有被投资单位可辨认净资产公允价值份额部分调整投资成本，并确认为营业外收入。
后续计量	被投资单位实现净损益	不处理	借/贷：长期股权投资——损益调整 　贷/借：投资收益
	被投资单位宣告发放现金股利	借：应收股利 　贷：投资收益	借：应收股利 　贷：长期股权投资——损益调整
	被投资单位其他所有者权益变动	不处理	借/贷：长期股权投资——其他权益变动 　贷/借：资本公积——其他资本公积
	处置投资	实收转让款与投资账面差额记入“投资收益”账户	实收转让款与投资账面差额记入“投资收益”账户 原计入“资本公积”账户的金额转入“投资收益”账户

思考与练习

一、思考题

1. 长期股权投资包括哪些具体内容？

2. 同一控制下的企业合并形成的长期股权投资的初始投资成本应如何确定？

3. 非同一控制下企业合并形成的长期股权投资取得成本应如何确定？

4. 长期股权投资成本法的适用情形有哪些？成本法的核算要点包括什么？

5. 长期股权投资权益法的适用情形有哪些？权益法的核算要点包括什么？

6. 长期股权投资的处置应如何进行核算？

二、单项选择题

1. 同一控制下的企业合并取得的长期股权投资初始投资成本根据（　　）确定。

A. 支付合并对价的账面价值

B. 支付合并对价的公允价值

C. 合并方所取得股权投资的公允价值

D. 合并方占被合并方账面净资产的份额

2. 采用权益法核算长期股权投资时，被投资单位（　　）时，投资企业应确认资本公积。

A. 取得利润　　　　B. 发生亏损

C. 分派现金股利　　D. 确认可供出售金融资产公允价值变动

3. 非企业合并中，以发行权益性证券方式取得长期股权投资，应按照（　　）作为初始投资成本。

A. 发行权益性证券的账面价值

B. 发行权益性证券的公允价值

C. 发行权益性证券支付的手续费、佣金等相关税费

D. 权益性证券的发行价格与支付的手续费、佣金等合计

4. 某企业 2015 年年初购入 A 公司 30%的有表决权股份，对 A 公司能够施加重大影响，实际支付价款 600 万元（与享有 A 公司的可辨认净资产的公允价值的份额相等）。当年 A 公司经营获利 200 万元，发放现金股利 40 万元。2015 年年末该企业的股票投资账面余额为（　　）万元。

A. 660　　B. 612　　C. 648　　D. 672

5. 下列投资中，不应作为长期股权投资核算的是（　　）。

A. 对子公司的投资

B. 对联营企业的投资

C. 对合营企业的投资

D. 在活跃市场中有报价、公允价值能可靠计量的不存在控制、共同控制或重大影响的权益性投资

6. 20×5 年 1 月 1 日，A 公司以 1 500 万元取得 B 公司 30%的股权，能对 B 公司施加重大影响，取得投资时被投资单位可辨认净资产的公允价值为 6 000 万元。B 公司 20×5 年度共实现净利润 700 万元。不考虑其他因素，则 20×5 年年末 A 公司该项长期股权投资的账面价值为（　　）万元。

A. 2 200　　B. 2 010　　C. 1 710　　D. 1 800

7. 根据《企业会计准则第 2 号——长期股权投资》的规定，长期股权投资采用权益法核算时，下列各项最终不会引起长期股权投资账面价值变动的是（　　）。

A. 被投资单位持有的可供出售权益工具的公允价值上升

B. 被投资单位发生净亏损

C. 被投资单位计提盈余公积

D. 被投资单位宣告发放现金股利

8. M 公司 20×5 年年初以银行存款 680 万元作为对价取得 N 公司 30%的股权。当年 N 公司亏损 800 万元；20×6 年 N 公司亏损 2 000 万元；20×7 年 N 公司实现净利润 600 万元（假定这些利润、亏损金额不需要进行调整）。20×7 年 M 公司该投资所取得的投资收益的金额为（　　）万元。

A. 1 020　　B. 660　　C. –660　　D. 0

9. 成本法下，被投资单位宣告分派现金股利时，投资企业应按享有的部分贷记（　　）科目。

A. 长期股权投资　　B. 投资收益

C. 资本公积　　D. 营业外收入

10. A 公司持有 B 公司 40%的股权，20×5 年 11 月 30 日，A 公司出售所持有 B 公司股权中的 25%，出售时 A 公司账面上对 B 公司长期股权投资的构成为：投资成本 36 000 000 元，损益调整为 9 600 000 元，其他权益变动 6 000 000 元。出售取得价款 14 100 000 元。A 公司 20×5 年 11 月 30 日应该确认的投资收益为（　　）元。

A. 1 200 000　　B. 2 500 000　　C. 2 700 000　　D. 1 500 000

11. 采用权益法核算长期股权投资时，初始投资成本小于投资时应享有被投资单位可辨认净资产公允价值份额的差额，应计入（　　）科目。

A. 投资收益　　B. 资本公积

C. 营业外收入　　　　　　　　　　　　D. 公允价值变动损益

12. 20×5 年 4 月 1 日，A 公司以 5 000 万元作为合并对价，取得属于同一集团内 B 公司 90%的股权，并于当日起能够对 B 公司实施控制。合并当日，B 公司所有者权益账面价值为 7 000 万元。合并过程中发生相关手续费用 30 万元，不考虑其他因素，则 A 公司该项长期股权投资的初始投资成本为（　　）万元。

A. 5 000　　　　B. 5 030　　　　C. 6 300　　　　D. 6 330

13. 自 20×4 年起，甲公司一直持有乙公司 30%的股权，并采用权益法核算。因乙公司以前年度连续亏损，20×6 年初甲公司备查账簿中显示，对于该项长期股权投资，甲公司尚有未确认的亏损分担额 60 万元。20×6 年度，乙公司实现净利润 100 万元。不考虑其他因素，则 20×6 年底，对于该项长期股权投资，甲公司应该确认的投资收益金额是（　　）万元。

A. 30　　　　B. –30　　　　C. 0　　　　D. 60

三、多项选择题

1. 下列各项中，可能构成长期股权投资初始投资成本的有（　　）。

A. 非企业合并方式下取得长期股权投资发生的直接相关费用

B. 同一控制下企业合并形成的长期股权投资发生的审计费

C. 溢价发行权益性证券方式完成企业合并取得长期股权投资，证券的发行费用

D. 非同一控制下企业合并取得长期股权投资，作为合并对价的权益性证券的公允价值

2. 长期股权投资的权益法核算适用的范围包括（　　）。

A. 投资企业能够对被投资企业实施控制的长期股权投资

B. 投资企业对被投资企业具有共同控制的长期股权投资

C. 投资企业对被投资企业不具有共同控制或重大影响，并且在活跃市场中没有报价，公允价值不能可靠计量的长期股权投资

D. 投资企业对被投资企业具有重大影响的长期股权投资

3. 长期股权投资采用权益法核算的，应当为“长期股权投资”账户设置的明细科目有（　　）。

A. 成本　　　　　　　　　　　　B. 长期股权投资减值准备

C. 损益调整　　　　　　　　　　D. 其他权益变动

4. 关于共同控制和重大影响，下列说法中正确的有（　　）。

A. 重大影响，是指对一个企业的财务和经营政策有参与决策的权力，但并不能够控制或者与其他方一起共同控制这些政策的制定

B. 对于合营企业，任何一个合营方均不能单独控制合营企业的生产经营活动

C. 在确定能否对被投资单位施加重大影响时，应当考虑投资企业和其他方持有的被投资单位当期可转换公司债券、当期可执行认股权证等潜在表决权因素

D. 投资企业与其他方对被投资单位实施共同控制的，被投资单位为其合营企业

5. 在非企业合并情况下，下列各项中构成长期股权投资初始投资成本的有（　　）。

A. 投资时支付的不含应收股利的价款

B. 为取得长期股权投资而发生的评估、审计、咨询费

C. 投资时支付的税金及其他必要支出

D. 投资时支付款项中所含的已宣告而尚未领取的现金股利

6. 在同一控制下的企业合并中，合并方取得的净资产账面价值与支付的合并对价账面价值（或发行股份面值总额）的差额，可能调整（　　）。

A. 盈余公积　　B. 资本公积　　C. 营业外收入　　D. 投资收益

7. 在长期股权投资采用权益法核算时，下列各项中，不应当确认投资收益的有（　　）。

A. 被投资企业实现净利润　　B. 被投资企业资本公积转增资本

C. 收到被投资企业分配的现金股利　　D. 收到被投资企业分配的股票股利

8. 采用权益法核算时，可能记入"长期股权投资"账户贷方的有（　　）。

A. 被投资企业宣告分派现金股利　　B. 投资企业出售长期股权投资

C. 被投资企业发生亏损　　D. 被投资企业实现净利润

9. 权益法下，被投资单位发生的下列交易或事项中，不会影响"长期股权投资——其他权益变动"科目余额的有（　　）。

A. 被投资单位发生净亏损

B. 被投资企业所持有的采用公允价值模式计量的投资性房地产发生公允价值变动

C. 被投资单位可供出售金融资产公允价值变动

D. 发放股票股利

10. 对长期股权投资采用权益法核算时，被投资企业发生的下列事项中，投资企业应该调整长期股权投资账面价值的有（　　）。

A. 实现净利润　　B. 宣告分配现金股利

C. 购买固定资产　　D. 计提盈余公积

11. 下列各项中，投资方应确认投资收益的事项有（　　）。

A. 采用权益法核算长期股权投资，被投资方实现的净利润

B. 采用权益法核算长期股权投资，被投资方取得的直接计入所有者权益的利得和损失

C. 采用权益法核算长期股权投资，收到被投资方实际发放的现金股利

D. 采用成本法核算长期股权投资，被投资方宣告发放现金股利

12. 企业处置长期股权投资时，正确的处理方法有（　　）。

A. 处置长期股权投资，其账面价值与实际取得价款的差额，应当计入投资收益

B. 处置长期股权投资，其账面价值与实际取得价款的差额，应当计入营业外收入

C. 采用权益法核算的长期股权投资，因被投资单位除净损益以外所有者权益的其他变动而计入所有者权益的，处置该项投资时应当将原计入所有者权益的部分按相应比例转入投资收益

D. 采用权益法核算的长期股权投资，因被投资单位除净损益以外所有者权益的其他变动而计入所有者权益的，处置该项投资时应当将原计入所有者权益的部分全部转入营业外收入

四、业务题

1. 目的：练习长期股权投资成本法核算。

资料：甲公司 20×5 年 1 月 1 日支付 1 000 万元的价格购入乙公司 90%的股份，购买过程中另支付相关税费 50 000 元，甲、乙公司合并前后不受同一方或相同多方控制。甲公司在

取得投资以后，乙公司于 20×5 年 3 月 5 日分派现金股利 800 万元，3 月 10 日，收到该现金股利；20×5 年度乙公司实现净利润 1 100 万元；20×6 年 3 月 20 日宣告分派现金股利 1 000 万元，25 日收到该现金股利；20×6 年度实现净利润 1 800 万元。

要求：根据上述资料编制相关会计分录。（金额单位为万元）

2. 目的：练习长期股权投资权益法核算。

资料：20×4 年 1 月 1 日，甲上市公司（以下简称甲公司）以其库存商品对乙企业投资，投出商品的成本为 360 万元，公允价值和计税价格均为 400 万元，增值税税率为 17%（不考虑其他税费）。甲公司对乙企业的投资占乙企业注册资本 20%，甲公司采用权益法核算该项长期股权投资。20×4 年 1 月 1 日，乙企业所有者权益账面价值及可辨认净资产公允价值均为 2 000 万元。乙企业 20×4 年实现净利润 1 200 万元。20×5 年乙企业发生亏损 4 400 万元。假定甲企业账上有应收乙企业长期应收款 160 万元。20×6 年乙企业实现净利润 2 000 万元。

要求：根据上述资料，编制甲公司对乙企业投资的相关会计分录。（金额单位为万元）

3. 目的：练习长期股权投资出售的会计处理。

资料：东方公司原持有甲企业 40%的股权，20×4 年 1 月 10 日，决定出售 10%的股权，出售时东方公司对甲企业长期股权投资的投资成本为 1 600 万元，损益调整为借方 400 万元，其他权益变动为借方 200 万元。出售取得价款为 600 万元。

要求：根据上述资料编制相关会计分录。（金额单位为万元）

第7章 存 货

本章主要以生产经营用存货为基础，以原材料为载体介绍存货的收、发、存及期末盘存、清查等的相关会计核算。通过本章的学习，了解存货的特征、范围；理解发出存货的计价方法；成本与市价孰低法的设计思路；熟悉存货的两种盘存制度；掌握存货按实际成本计价方法下的收入、发出与结存的账务处理；掌握存货期末按成本与可变现净值孰低的计量，掌握存货盘盈、盘亏的会计处理。

7.1 存货概述

7.1.1 存货的概念

存货，是指企业在日常活动中持有以备出售的产成品或商品（库存商品）、处于生产过程中的在产品、在生产过程或提供劳务过程中耗用的材料和物料等，包括库存的、在途的各类材料、商品、在产品、半成品、包装物、低值易耗品和委托加工物资等。

存货属于企业流动资产的一个重要项目，是一项有形资产，通常占全部比重较大。企业存货的范围应以其是否拥有法定财产权作为标准，即不管存货实物的有无，只要拥有了存货的法定财产权，均应确认为企业存货；反之，不具有对存货的法定财产权，即使存放于本企业，也不应确认为企业的存货。

7.1.2 存货的分类

存货泛指企业所拥有的除货币资金、固定资产（机器设备及交通工具类）外的有形资产。存货区别于固定资产等非流动资产的最基本的特征是，企业持有存货的最终目的是为了销售，其范围包括在正常经营过程中储存以备出售的存货，为了最终出售正处于生产过程中的存货，为了生产销售的商品或提供劳务以备消耗的存货。企业为了满足管理与核算的要求，应当对存货进行分类。按照经济用途，存货可以分为以下几类：

（1）原材料，是指在生产过程中经加工改变其形态或性质并构成产品主要实体的各种原料及主要材料、辅助材料、外购半成品（外购件）、修理用备件（备品备件）、包装材料、燃料等。

（2）在产品，是指正在制造尚未完工的产品，包括正在各个生产工序加工的产品，以及已加工完毕但尚未检验或已检验但尚未办理入库手续的产品。

（3）自制半成品，是指完成阶段加工，经检验合格存放于半成品仓库，仍需进一步加工的中间产品。

（4）产成品，是指已经完成全部生产过程并已验收入库可供对外销售的产品。企业接受外来原材料加工制造的代制品和为外单位加工修理的待修品，制造和修理完成验收入库后应视同企业的产成品。

（5）商品，指商品流通企业外购或委托加工完成验收入库用于销售的各种商品。

（6）包装物，是指为了包装本企业商品而储备的各种包装容器，如桶、箱、瓶、坛、袋等，其主要作用是盛装、装潢产品或商品。

（7）低值易耗品，是指不能作为固定资产的各种用具、物品，如工具、管理用具、玻璃器皿、劳动保护用品，以及在经营过程中周转使用的容器等。其特点是单位价值较低，使用期限相对于固定资产较短，在使用过程中基本保持其原有实物形态不变。

（8）委托代销商品，指企业委托其他单位代销的商品。

注意

为建造固定资产等各项工程而储备的各种材料，虽然也具有存货的某些特征（如流动性），但它们并不符合存货的定义，因此不能作为企业的存货进行核算。企业的特准储备以及按国家指令专项储备的资产，也不符合存货的定义，因而也不属于企业的存货。

7.1.3 存货的确认

根据《企业会计准则》的规定，存货应同时满足以下两个条件时，才能予以确认。

1. 与该存货有关的经济利益很可能流入企业。通常，拥有存货的所有权是与该存货有关的经济利益很可能流入本企业的一个重要标志。例如，受托代销商品，由于其所有权并未转移至受托方，因而，受托代销的商品不能确认为受托企业存货的一部分。所以，在填列资产负债表“存货”项目时，“受托代销商品”与“受托代销商品款”一增一减相互抵销，不列为受托方存货。

2. 该存货的成本能够可靠地计量。

7.2 取得存货的计价

《企业会计准则第 1 号——存货》第 5 条规定：“存货应当按照成本进行初始计量。存货成本包括采购成本、加工成本和其他成本。”

7.2.1 外购存货的成本

企业外购存货主要包括原材料和商品，外购存货的成本即存货的采购成本，指企业物资从采购到入库前所发生的全部支出，包括购买价款、相关税费、运输费、装卸费、保险费以及其他可归属于存货采购成本的费用。

存货的购买价款，是指企业购入材料或商品的发票账单上列明的价款，但不包括按规定可以抵扣的增值税税额。

相关税费，是指企业购买、自制或委托加工存货所发生的消费税、资源税和不能从增值销项税额中抵扣的进项税额等。

其他可归属于存货采购成本的费用，即采购成本中除上述各项以外的可归属于存货采购成本的费用，如在存货采购过程中发生的仓储费、包装费、运输途中的合理成本；不能分清负担对象的，应选择合理的分配方法，分配计入有关存货的采购成本。分配方法通常包括按所购存货的数量或采购价格比例进行分配。

注意

对于采购过程中发生的物资毁损、短缺等，除合理的损耗应当作为存货的“其他可归属于存货采购成本的费用”计入采购成本外，应区别不同情况进行会计处理：①应从供货单位、外部运输机构等收回的物资短缺或其他赔款，应冲减所购物资的采购成本；②因遭受意外灾害发生的损失和尚待查明原因的途中损耗，应暂时作为待处理财产损溢进行核算，查明原因后再做处理。

商品流通企业在采购商品过程中发生的运输费、装卸费、保险费以及其他可归属于存货采购成本的费用等，应计入所购商品成本。在实务中，也可以先进行归集，期末再按照所购商品的存销情况进行分摊。对于已售商品的进货费用，计入主营业务成本；对于未售商品的进货费用，计入期末存货成本。商品流通企业采购商品的进货费用金额较小的，可以在发生时直接计入当期损益。

企业外购的原材料、由于结算方式和采购地点的不同，材料入库和汇款的支付在时间上不一定完全同步，相应的账务处理也有所不同。

企业的存货在日常核算中，可以按实际成本进行核算，也可以按计划成本进行核算。如果按实际成本核算，在进行会计处理时，应设置“库存商品”“原材料”“周转材料”“在途物资”等账户。如果按计划成本核算，还应设置“材料采购”“材料成本差异”等账户。

以下以原材料为例介绍通过外购取得存货的核算。

1．原材料按实际成本进行核算

（1）设置的账户

“原材料”账户，用于核算库存存货的收发与结存情况。在原材料实际成本计价核算时，本账户的借方登记入库材料的实际成本，贷方登记发出材料的实际成本，余额在借方，表示库存材料的实际成本。

“在途物资”账户，用于核算企业购入尚未到达或尚未验收入库的各种物资（即在途物资）的采购和入库情况。本账户的借方登记企业购入的在途物资的实际成本，贷方登记验收入库的在途物资实际成本，余额在借方，表示在途物资的实际成本。

（2）购入材料的会计处理

企业购入材料时，当货款已经支付，材料验收入库时，则借记“原材料”账户“应交税费——应交增值税（进项税额）”账户，贷记“银行存款”账户；当货款已经支付，材料尚未验收入库时，则借记“在途物资”账户“应交税费——应交增值税（进项税额）”账户，贷记“银行存款”账户；当货款尚未支付，材料已经验收入库时，在这种情况下，如果发票账单已到，按发票账单所记载有关金额记账；如果发票账单当月末仍然未到达，应按照暂估价记账，下月初再用红字冲回，收到发票账单后按照实际金额记账。

【例7.1】东方公司20×5年3月16日从外地B公司购进原材料一批，增值税专用发票价款20 000元，应交增值税额3 400元。

假定条件 1：发票等结算凭证已经收到，货款已通过银行转账支付，材料已运到并验收入库。其会计处理如下：

借：原材料　　20 000

　　应交税费——应交增值税（进项税额）　　3 400

　贷：银行存款　　23 400

假定条件 2：购入材料的发票等结算凭证已经收到，货款已通过银行转账支付，但材料尚未运到。其会计处理如下：

付款时：

借：在途物资　　20 000

　　应交税费——应交增值税（进项税额）　　3 400

　贷：银行存款　　23 400

材料入库时：

借：原材料　　20 000

　贷：在途物资　　20 000

假定条件 3：购入材料已经到达，并已验收入库，但发票等结算凭证尚未收到，且尚未支付，3 月末，A 公司应按暂估价入账，假定暂估价为 18 000 元。其会计处理如下：

借：原材料　　18 000

　贷：应付账款　　18 000

4 月初将上述会计分录用红字冲销：

借：原材料　　18 000（数字用红色）

　贷：应付账款　　18 000（数字用红色）

待收到发票等结算凭证，并支付货款时：

借：原材料　　20 000

　　应交税费——应交增值税（进项税额）　　3 400

　贷：银行存款　　23 400

2．原材料按计划成本进行核算

（1）设置的账户

“原材料”账户。本账户用于核算库存各种材料的收发与结存情况。在原材料按计划成本计价核算时，本账户的借方登记入库材料的计划成本，贷方登记发出材料的计划成本，期末余额在借方，反映企业库存材料的计划成本。

“材料采购”账户。本账户借方登记采购材料的实际成本，贷方登记入库材料的计划成本。借方大于贷方表示超支，从本账户贷方转入“材料成本差异”账户的借方；贷方大于借方表示节约，从本账户借方转入“材料成本差异”账户的贷方；期末为借方余额，反映企业未入库（即在途物资）的实际成本。

“材料成本差异”账户。本账户反映企业已入库各种材料的实际成本与计划成本的差异，借方登记超支差异及发出材料应负担的节约差异，贷方登记节约差异即发出材料应负担的超支差异。期末如为借方余额，反映企业库存材料（包括原材料、包装物、低值易耗品）的超支差异；如为贷方余额，反映企业库存材料（包括原材料、包装物、低值易耗品）的节约差异。

（2）购入原材料的会计处理

在计划成本下，购入存货先要通过“材料采购”账户进行核算，当货款已经支付，材料验收入库，则借记“材料采购”“应交税费——应交增值税（进项税）”账户，贷记“银行存款”账户。月末，汇总本月已经付款或已开出承兑商业汇票的入库材料的计划成本，借记“原材料”账户，贷记“材料采购”账户。月末还须结转已经付款或已开出承兑商业汇票的入库材料的材料成本差异，如果实际成本大于计划成本，则借记“材料成本差异”账户，贷记“材料采购”账户；如果实际成本小于计划成本，则借记“材料采购”账户，贷记“材料成本差异”账户。

【例 7.2】沿用【例 7.1】资料，除改用计划成本核算外，其他条件不变。假定原材料计划成本为 19 000 元，并采用逐笔结转实际成本。

假定条件 1：发票等结算凭证已经收到，货款已通过银行转账支付，材料运到并已验收入库。其会计处理如下：

借：材料采购　　20 000

　　应交税费——应交增值税（进项税额）　　3 400

　贷：银行存款　　23 400

同时：

借：原材料　　19 000

　　材料成本差异　　1 000

　贷：材料采购　　20 000

假定条件 2：购入材料的发票等结算凭证已经收到，货款已通过银行转账支付，但材料尚未运到。其会计处理如下：

付款时：

借：材料采购　　20 000

　　应交税费——应交增值税（进项税额）　　3 400

　贷：银行存款　　23 400

待材料运达，验收入库时：

借：原材料　　19 000

　　材料成本差异　　1 000

　贷：材料采购　　20 000

假定条件 3：购入材料已经到达，并已验收入库，但发票等结算凭证尚未收到，货款尚未支付。3 月末，A 公司应按暂估价入账，假定暂估价为 18 000。其会计处理如下：

借：原材料　　18 000

　贷：应付账款　　18 000

4 月初将上述会计分录用红字冲销：

借：原材料　　18 000（数字用红色）

　贷：应付账款　　18 000（数字用红色）

待收到发票等结算凭证，并支付货款时：

借：材料采购　　20 000

　　应交税费——应交增值税（进项税额）　　3 400

　贷：银行存款　　23 400

同时：

借：原材料　　19 000

　　材料成本差异　　1 000

　贷：材料采购　　20 000

如果原材料采用月末一次结转实际成本，则平时不结转材料成本差异，待月末时，企业根据本月已付款或已承兑商业汇票的收料凭证，结转本月已付款、已承兑并验收入库材料的计划成本和成本差异，其会计处理如下：

借：原材料　　19 000

　贷：材料采购　　19 000

借：材料成本差异　　1 000

　贷：材料采购　　1 000

7.2.2 加工取得的存货成本

企业通过进一步加工取得的存货主要包括产成品、在产品、半成品、委托加工物资等，其成本由采购成本、加工成本构成。某些存货还包括使存货达到目前场所和状态所发生的其他成本，如可直接认定的产品设计费用等。

存货加工成本，由直接人工和制造费用构成。其中，直接人工，是指企业在生产产品过程中直接从事产品生产的工人的职工薪酬。直接人工和间接人工的划分依据通常是生产工人是否为生产产品直接相关（即可否直接确定其服务的产品对象）。制造费用是指企业为生产产品和提供劳务而发生的各项间接费用。制造费用是一种间接生产成本，包括企业生产部门（如生产车间）管理人员的职工薪酬、折旧费、办公费、水电费、机物料消耗、劳动保护费、季节性和维修期间的停工损失等。

直接人工以及制造费用是企业在加工的过程中发生的追加费用，两者都需要按照受益对象进行归集。如果能够直接计入有关的成本核算对象，则应直接计入。否则，应按照一定方法分配计入有关成本核算对象。分配方法一经确定，不得随意变更。存货加工成本在完工产品和在产品之间的分配应通过成本核算方法进行计算确定。

企业自制并已验收入库的原材料，按计划成本或实际成本，借记“原材料”账户，按实际成本贷记“生产成本”等账户，按计划成本与实际成本的差异，借记或贷记“材料成本差异”账户。

7.2.3 其他方式取得存货的成本

1. 投资者投入存货的成本

投资者投入存货的成本应当按照投资合同或协议约定的价值确定，但合同或协议约定价值不公允的除外。在投资合同或协议约定价值不公允的情况下，按照该项存货的公允价值作为其入账价值。

2. 通过非货币性资产交换、债务重组、企业合并等方式取得的存货的成本

企业通过非货币性资产转换、债务重组、企业合并等方式取得的存货，其成本应当分别按照《企业会计准则第 7 号——非货币性资产交换》《企业会计准则第 12 号——债务重组》

《企业会计准则第 20 号——企业合并》等的规定确定。但是，该项存货的后续计量和披露应当执行存货准则的规定。

3．盘盈存货的成本

盘盈的存货应按其重置成本作为入账价值，并通过“待处理财产损溢”账户进行会计核算，按管理权限经批准后冲减当期管理费用。

值得注意的是，下列费用不应当计入存货成本，而应当在其发生时计入当期损益：

（1）非正常消耗的直接材料、直接人工及制造费用应计入当期损益，不得计入存货成本。

（2）仓储费用指企业在采购入库后发生的储存费用，应计入当期损益。但是，在生产过程中为达到下一个生产阶段所必需的仓储费用则应计入存货成本。

（3）不能归属于存货达到目前场所和状态的其他支出不符合存货的定义和确认条件，应在发生时计入当期损益，不得计入存货成本。

7.3 发出存货的计价

7.3.1 发出存货成本的确定方法

企业应当根据各类存货的实物流转方式、企业管理的要求、存货的性质等实际情况，合理地选择发出存货成本的计算方法，以合理确定当期发出存货的实际成本。

对于性质和用途相似的存货，应当采用相同的成本计算方法确定发出存货的成本。根据《企业会计准则第 1 号——存货》第 14 条规定“企业应当采用先进先出法、加权平均法或者个别计价法确定发出存货的实际成本”，其中，加权平均法在实践中又分为移动加权平均法和月末一次加权平均法。

1．先进先出法

先进先出法，是以先购入的存货应先发出（销售或耗用）这样一种存货实物流动假设为前提，对发出的存货进行计价。

先进先出法的优点是据此所计算的期末结存存货的账面价值比较接近最新市价；其缺点是在手工核算的情形下，工作量比较大。

2．月末一次加权平均法

月末一次加权平均法，是指仅在期末以当月全部进货数量加上月初存货数量作为权数，去除当月全部进货成本加上月初存货成本，计算出存货的加权平均单位成本，以其为基础计算当月发出存货的成本和期末结存存货的成本。由于在这种方法下，只在月底计算一次平均单价，因此，该方法又称“月末一次加权平均法”。

$$加权平均单价=\frac{期初库存存货成本+本月购进存货成本}{期初存货数量+本月购进存货数量}$$

本期发出存货成本＝本期发出存货数量×加权平均单位成本

期末结存存货成本＝本期结存存货数量×加权平均单位成本

如果计算出的加权平均单位成本不是整数，为优先保证存货结存成本的正确性，采用倒挤成本法计算发出存货的成本，即：

期末结存存货成本 = 本期结存存货数量 × 加权平均单位成本

本期发出存货成本 = 期初库存存货成本 + 本期购进存货成本 – 期末结存存货成本

采用月末加权平均法在月末计算得到的平均单价显得比较“公道”。这种方法的显著特点是，平时只记录发出存货的数量而不记录金额，因此，在手工核算的情形下，该方法有助于减少工作量。但该方法不能随时提供存货的账面价值数据，因此，对于企业管理而言多有不便。

3．移动加权平均法

移动加权平均法是指以每次进货的成本加上原有库存存货的成本，除以每次进货数量与原有库存存货数量之和，据以计算加权平均单位成本，作为在下次进货前计算各次发出存货成本的依据。

$$移动加权平均单价 = \frac{期初存货结存金额 + 本次购进存货金额}{期初结存存货数量 + 本次购进存货数量}$$

移动加权平均法克服了前述加权平均法不能够随时提供存货账面价值数据的缺陷，所计算出的加权平均单位成本也显得比较“公道”。与月末一次加权平均法相比，该方法还能够使管理层及时了解存货的结存情况，有利于对存货进行适时控制。当然，在手工核算的情形下，其工作量也比较大。

4．个别计价法

个别计价法，也称个别认定法、具体辨认法、分批实际法，这种方法顾名思义。对于不能替代使用的存货（如大型设备）、价格昂贵的存货（如名贵珠宝）、为特定项目专门购入或制造的存货以及提供的劳务，通常采用个别计价法确定发出存货的成本。采用这种方法计算发出存货的成本和期末存货的成本比较合理、准确，但计算起来的工作量较繁重，困难较大。现如今条码技术的进步，大大降低了采用个别计价法的工作量。

【例 7.3】东方公司 20×5 年 5 月生产用铜管的明细账如表 7.1 所示。分别采用先进先出法、移动加权平均法、月末一次加权平均法确认生产用铜管的发出成本和结存成本。

表 7.1　存货明细账

品名：生产用铜管　　规格：××　　产地：　　单位：件

20×5 年		凭证编号	摘要	收入			发出			结存		
月	日			数量	单价	金额	数量	单价	金额	数量	单价	金额
5	1	略	上月结存							1 000	2	2 000
	10		购进	1 000	2.5	2 500				2 000		
	17		发出				1 500			500		
	18		购进	500	2	1 000				1 000		
	27		发出				400			600		
5	30		本月合计	1 500		3 500	1 900			600		

（1）先进先出法：

发出铜管的成本 = 1 000 × 2 + 500 × 2.5 + 400 × 2.5 = 4 250（元）

期末铜管的成本 = 100 × 2.5 + 500 × 2 = 1 250（元）

表 7.2　存货明细账（采用先进先出法计算）

品名：生产用铜管　　规格：××　　产地：　　单位：件

20×5年		摘要	收入			发出			结存		
月	日		数量	单价	金额	数量	单价	金额	数量	单价	金额
5	1	上月结存							1 000	2	2 000
	10	购进	1 000	2.5	2 500				1 000 1 000	2 2.5	2 000 2 500
	17	发出				1 000 500	2 2.5	2 000 1 250	500	2.5	1 250
	18	购进	500	2	1 000				500 500	2.5 2	1 250 1 000
	27	发出				400	2.5	1 000	100 500	2.5 2	250 1 000
5	30	本月合计	1 500		3 500	1 900		4 250	100 500	2.5 2	250 1 000

（2）移动加权平均法：

5 月 10 日购进材料后，生产用铜管的加权平均单价 =（2 000 + 2 500）÷2 000 = 2.25（元）

5 月 17 日发出铜管的成本 = 1 500 × 2.25 = 3 375（元）

结存铜管的成本 = 500 × 2.25 = 1 125（元）

5 月 18 日购进铜管后，铜管的加权平均单价 =（1 125 + 1 000）÷1 000 = 2.125（元）

5 月 27 日发出铜管的成本 = 400 × 2.125 = 850（元）

结存铜管的成本 = 600 × 2.125 = 1 275（元）

表 7.3　存货明细账（采用移动加权平均法计算）

品名：生产用铜管　　规格：××　　产地：　　单位：件

20×5年		凭证编号	摘要	收入			发出			结存		
月	日			数量	单价	金额	数量	单价	金额	数量	单价	金额
5	1	略	上月结存							1 000	2	2 000
	10		购进	1 000	2.5	2 500				2 000	2.25	4 500
	17		发出				1 500	2.25	3375	500	2.25	1 125
	18		购进	500	2	1 000				1 000	2.125	2 125
	27		发出				400	2.125	850	600	2.125	1 275
5	30		本月合计	1 500		3 500	1 900			600	2.125	1 275

（3）月末一次加权平均法：

铜管的加权平均单位成本 =（2 000 + 3 500）÷（1 000 + 1 500）= 2.2（元）

本月结存铜管的成本 = 600 × 2.2 = 1 320（元）

本月发出铜管的成本 = 1 900 × 2.2 = 4 180（元）

表 7.4　存货明细账（采用月末一次加权平均法计算）

品名：生产用铜管　　规格：××　　产地：　　单位：件

20×5 年		凭证编号	摘要	收入			发出			结存		
月	日			数量	单价	金额	数量	单价	金额	数量	单价	金额
5	1	略	上月结存							1 000	2	2 000
	10		购进	1 000	2.5	2 500				2 000		
	17		发出				1 500	2.2	3 300	500		
	18		购进	500	2	1 000				1 000		
	27		发出				400	2.2	880	600		
5	30		本月合计	1 500		3 500	1 900	2.2	4 180	600	2.2	1 320

7.3.2 发出存货成本的结转

《企业会计准则第 1 号——存货》规定应当将已售存货的成本结转为当期损益，计入营业成本，即企业在确认存货销售收入的当期，应将已销售存货的成本计入当期营业成本。存货为商品、产成品的，企业应采用先进先出法、移动加权平均法、月末加权平均法或个别计价法确定已销售商品的实际成本，计入主营业务成本；存货为半成品存货的，如材料等，应将已出售材料的实际成本予以结转，计入当期其他业务成本；对已售存货计提了存货跌价准备的，还应结转已计提的存货跌价准备，并冲减相应的主营业务成本或其他业务成本。

【例 7.4】大成公司 20×5 年 1 月消耗材料情况如表 7.5 所示。

表 7.5　原材料发料凭证汇总表

用途	甲材料	乙材料	合计
生产产品耗用			
A 产品	30 450	4 050	34 500
B 产品	8 120	8 100	16 220
车间一般耗用	4 060	4 050	8 110
行政管理部门耗用	1 015	2 025	3 040
	43 645	18 225	61 870

根据上述发料汇总表，大成公司 1 月发出材料的会计处理为：

借：生产成本——A 产品　　34 500
　　　　　　——B 产品　　16 220
　　制造费用　　8 110
　　管理费用　　3 040
　贷：原材料——甲材料　　43 645
　　　　　　——乙材料　　18 225

7.4 存货的期末计量

《企业会计准则第 1 号——存货》第 15 条规定："资产负债表日，存货应当按照成本与可变现净值孰低计量。"资产负债表日，是指结账编制财务报表之日，在我国，一般是指季末和年末。

所谓成本与可变现净值孰低法，是指对期末存货按照成本与可变现净值两者中较低者计价的方法。当存货成本低于可变现净值时，存货按成本计价；当存货成本高于其可变现净值时，存货按可变现净值计价，成本与可变现净值的差额应当计提存货跌价准备，计入当期损益。

注意	期末对存货采用成本与可变现净值孰低计量，主要是使存货符合资产定义。当存货的可变现净值跌至成本以下时，由此所形成损失已不符合资产的定义，因而应将这部分损失从存货价值中扣除，计入当期损益。否则，就会出现虚夸资产现象，导致会计信息失真。

7.4.1 存货可变现净值的确定

资产负债表日，存货应当按照成本与可变现净值孰低计量。存货成本高于其可变现净值的，应当计提存货跌价准备，计入当期损益。

存货可变现净值的确定应当考虑持有存货的目的。企业持有存货目的不同，确定存货可变现净值的计算方法也不同。

（1）用于对外出售的存货（如库存商品、可直接出售的原材料等），其可变现净值指估计售价减去估计的销售费用和相关税费后的金额。

（2）为生产而持有的材料等存货，其可变现净值指用该存货加工完成的产成品的估计售价减去自当前状态加工至可销售状态估计将会发生的成本、估计销售费用以及相关税费后的金额。

注意	对于企业为生产而持有而不是直接用于对外销售的存货，因其利益的获得是通过销售所生产的产品方式完成，如果企业确定用此存货生产的产品的可变现净值高于其成本，即生产该产品仍有利可图，则即便材料价格下跌，也不需计提存货跌价准备。

（3）为执行销售合同或者劳务合同而持有的存货，其可变现净值应当以合同价格为基础计算。企业持有的存货的数量多于销售合同订货数量的，超出部分的存货的可变现净值应当以一般销售价格为基础计算。

【例 7.5】20×5 年 12 月 31 日，东方公司库存原材料——铜管的账面价值（成本）为 600 000 元，市场购买价格为 550 000 元。由于铜管的价格下降，市场上用铜管生产的散热冷凝器的售价由 1 500 000 元降为 1 350 000 元，但生产成本仍为 1 400 000 元，将铜管加工成散热冷凝器尚需投入 800 000 元，估计销售费用及税费为 50 000 元。根据上述资料，东方公司 20×5 年 12 月 31 日铜管的价值确定方法如下：

（1）计算用该原材料生产的产成品的可变现净值：

散热冷凝器的可变现净值 = 散热冷凝器估计售价 – 估计销售费用及税费

= 1 350 000–50 000 = 1 300 000（元）

将用该原材料所生产的产成品的可变现净值与其成本进行比较，散热冷凝器可变现净值小于其成本 1 400 000 元，即铜管价格的下降表明散热冷凝器的可变现净值低于成本，因此铜管应当按可变现净值计量。

（2）计算该原材料的可变现净值，并确定其期末价值：

铜管的可变现净值 = 散热冷凝器售价总额–将铜管加工成散热冷凝器尚需投入的成本–估计销售费用及税费

= 1 350 000–800 000–50 000 = 500 000（元）

铜管的可变现净值 500 000 小于其成本 600 000 元，因此铜管的期末价值应为可变现净值 500 000 元，其计提的存货跌价准备为 600 000–500 000 = 100 000（元）。铜管的价值应按 500 000 元列示在 20×5 年 12 月 31 日的资产负债表中。

7.4.2 计提存货跌价准备的方法

一般而言，采用成本与可变现净值孰低法对期末存货计价时，其成本与可变现净值的比较有三种方法，即以单个存货、分类存货或全部存货作为比较的基础。

【例 7.6】东方公司的有关资料及存货期末计量如表 7.6 所示，假设东方公司在此之前没有对存货计提跌价准备。假定不考虑相关税费和销售费用。

表 7.6 成本与可变现净值比较法

单位：元

项目	数量（件）	成本		可变现净值		单项比较法	分类比较法	总额比较法
		单价	总额	单价	总额			
甲类存货								
A	200	50	10 000	48	9 600	9 600		
B	100	45	4 500	42	4 200	4 200		
小计			14 500		13 800		13 800	
乙类存货								
C	24	38	912	42	1 008	912		
D	20	72	1 440	78	1 560	1 440		
小计			2 352		2 568		2 352	
总计			16 852		16 368	16 152	16 152	16 368

阅读

《企业会计准则第 1 号——存货》第 18 条规定："企业通常应当按照单个存货项目计提存货跌价准备。对于数量繁多、单价较低的存货，可以按照存货类别计提存货跌价准备。与在同一地区生产和销售的产品系列相关、具有相同或类似最终用途或目的，且难以与其他项目分开计量的存货，可以合并计提存货跌价准备。"

如果存货存在下列情形之一的，表明存货的可变现净值低于其成本，应计提存货跌价准备：

（1）该存货的市场价格持续下跌，并且在可预见的未来无回升的希望。

（2）企业使用该项原材料生产的产品的成本上升大于产品的销售价格上升。

（3）企业因产品更新换代，原有库存原材料已不适应新产品的需要，而该原材料的市场价格又低于其账面成本。

（4）因企业所提供的商品或劳务过时或消费者偏好改变而使市场的需求发生变化，导致市场价格逐步下跌。

（5）其他足以证明该项存货实质上已经减值的情形。

企业在确定存货的可变现净值时，应当以取得的确凿的证据为基础，并且考虑企业存货的目的、资产负债表日后事项的影响因素。

存货存在下列情形之一的，通常表明存货的可变现净值为零：

（1）已霉烂变质的存货。

（2）已过期且无转让价值的存货。

（3）生产中已不再需要，并且已无使用价值和转让价值的存货。

（4）其他足以证明已无使用价值和转让价值的存货。

7.4.3 存货跌价准备的会计处理

会计期末，存货的成本高于其可变现净值的，企业应计提存货跌价准备。《企业会计准则第 1 号——存货》第 19 条规定：“资产负债表日，企业应当确定存货的可变现净值。以前减记存货价值的影响因素已经取消的，减记的金额应当予以恢复，并在原已计提的存货跌价准备金额内转回，转回的金额计入当期损益。”

企业计提存货跌价准备应通过“存货跌价准备”账户进行核算，该账户可以按照存货项目或类别进行明细核算。该账户期末贷方余额，反映企业已计提但尚未转销的存货跌价准备。

根据《企业会计准则——应用指南》的规定，企业按照存货准则确定存货发生减值的，按应减记的金额，借记“资产减值损失”账户，贷记“存货跌价准备”账户。企业计提存货跌价准备后，相关资产的价值又得以恢复的，应在原计提的减值准备金额内，按恢复增加的金额，借记“存货跌价准备”账户，贷记“资产减值损失”账户。

【例 7.7】20×5 年 12 月 31 日，东方公司铝翅片的账面金额（成本）为 500 000 元，预计可变现净值为 400 000 元，由此计提的存货跌价准备为 100 000 元。

借：资产减值损失　　100 000

　贷：存货跌价准备　　100 000

假设 20×6 年 3 月 31 日，铝翅片的账面金额（成本）未变，但由于市场供需发生变化，使得铝翅片的预计可变现净值上升为 480 000 元，则当期应冲减已计提的存货跌价准备 80 000 元（20 000–100 000），即应转回的存货跌价准备为 80 000 元。

借：存货跌价准备　　80 000

　贷：资产减值损失　　80 000

假设 20×6 年 6 月 30 日，铝翅片的预计可变现净值为 520 000 元。铝翅片的账面金额（成本）仍为 500 000 元，此时，铝翅片的可变现净值恢复并高于账目金额（成本），因此，当期应转回的存货跌价准备 20 000 元，也就是将铝翅片已计提的存货跌价准备的余额冲减至零为限。

借：存货跌价准备 20 000

贷：资产减值损失 20 000

7.5 存货的清查

存货是企业资产的重要组成部分，而且具有较强的流动性。为了加强对存货的控制，维护存货的安全完整，企业应当定期或不定期地对存货进行清查盘点，并与账面记录进行核对，查明存货盘盈、盘亏和毁损的数量以及造成盘盈、盘亏和损毁的原因，并根据清查结果编制"存货盘点报告单"，作为存货清查的原始凭证，并按规定程序，报经有关部门审批处理。

7.5.1 存货数量的盘存方法

企业对存货的盘存，在会计核算中有实地盘存制和永续盘存制两种方法。

1．实地盘存制

实地盘存制也称为定期盘存制，其特点是，在存货清查时，以实地盘点结果（即存货的实存数）为依据确认账存数，并完成账面记录，使账实相符。在这种制度下，存货的明细账，平时只根据会计凭证逐笔登记增加的数量和金额，对于减少的存货不做账面记录，也不能随时结出账面结存的数量和金额。到期末，通过实地盘点确认期末库存数，并按下面的公式倒挤计算本期减少数：

期初结存数 + 本期增加数 − 期末盘存数 = 本期减少数

实地盘存制的优点是，账簿记录手续简单，核算工作量小。缺点是核算不严密，在倒挤计算本期减少数时，会将人为的差错、损失、短缺或毁损等，都作为本期正常耗用来核算。同时，不能随时了解财产物资的增减变动和结存情况，不便于管理。因此实地盘存制只适用于少数低价、零星的物料用品的管理。

2．永续盘存制

永续盘存制又称账面盘存制，这种制度的特点是，在存货清查时，是以账簿记录为依据，确认存货的盘盈或盘亏，再通过调整账面记录，使账实相符。在这种情况下，存货的明细账，要根据会计凭证逐日逐笔地登记增加、减少的数量和金额，并随时结出账面结存的数量和金额。

永续盘存制的优点是，可以通过账簿记录随时了解各种存货的增减变动和结存情况，便于工作与管理。缺点是核算的工作量大。但是，在各企业对管理的要求越来越高的情况下，永续盘存制更能适应管理的要求。因此，除一些特殊的存货外，都应该采用这种制度。

永续盘存制虽然记录了存货的收、发数量和金额，但账簿记录与实际盘存的内容仍有发生差异的可能，也必须定期进行存货清查。由于永续盘存制对存货的发出都有逐笔记录，且有原始凭证为依据，容易追查差错的来龙去脉，也容易控制差错和非法行为的发生，所以是控制差错和制止非法行为的有效措施。

7.5.2 存货清查的会计处理

为核算存货清查中发生的盘盈、盘亏、毁损等价值，应设置“待处理财产损溢”账户。该账户借方反映尚未处理的存货净损失，贷方反映尚未处理的存货净溢余。处理前的借方余额，反映尚未处理的各种财物的净损失；而处理前的贷方余额，反映尚未处理的各种财物的净溢余。该账户应当设置“待处理固定资产损溢”和“待处理流动资产损溢”明细账户。

1．存货盘盈的核算

在存货盘盈的情况下，应按照重置成本将存货登记入账，以使账实相符。借记“原材料”“库存商品”等账户，贷记“待处理财产损溢——待处理流动资产损溢”账户；待查明原因，报经批准处理后，冲减当期管理费用。

【例 7.8】东方公司进行存货清查，发现盘盈 U 形管 500 千克，经查是收发计量上的误差，该材料的实际成本为 10 元/千克。有关的会计处理如下：

盘盈的原材料，未经批准前入账

借：原材料 5 000

　贷：待处理财产损溢——待处理流动资产损溢 5 000

报经批准处理，冲减当期管理费用

借：待处理财产损溢——待处理流动资产损溢 5 000

　贷：管理费用 5 000

2．存货盘亏和损毁的核算

在存货发生盘亏或损毁的情况下，应按盘亏或毁损的存货的账面价值，借记“待处理财产损溢——待处理流动资产损溢”账户，贷记“原材料”“库存商品”等账户。查明原因并经批准后分别情况进行处理。

第一种情况：属于自然损耗产生的定额内损耗，计入管理费用，即借记“管理费用”账户，贷记“待处理财产损溢——待处理流动资产损溢”账户。

【例 7.9】东方公司进行存货清查，发现盘亏铝箔 100 千克，实际成本为 20 元/千克。经查明，盘亏的铝箔属于定额内的合理损耗，相关的会计处理如下：（实务中，需要进行增值税进项税额转出的处理，为简化示例，本例从略。）

盘亏的原材料，未经批准前入账

借：待处理财产损溢——待处理流动资产损溢 2 000

　贷：原材料——铝箔 2 000

报经批准处理后，计入当期管理费用

借：管理费用 2 000

　贷：待处理财产损溢——待处理流动资产损溢 2 000

第二种情况：属于计量收发差错和管理不善等原因造成的存货短缺，应先扣除材料价值、可以收回的保险赔偿和过失人赔偿，将损失计入管理费用。

【例 7.10】东方公司进行存货清查，发现过滤网损毁 20 件，实际成本为 5 000 元，残余价值为 400 元，经查明是由于管理不善造成的，应由责任人赔偿 1 000 元。相关的会计处理如下：

批准前，调整产品账面实存数

借：待处理财产损溢——待处理流动资产损溢 5 000

贷：库存商品——过滤网 5 000

残料作价入库时

借：原材料——过滤网 400

贷：待处理财产损溢——待处理流动资产损溢 400

应由责任人赔偿 1 000 元

借：其他应收款——应收个人赔偿款 1 000

贷：待处理财产损溢——待处理流动资产损溢 1 000

扣除残余价值和过失人赔偿，然后将净损失计入管理费用

借：管理费用 3 600

贷：待处理财产损溢——待处理流动资产损溢 3 600

第三种情况：属于自然灾害等非常原因造成的存货损毁，应先扣除处理收入（残料价值）、可以收回的保险赔偿和过失人赔偿，将净损失计入营业外支出。

【例 7.11】东方公司由于自然灾害损毁一批铜管产品，实际成本为 5 000 元，残余价值为 500 元。应由保险公司赔偿 3 500 元，相关会计处理如下：

批准前，调整产品账面实存数

借：待处理财产损溢——待处理流动资产损溢 5 000

贷：库存商品——铜管 5000

残料作价入库时

借：原材料 500

贷：待处理财产损溢——待处理流动资产损溢 500

应由保险公司赔偿 3 500 元

借：其他应收款——应收保险公司赔偿款 3 500

贷：待处理财产损溢——待处理流动资产损溢 3 500

扣除残余价值和保险公司赔偿，然后将净损失计入营业外支出

借：营业外支出 1 000

贷：待处理财产损溢——待处理流动资产损溢 1 000

本章小结

存货是指企业在日常活动中持有以备出售的产成品或商品，处于生产过程中的在产品、在生产过程或提供劳务过程中耗用的材料和物料等。确认存货的原则是法定所有权。

确定存货数量有定期盘存制和永续盘存制两种方法。影响存货入账价值的因素主要有买价及运杂费等。存货取得时的计价一般以历史成本（实际成本）为基础，发出的计价包括个别计价法、先进先出法、月末一次加权平均法、移动加权平均法。

存货的期末计价通常采用成本与可变现净值孰低法。存货清查可以定期或不定期地进行。对于清查结果的会计处理，应通过“待处理财产损溢”账户核算。

思考与练习

一、思考题

1. 什么是存货？存货的分类有哪些？

2. 存货的确认条件有哪些？

3. 存货的成本包括哪些内容？不同方式取得的存货其成本的确定需要注意哪些内容？

4. 外购材料按照实际成本和计划成本如何进行会计处理？

5. 存货发出计价方法有哪些？各自的优缺点及其适用范围是什么？

6. 发出存货的成本如何结转？

7. 什么是存货的可变现净值？计算可变现净值需要考虑哪些因素？

8. 期末存货清查方法有哪些？如何进行会计处理？

二、单项选择题

1. 企业持有存货的最终目的是（　　）。

A. 短期获利　　B. 生产经营的需要

C. 出售获利　　D. 优化企业资产结构的需要

2. 对期末存货采用成本与可变现净值孰低计价，其所体现的会计核算质量要求是（　　）

A. 及时性　　B. 相关性　　C. 重要性　　D. 谨慎性

3. 资产负债表日，企业应按照存货成本高于可变现净值的差额计提存货跌价准备，计入（　　）。

A. 管理费用　　B. 资产减值损失

C. 其他业务成本　　D. 营业外支出

4. 计提资产减值准备时，借记的账户是（　　）。

A. 营业外支出　　B. 管理费用　　C. 投资收益　　D. 资产减值损失

5. 某批发企业存货按实际成本进行日常核算。3 月初百货类商品结存 200 件，单价 4 元；3 月 2 日发出 150 件；3 月 5 日购入 200 件，单价 4.4 元；3 月 7 日发出存货 100 件。在对存货发出移动加权平均法的情况下，3 月 7 日结存存货的实际成本为（　　）元。

A. 628　　B. 648　　C. 1 032　　D. 1 080

6. 下列各项与存货相关的费用中，不应计入存货成本的是（　　）。

A. 材料采购过程中发生的装卸费　　B. 库存商品入库后发生的储存费用

C. 材料入库前发生的挑选整理费　　D. 材料采购过程中发生的保险费

7. 月末材料已经验收入库，但货款尚未支付，在这种情况下，如果发票账单当月末仍然未到达，应按照暂估价记账，贷记（　　）账户。

A. 应付账款　　B. 银行存款　　C. 原材料　　D. 在途物资

8. “材料成本差异”账户，期末如为借方，余额反映（　　）。

A. 节约差异　　B. 超支差异　　C. 无差异　　D. A 和 B

9. “制造费用”账户的余额，在月末分配记入（　　）账户。

A. 管理费用　　B. 生产成本　　C. 销售成本　　D. 销售费用

10. 下列项目中不构成产品成本的是（　　）。

A. 管理费用　　B. 制造费用　　C. 直接材料　　D. 直接人工

三、多项选择题

1. 下列选项中，属于存货的有（　　）。

A. 各种材料　　B. 在产品　　C. 产成品　　D. 半成品

E. 低值易耗品

2. 企业存货发生盘盈或盘亏，应先记入“待处理财产损溢”账户，待查明原因后分别转入（　　）。

A. 营业外支出　　B. 营业外收入　　C. 管理费用　　D. 其他应付款

E. 财务费用

3. 根据《企业会计准则》的规定，存货应同时满足（　　）两个条件时，才能予以确认。

A. 与该存货有关的经济利益很可能流入企业

B. 该存货的成本能够可靠地计量

C. 与该存货有关的经济利益很可能流出企业

D. 该存货的成本不能够可靠地计量

4.《企业会计准则第 1 号——存货》第 5 条规定：“存货应当按照成本进行初始计量。存货成本包括（　　）。”

A. 采购成本　　B. 加工成本

C. 其他成本　　D. 运输途中的非正常损失

5. 下列项目中，应计入材料采购成本的有（　　）。

A. 进口关税　　B. 运输途中合理损耗

C. 制造费用

D. 一般纳税人购入材料支付的可以抵扣的增值税

6. 企业外购的材料，如果按计划成本核算，应设置的账户是（　　）。

A.“原材料”　　B.“在途物资”

C.“材料成本差异 ”　　D.“材料采购”

7. 冲减存货跌价准备时，涉及的会计账户有（　　）。

A. 存货跌价准备　　B. 资产减值损失

C. 销售费用　　D. 管理费用

8. 存货采用先进先出法核算，在物价持续上涨时，会导致企业（　　）。

A. 期末存货价值升高　　B. 期末存货价值降低

C. 当期利润增加　　D. 当期利润减少

9. 存货存在（　　）情形，表明存货的可变现净值为零。

A. 已霉烂变质的存货

B. 已过期且无转让价值和存货

C. 生产中已不再需要，并且已无使用价值和转让价值的存货

D. 该存货的市场价格持续下跌，并且在可预见的未来无回升的希望

10. 下列方法中，属于存货发出计价方法的是（　　）。

A. 个别计价法　　B. 先进先出法

C. 加权平均法　　D. 移动加权平均法

E. 后进先出法

四、业务题

1. 目的：掌握存货发出计价方法。

资料：某公司20×4年7月A材料收、发、存资料如下：

（1）7月1日，期初结存A材料300千克，单价30元/千克。

（2）7月10日，购入A材料700千克，单价40元/千克，支付买价28 000元。

（3）7月15日，发出A材料800千克。

（4）7月20日，购入A材料500千克，单价50元/千克，支付买价25 000元。

（5）7月23日，发出A材料600千克。

（6）7月28日，购入A材料300千克，单价60元/千克，支付买价18 000元。

要求：（1）按"先进先出法"计算本月A材料的发出成本和月末结存成本。

（2）按"月末一次加权平均法"计算本月A材料的发出成本和月末结存成本。

2. 目的：掌握购销业务会计处理。

资料：20×4年1月1日，A公司按合同规定向B公司预付部分货款22 000元，10日后，B公司发出货物，并开出相关结算凭证，销售发票上标明，销售价款为52 000元，增值税为8 840元，当日收到A公司补付的款项，该货物成本为40 000元。

要求：请编制B公司的相关会计分录。

第 8 章　固定资产与无形资产

本章主要介绍非流动资产中固定资产的入账、折旧、盘盈、盘亏、处置及无形资产入账、摊销、减值、处置等的账务处理。通过本章的学习，了解无形资产的概念、分类及其确认、计量；理解固定资产的概念及计价、无形资产研发支出的会计处理；掌握固定资产入账、折旧、盘盈、盘亏和处置的账务处理。

8.1 固定资产概述

8.1.1　固定资产的概念与特征

固定资产是指为生产商品、提供劳务、出租或经营管理而持有的，使用寿命超过一个会计年度的有形资产。

从这一定义可以看出，作为企业的固定资产应具备以下两个特征：

（1）企业持有固定资产的目的，是为了生产商品、提供劳务、出租或经营管理的需要，而不像商品一样为了对外出售。这一特征是固定资产区别于商品等流动资产的重要标志。

（2）企业使用固定资产的期限较长，使用寿命一般超过一个会计年度。这一特征表明企业固定资产的收益期超过一年，能在一年以上的时间为企业创造经济效益。

8.1.2　固定资产分类

对固定资产进行科学合理的分类，是实现固定资产管理和正确组织固定资产核算的重要手段之一。根据不同的管理需要和核算要求以及不同的分类标准，对固定资产的分类主要有以下几种方法。

1．按经济用途分类

按固定资产的经济用途分类，可以分为经营用固定资产和非经营用固定资产。

经营用固定资产，是指直接服务于企业生产、经营过程的各种固定资产。如生产经营用的房屋、建筑物、机器、设备、器具、工具等。

非经营用固定资产，是指不直接服务于企业生产、经营过程的各种固定资产。如职工宿舍、食堂、浴室、理发室等使用的房屋、设备和其他固定资产等。

固定资产按经济用途分类，可以借以考核和分析企业固定资产的管理和利用情况，从而促进固定资产的合理配置，充分发挥其效用。

2．按使用情况分类

按固定资产使用情况分类，可以分为使用中的固定资产、未使用固定资产和不需用固定资产。

使用中的固定资产是指正在使用中的经营性和非经营性的固定资产，包括由于季节性经营或大修理等原因暂停使用的固定资产。

未使用固定资产是指已完成或已购建的尚未交付使用的新增固定资产，以及因进行改建、扩建等原因暂停使用的固定资产。

不需用固定资产是指本企业多余或不适用，需要调配处理的各种固定资产。

固定资产按使用情况进行分类，有利于企业掌握固定资产的使用情况，便于比较分析固定资产的利用效率，挖掘固定资产的使用潜力，促进固定资产的合理使用。

3．综合分类

按固定资产的经济用途和使用情况等综合分类，可以把企业的固定资产划分为以下七大类：生产经营用固定资产、非生产经营用固定资产、租出固定资产、不需用固定资产、未使用固定资产、土地和融资租入固定资产。

> **注意** 土地，主要是指由于历史遗留原因，已经估价单独入账的土地，因征地而支付的补偿款，应计入与土地有关的房屋、建筑物的价值内，不单独作为土地价值入账；企业取得的土地使用权通常应确认为无形资产，不能作为固定资产核算。

8.2 固定资产的确认与初始计量

8.2.1 固定资产的确认

固定资产在同时满足以下两个条件时，才能予以确认。

1．该固定资产包含的经济利益很可能流入企业

资产最基本的特征是预期能给企业带来经济利益，企业在确定固定资产时，需要判断该项固定资产真的有经济利益可能流入企业，并同时满足固定资产确认的其他条件，企业应将其确认为固定资产；否则不可将其确认为固定资产。

2．该固定资产的成本能够可靠地计量

成本能够可靠地计量，是资产确认的一项基本条件。企业在确定固定资产成本时必须取得确凿的证据，但是有时需要根据所获得的最新资料，对固定资产的成本进行合理的估算。

8.2.2 固定资产的初始计量

（1）外购固定资产的成本，包括购买价、进口关税和其他税费，使固定资产达到预定可使用状态前所发生的可归属于该项资产的运输费、装卸费、保险费、包装费和专业人员服务费等。

（2）自行建造固定资产的成本，由建造该项固定资产达到预定可使用状态前所发生的必要支出构成。

（3）投资者投入固定资产的成本，应当按照投资合同或协议约定的价值确定，但合同或协议约定价值不公允的除外。

（4）企业合并、非货币性交易、债务重组、融资租赁取得的固定资产的成本，由于企业合并、非货币性交易、债务重组和融资租赁等也会取得固定资产，它们的成本应根据具体情况和企业会计准则的规定采用不同的计量方法。

（5）接受捐赠的固定资产，如果捐赠方提供了有关凭据的，按凭据上表明的金额加上应当支付的相关税费，作为入账价值。如果捐赠方没有提供有关凭据，按以下顺序确定其入账价值：①同类或类似固定资产存在活跃市场的，按同类或类似固定资产的市场价格估计的金额，加上应当支付的相关税费，作为入账价值；②同类或类似固定资产不存在活跃市场的，按接受捐赠的固定资产的预计未来现金流量现值，作为入账价值。

如接受捐赠的是旧的固定资产，按依据上述方法确定的新固定资产价值，减去按该项固定资产的新旧程度估计的价值损耗后的余额，作为入账价值。

（6）盘盈的固定资产，如果同类或类似固定资产存在活跃市场的，按同类或类似固定资产的市场价格估计的金额，减去按该项固定资产的新旧程度估计的价值损耗后的余额，作为入账价值；如果同类或类似固定资产不存在活跃市场的，按项固定资产的预计未来现金流量现值，作为入账价值。

8.2.3 固定资产取得

1. 设置的账户

固定资产取得的核算，企业一般需要设置"固定资产""累计折旧""工程物资""在建工程"等账户。

"固定资产"账户核算企业所有固定资产的原价，借方登记增加的固定资产原价，贷方登记减少的固定资产原价，期末借方余额反映固定资产的账面原价。

"累计折旧"账户是"固定资产"账户的备抵调整账户，核算企业所提取的固定资产折旧及固定资产折旧的累计数额。期末贷方余额反映固定资产折旧的累计数。

"工程物资"账户核算企业库存的、用于建造或修理本企业固定资产工程项目的各种物资的实际成本。借方登记购入工程物资的实际成本，贷方登记领出工程物资的实际成本，期末借方余额反映企业库存工程物资的实际成本。

"在建工程"账户核算企业为建造或修理固定资产而进行的各项基建工程、安装工程、技术改造工程、大修理工程等所发生的实际支出，包括需要安装设备的价值。借方登记企业各项在建工程的实际支出，贷方登记完工工程转出的实际支出，期末借方余额反映尚未完工工程的实际成本。

2. 固定资产取得的会计处理

（1）购入固定资产

购入不需要安装的固定资产，是指固定资产购入后不需要安装可直接交付使用，按实际支付的买价、包装费、运输费、交纳的有关税金（不含可抵扣的增值税进项税额）等作为固定资产的入账价值。借记"固定资产""应交税费——应交增值税（进项税额）"账户，贷记"银行存款""其他应付款"等账户。

购入需要安装的固定资产，是指固定资产购入后需要安装才能交付使用。其取得成本包括实际支付的买价、包装费、运输费、交纳的有关税金（车辆购置税、耕地占用税等）以及安装过程中的安装成本。其会计处理是将实际支付的价款以及发生的安装费用先记入"在建工程”账户，借记“在建工程”，贷记“银行存款”“原材料”等账户；安装完工交付使用时，借记“固定资产”账户，贷记“在建工程”账户。

【例 8.1】东方公司购入不需安装的设备一台，价款 100 000 元，支付的增值税 17 000 元，另支付运输费 1 000 元，包装费 3 000 元，款项以银行存款支付。其会计处理如下：

借：固定资产　104 000
　　应交税费——应交增值税（进项税额）　17 000
　贷：银行存款　121 000

【例 8.2】东方公司购入一台需要安装的设备，取得的增值税的专用发票上注明买价为 50 000 元，增值税额为 8 500 元，支付装卸费 1 000 元，款项已通过银行转账支付；安装设备时，领用原材料一批，其账面成本为 3 000 元，应支付安装工人薪酬 2 600 元。设备安装完毕，达到预定可使用状态。其会计处理如下：

支付设备价款、税金、运输费时：

借：在建工程　51 000
　　应交税费——应交增值税（进项税额）　8 500
　贷：银行存款　59 500

领用本公司原材料，结算安装工人薪酬时：

借：在建工程　5 600
　贷：原材料　3 000
　　　应付职工薪酬　2 600

设备安装完毕交付使用时：

借：固定资产　56 600
　贷：在建工程　56 600

（2）投资者投入固定资产

投资者投入的固定资产，应当按照投资合同或协议约定的价值确定，但合同或协议约定价值不公允的除外。

【例 8.3】东方公司收到乙企业作为资本投入的不需要安装的机器一台。乙企业记录的该固定资产的账面原价为 100 000 元，已提折旧 20 000 元。东方公司接受投资时，双方同意按原固定资产的净值确认投资额。会计处理如下：

借：固定资产　80 000
　贷：股本　80 000

【例 8.4】东方公司接受 B 公司以一台设备进行投资，该台设备的原价为 600 000 元，已计提折旧 206 200 元，双方协商确认的价值为 423 800 元，占东方公司注册资本的 30%，东方公司注册资本为 1 000 000 元。会计处理如下：

借：固定资产　423 800
　贷：股本　300 000
　　　资本公积——股本溢价　123 800

（3）自建固定资产

自行建造的固定资产，按建造该项资产达到预定可使用状态前所发生的一切合理必要支出作为入账价值。自建固定资产应先通过“在建工程”账户核算，工程完工交付使用时，再从“在建工程”账户转入“固定资产”账户。企业自建固定资产，主要有自营和出包两种方式，由于采用的建造方式不同，其会计处理也不同。

① 自营工程是指企业自行经营施工工程和安装工程。购入工程物资时，借记“工程物资”账户，贷记“银行存款”账户。领用工程物资时，借记“在建工程”账户，贷记“工程物资”账户。在建工程领用本企业原材料时，借记“在建工程”账户，贷记“原材料”“应交税费——应交增值税（进项税额转出）”等账户。在建工程发生的其他费用（如分配工程人员工资等），借记“在建工程”账户，贷记“银行存款”“应付职工薪酬”等。自营工程完工交付使用时，按实际发生的全部支出，借记“固定资产”账户，贷记“在建工程”账户。

工程完工后剩余的工程物资，如转做本企业库存材料，则应按其实际成本进行结转，借记“原材料”账户，贷记“工程物资”账户。盘盈、盘亏、报废、毁损的工程物资，减去保险公司、过失人赔偿部分后的差额，工程项目尚未完工的，计入或冲减所建工程项目的成本；工程已经完工的，计入当期营业外支出。

注意　所建造的固定资产已达到预定可使用状态，但尚未办理竣工决算的，应当自达到预定可使用状态之日起，根据工程预算、造价或者工程实际成本等，按估计价值转入固定资产，并按规定计提固定资产折旧，待办理了竣工决算手续后再做调整；但对于已计提的折旧，不再追溯调整。

【例 8.5】东方公司自行建造仓库一座，购入为工程准备的各种物资 500 000 元，支付的增值税 85 000 元，款项以银行存款支付，厂房建设期间，先后领用工程物资 480 000 元，剩余工程物资转为该公司的存货。此外还领用本公司生产用原材料一批，实际成本为 52 000 元，购进该批原材料时支付的增值税进项税额为 8 840 元；支付工程人员薪酬 159 160 元。当年 5 月底，工程完工交付使用。会计处理如下：

购入为工程准备的物资时：

借：工程物资　585 000

　贷：银行存款　585 000

领用工程物资时：

借：在建工程——自营工程　480 000

　贷：工程物资　480 000

工程领用原材料时：

借：在建工程——自营工程　60 840

　贷：原材料　52 000

　　应交税费——应交增值税（进项税额转出）　8 840

支付工程人员薪酬时：

借：在建工程——自营工程　159 160

　贷：应付职工薪酬　159 160

工程完工交付使用，转入“固定资产”账户：

借：固定资产　700 000

　贷：在建工程——自营工程　700 000

② 出包工程的会计处理。出包工程是指企业通过招标等方式将工程项目发包给建造商，

由建造商组织施工的建筑工程和安装工程。企业按合同约定向建造商支付预付款或进度款时，借记“在建工程”账户，贷记“银行存款”账户；工程达预计可使用状态时，按实际发生的全部支出，借记“固定资产”账户，贷记“在建工程”账户。

8.3 固定资产折旧

8.3.1 固定资产折旧概述

固定资产的折旧是指企业的固定资产随着其磨损而逐渐转移的价值。企业应当在固定资产的使用寿命内，按照确定的方法对应计折旧额进行系统分摊，根据固定资产的性质和使用情况，合理确定固定资产的使用寿命和预计净残值。

企业应当对所有的固定资产计提折旧；但是，已提足折旧仍继续使用的固定资产和单独计价入账的土地等除外。

注意

依据上述规定，企业未使用、不需用以及修理期间停用的固定资产，均应计提折旧；融资租入的固定资产比照自有的固定资产核算，应当计提折旧；已达到预定可使用状态但尚未办理竣工决算的固定资产，需要按照估计价值确认为固定资产，也应计提折旧。但是，对于处于更新改造过程中的固定资产，由于其账面价值已经转入在建工程，因此不再计提折旧。

影响折旧的因素主要有以下几个方面。

（1）固定资产原价，是指固定资产的成本。

（2）预计净残值，是指假定固定资产预计使用寿命已满并处于使用寿命终了时的预期状态，企业目前从该项资产处置中获得的扣除预计处置费用后的金额。对预计净残值，会计准则强调了现值，即确定预计净残值时其金额应为其折现值。

（3）固定资产减值准备，是指固定资产已计提的固定资产减值准备累计金额。

（4）固定资产的使用寿命，是指企业使用固定资产的预计期间，或者该固定资产所能生产产品或提供劳务的数量。固定资产使用寿命的确定，应当考虑预计生产能力或实物产量、预计有形损耗和无形损耗、法律或者类似规定对资产使用的限制。

企业应当至少于每年年度终了，对固定资产的使用寿命、预计净残值和折旧方法进行复核。

注意

现行制度的规定：固定资产应当按月计提折旧。具体计提时，应以月初应计折旧的固定资产账面原价为依据，当月增加的固定资产，当月不提折旧；当月减少的固定资产，当月照提折旧，从下月起停止计提折旧。此外，固定资产提足折旧后，不管是否继续使用，均不再提取折旧；提前报废的固定资产，也不再补提折旧。

8.3.2 固定资产折旧方法

企业应当根据固定资产的性质和消耗方式，恰当地选用折旧方法。折旧方法可以采用年限平均法、工作量法、双倍余额递减法、年数总和法等。固定资产折旧方法的选用直接影响到企业成本、费用的计算，进而影响到企业的当期损益。因此，折旧方法的选用应当遵循会计信息计量的要求。折旧方法一经确定，不得随意变更，如需变更，应在会计报表附注中予以说明。

1．年限平均法

年限平均法又称直线法，是指固定资产的折旧均衡地分摊到各期的一种方法。采用这种方法计算的每期折旧额均是等额的。其计算公式如下：

年折旧额 =（原价–预计净残值）÷ 预计使用年限

（预计净残值 = 预计残值收入–预计清理费用）

月折旧额 = 年折旧额÷12

【例 8.6】东方公司一项固定资产原值为 120 000 元，预计使用年限为 10 年，预计残值收入 5 800 元，预计清理费用 1 000 元。试采用平均年限法计算该固定资产月折旧额。

年折旧额 =（120 000–5 800+1 000）÷10 = 11 520（元）

月折旧额 = 11 520÷12 = 960（元）

采用年限平均法计提折旧简便易行。但是，在各期固定资产负荷程度不相同的情况下，会造成各期折旧费用负担和固定资产实际损耗程度不相符，进而违背会计权责发生制的理念。

2．工作量法

工作量法是根据各个会计期间实际工作量计算每期应提折旧额的一种方法。其计算公式如下：

单位工作量折旧额 = 固定资产 ×（1–净残值率）÷ 预计总工作量

某项固定资产月折旧额 = 该项固定资产当月工作量 × 单位工作量折旧额

【例 8.7】东方公司新购置货运车一辆，原值 60 000 元，预计净残值率为 5%，预计行驶 400 000 公里，本月实际行驶 8 000 公里。试采用工作量法确定本月应计提折旧。

单位工作量折旧额 = 60 000 ×（1–5%）÷ 400 000 = 0.1425（元）

本月折旧额 = 8 000 × 0.1425 = 1 140（元）

很显然，采用工作量法计提固定资产折旧，某期的工作量相对较大，该期负担的折旧费用相对就较多，这就大大增强了各期折旧费用负担和固定资产实际损耗程度的相关性。

注意

年限平均法和工作量法是固定资产折旧计算的两种传统的方法，以下进一步介绍双倍余额递减法和年数总和法这两种加速折旧的方法。所谓加速折旧法，是指在固定资产使用的早期多提折旧、在其使用的后期少提折旧的一类折旧的计提方法。在实际工作中，加速折旧法能够更好地满足固定资产提前更新的需要。

3．双倍余额递减法

双倍余额递减法是在不考虑固定资产预计净残值的情况下，根据每期期初固定资产账面净值（固定资产账面余额减累计折旧）和双倍的直线法折旧率计算固定资产折旧的一种方法。其计算公式如下：

$$年折旧率=\frac{2}{预计使用年限}\times 100\%$$

年折旧额＝固定资产账面净值×年折旧率

月折旧率＝年折旧率÷12

月折旧额＝固定资产账面净值×月折旧率

> **注意** 由于每年年初固定资产净值没有扣除预计净残值，而对固定资产计算折旧额时又不能使固定资产的账面折余价值降低到其预计净残值以下，因此，在我国现行会计实务中，采用双倍余额递减法计提固定资产折旧时，应在其折旧年限到期前两年内，将固定资产净值扣除预计净残值后的余额平均摊销。

【例 8.8】东方公司于 20×5 年 12 月 6 日购入电子设备一台，当月投入使用。设备原价 100 000 元，预计使用年限为 5 年，预计净残值率为 4%。采用双倍余额递减法计算年折旧额。假设不考虑其他因素，东方公司每年折旧额计算如下：

$$年折旧率=\frac{2}{5}\times 100\%=40\%$$（不考虑残值）

20×6 年应提的折旧额＝100 000×40%＝40 000（元）

20×7 年应提的折旧额＝（100 000–40 000）×40%＝24 000（元）

20×8 年应提的折旧额＝（100 000–40 000－24 000）×40%＝14 400（元）

从 20×9 年起改按年限平均法计提折旧：

20×9 年和 2×10 年应提的折旧额＝（100 000–40000－24000–14400–100 000×4%）÷2
＝8800（元）

4．年数总和法

年数总和法，是指将固定资产的原值减去预计净值后的余额，乘一个逐年递减的分数计算每年的折旧额，这个分数的分子代表固定资产尚可使用的年数，分母代表使用的年数的逐年数字之和。计算公式如下。

$$年折旧率=\frac{尚可使用年限}{预计使用年限的逐年数字之和}\times 100\%$$

年折旧额＝（原价–预计净残值）×年折旧率

月折旧率＝年折旧率÷12

月折旧额＝（原价–预计净残值）×月折旧率

【例 8.9】沿用上例，采用年数总和法计算各年折旧额，东方公司每年折旧额计算如下：

20×6 年应提的折旧额＝（100 000–4 000）×5/15＝32 000（元）

20×7 年应提的折旧额＝（100 000–4 000）×4/15＝25 600（元）

20×8 年应提的折旧额＝（100 000–4 000）×3/15＝19 200（元）

20×9 年年应提的折旧额＝（100 000–4 000）×2/15＝12 800（元）

2×10 年应提的折旧额＝（100 000–4 000）×1/15＝6 400（元）

8.3.3 固定资产折旧的会计处理

固定资产折旧应当按照谁受益谁承担的原则进行会计处理。应设置“累计折旧”账户进行核算，“累计折旧”账户属于“固定资产”账户的调整账户，核算企业所提取的固定资产折旧及固定资产折旧的累计数额。期末贷方余额反映企业固定资产折旧的累计数。企业计提固定资产折旧时，借记“制造费用”“销售费用”“管理费用”“生产成本”等账户，贷记“累计折旧”账户。

固定资产应当按月计提折旧。具体计提时，应以月初应计折旧的固定资产账面原价为依据，当月增加的固定资产，当月不提折旧；当月减少的固定资产，当月照提折旧，从下月起停止计提折旧。此外，固定资产提足折旧后，不管是否继续使用，均不再提取折旧；提前报废的固定资产，也不再补提折旧。

【例 8.10】东方公司 20×5 年 6 月期初固定资产原值为 8 000 万元，6 月新增加固定资产原值为 20 万元，6 月报废减少固定资产原值为 50 万元，固定资产月折旧率为 1%，求 6 月固定资产折旧额。若 7 月又新增加固定资产原值为 50 万元，报废减少固定资产原值为 20 万元，则 7 月固定资产折旧额又是多少？

当月固定资产应计提的折旧额 = 上月固定资产计提的折旧额 + 上月增加固定资产应计提的折旧额–上月减少固定资产应计提的折旧额

6 月固定资产折旧额 = 8 000 × 1% = 80（万元）

7 月固定资产折旧额 =（8 000 + 20–50）× 1% = 7 970 × 1% = 79.7（万元）

8.4 固定资产的后续支出

固定资产的后续支出是指企业为了维护或提高固定资产的使用效能，而对资产进行维护、改建、扩建或者改良所发生的开支，如生产设备的日常维修、定期大修，房屋装修等发生的支出。固定资产后续支出的处理原则是：与固定资产有关的后续支出，符合固定资产确认条件的，应当计入固定资产成本；否则，应当在发生时计入当期损益。会计准则规定，与固定资产有关的后续支出，如果使可能流入企业的经济利益超过了原先的估计，如延长了固定资产的使用寿命，或者使产品质量实质性提高，或者使产品成本实质性降低，则应当计入固定资产账面价值。在具体实务中，固定资产改良支出通常应资本化，计入固定资产成本，日常维修费用计入当期损益。

企业固定资产发生资本化的后续支出时，首先应将相关固定资产的原价、已计提的累计折旧和减值准备转销，将固定资产的账面价值转入在建工程，并停止计提折旧，发生的支出通过“在建工程”账户核算，待工程完工并达到预定可使用状态时，再从在建工程转为固定资产，并按重新确定的使用寿命、预计净残值和折旧方法计提折旧。

【例 8.11】20×5 年 5 月 19 日，东方公司对现有的一台管理用设备进行修理，修理过程中发生应支付维修人员的工资为 27 600 元，应计提的福利费为 3 864 元，不考虑其他相关税费。

借：管理费用　　31 464

　贷：应付职工薪酬　　31 464

8.5 固定资产减值与处置

8.5.1 固定资产的减值

由于企业经营环境的变化和科学技术的进步，或者企业经营管理不善等原因，往往导致固定资产创造未来经济利益的能力大大下降，使得固定资产可收回金额低于其账面价值，即发生固定资产减值。因此，企业应当于期末对固定资产进行检查，若发现某一固定资产发生减值，应当计提相应的减值准备。

企业应设置“固定资产减值准备”账户核算固定资产的期末减值。企业发生固定资产减值时，借记“资产减值损失——计提的固定资产减值准备”账户，贷记“固定资产减值准备”账户。固定资产减值准备一旦确认，以后期间不得转回，从而大大缩减了企业由此操纵在不同会计期间盈亏转移和调剂的空间。

8.5.2 固定资产的处置

企业在生产经营过程中，可能将不适用或不需要的固定资产对外出售转让，或因磨损、技术进步等原因对固定资产进行报废，或因遭受自然灾害而对毁损的固定资产进行处理等。企业持有待售的固定资产，应当对其预计净残值进行调整。

企业出售、转让、报废固定资产或发生固定资产损毁，应当将处置收入扣除账面价值和相关税费后的金额计入当期损益。固定资产的账面价值是固定资产成本扣减累计折旧和累计减值准备后的余额。

企业因出售、报废、毁损等原因引起的固定资产的减少应设置“固定资产清理”账户核算。“固定资产清理”账户核算企业因出售、报废和毁损等原因转入清理的固定资产价值及其在清理过程中发生的清理费用和清理收入等。借方登记转入清理的固定资产净值和发生的费用等，贷方登记清理固定资产的变价收入等，期末余额反映企业尚未清理完毕固定资产的价值以及清理净收入（清理收入减去清理费用）。

具体核算时，应包括以下几个环节。

（1）固定资产转入清理。企业出售、报废和毁损的固定资产转入清理时，应按清理固定资产的账面价值，借记“固定资产清理”账户，按已提折旧，借记“累计折旧”账户（如果已提固定资产减值准备的，还应按已提的减值准备，借记“固定资产减值准备”账户），按固定资产原价，贷记“固定资产”账户。

（2）发生的清理费用。固定资产清理过程中发生的清理费用（如支付清理人员的工资等），借记“固定资产清理”账户，贷记“银行存款”等账户。

（3）计算交纳的营业税。企业销售房屋、建筑物等不动产，按照税法的有关规定，应按其销售额计算交纳营业税。计算的营业税应记入“固定资产清理”账户，借记“固定资产清理”账户，贷记“应交税费——应交营业税”账户。

（4）出售收入和残料等处理。企业收回出售固定资产的价款、报废固定资产的残料价值和变价收入等，应冲减清理支出，按实际收到的出售价款及回收残料等，借记“银行存款”“原材料”等账户，贷记“固定资产清理”账户。

（5）保险赔偿的处理。企业计算或收到的应由保险公司或过失人赔偿的报废、毁损固定资产的损失，应冲减清理支出，借记“银行存款”或“其他应收款”账户，贷记“固定资产清理”账户。

（6）清理净损益的处理。固定资产清理后的净收益，属于生产经营期间的，计入当期损益，借记“固定资产清理”账户，贷记“营业外收入”账户；固定资产清理后的净损失，属于生产经营期间的，借记“营业外支出”账户，贷记“固定资产清理”账户。

【例 8.12】东方公司出售一间厂房，原值 100 000 元，已使用 5 年，累计折旧为 50 000 元，已计提 2 000 元的减值准备。出售过程中支付清理费用 1 000 元，收到价款 45 000 元。在不考虑相关税费的情况下进行固定资产清理的会计处理。

将固定资产转入清理时：

借：固定资产清理	48 000	
累计折旧	50 000	
固定资产减值准备	2 000	
贷：固定资产		100 000

支付清理费用时：

借：固定资产清理	1 000	
贷：银行存款		1 000

收到变价收入时：

借：银行存款	45 000	
贷：固定资产清理		45 000

结转清理损益时：

清理净损失 = 48 000 + 1 000−45 000 = 4 000（元）

借：营业外支出——处理固定资产净损失	4 000	
贷：固定资产清理		4 000

8.6　无形资产

8.6.1　无形资产概述

1．无形资产的确认条件

无形资产指企业拥有或者控制的没有实物形态的可辨认非货币性资产。

资产满足下列条件之一的，符合无形资产定义中的可辨认性标准。

（1）能够从企业中分离或者划分出来，并能够单独或者与相关合同、资产或负债一起，用于出售、转移、授予许可、租赁或者交换。

（2）源自合同性权利或其他法定权利，无论这些权利是否可以从企业或其他权利和义务中转移或者分离。

无形资产同时满足下列条件的，才能予以确认。

（1）与该无形资产有关的经济利益很可能流入企业。

资产最基本的特征是预期能给企业带来经济利益；如果某一项目预期不能给企业带来经济利益，就不能确认为企业的资产。对无形资产的确认来说，如果某一无形资产预期不能给企业带来经济利益，就不能确认为企业的无形资产。在实务工作中，首先，需要判断该项无形资产所包含的经济利益是否很可能流入企业。

（2）该无形资产的成本能够可靠的计量。

2．无形资产的内容

无形资产包括专利权、非专利技术、商标权、著作权、特许权和土地使用权等。

（1）专利权

专利权是指权利人在法定期限内对某一发明创造所拥有的独占权和专有权。它给予持有者独家使用或控制某项发明的特殊权利。

（2）非专利技术

非专利技术也称专有技术，是指不为外界所知、在生产经营活动中已采用了的、不享有法律保护的各种技术和经验。非专利技术并不是专利法的保护对象，专有技术所有人依靠自我保密的方式来维持其独占性，可以用于转让和投资。

（3）商标权

商标是用来辨认特定的商品或劳务的标记。商标权是指专门在某类指定的商品或产品上使用特定的名称或图案的权利。商标经过注册登记，就获得了法律的保护。《中华人民共和国商标法》明确规定，经商标局核准注册的商标为注册商标，商标注册人享有商标专用权，受法律的保护。商标权的内容包括独占使用权和禁止使用权两个方面。我国商标法规定，商标的有效使用年限为10年，期满前可继续申请延长注册期。

（4）著作权

著作权又称版权，是指作者对其创作的文学、科学和艺术作品依法享有的某种特殊权利。著作权包括两方面的权利，即精神权利（人身权利）和经济权利（财产权利）。前者指作品的署名、发表作品、确认作者身份、保护作品的完整性。修改以及发表的作品等各项权利，包括发表权、署名权、修改权和保护作品完整权；后者指以出版、表演、广播、展览、录制唱片、摄制影片等方式使用作品以及因授权他人使用作品而获得经济利益的权利。

（5）特许权

特许权，又称经营特许权、专营权，是指企业在某一地区经营或销售某种特定商品的权利或是一家企业使用其商标、商号、技术秘密等的权利。

（6）土地使用权

土地使用权是指国家准许某一企业或单位在一定期间内对国有土地享有开发、利用、经营的权利。

注意

企业取得土地使用权的情况有所不同，有的取得土地使用权时可能不花任何代价，如企业拥有的并未入账的土地使用权，企业对于这样的土地使用权是不能作为无形资产入账核算的。有的是企业花费了一定的代价取得的，在这种情况下，应将取得时发生的支出资本化，作为土地使用权的成本，记入“无形资产”账户。

8.6.2 无形资产的计量

（1）外购无形资产的成本，包括购买价款、相关税费以及直接归属于使该项资产达到预定用途所发生的其他支出。购买无形资产的价款超过正常信用条件延期支付，实质上具有融资性质，无形资产的成本以购买价款的现值为基础确定。实际支付的价款与购买价款的现值之间的差额，除按规定应予资本化的以外，应当在信用期间内计入当期损益。

（2）自行开发的无形资产，其成本包括自满足会计准则规定的相关条件后至达到预定用途前所发生的支出总额，但是对于以前期间已经费用化的支出不再调整。

（3）投资者投入无形资产的成本，应当按照投资合同或协议约定的价值确定，但合同或协议约定价值不公允的除外。

8.6.3 无形资产的会计处理

为了核算无形资产的取得、摊销和转让等情况，企业应设置“无形资产”账户。该账户借方登记取得无形资产的实际成本，贷方登记出售无形资产转出的无形资产账面余额，期末借方余额反映企业无形资产的成本。该账户应按无形资产类别设置明细账，进行明细核算。

1. 无形资产取得

企业的无形资产在取得时，应按取得时的实际成本计量。企业取得无形资产的主要方式有购入、自行开发和投资者投入等。取得的方式不同，其会计处理也有所差别。

（1）购入的无形资产

企业购入的无形资产，应按实际支出的价款入账，借记“无形资产”账户，贷记“银行存款”等账户。

（2）自行开发的无形资产

企业内部研究开发项目所发生的支出应区分研究阶段支出和开发阶段支出。研究费用依然是费用化处理，进入开发程序后，对开发过程中的费用如果符合相关条件，就可以资本化。

为核算企业进行研究与开发无形资产，企业应设置“研发支出”账户，不满足资本化条件的，计入“研发支出——费用化支出”；满足资本化条件的，计入“研发支出——资本化支出”。

【例 8.13】东方公司正在研究和开发一项新工艺，20×5 年 1 月至 9 月发生的各项调查研究试验等费用 100 万元，10 月至 12 月发生材料人工等各项支出 50 万元，在 20×5 年 9 月末，该公司已经可以证实该项新工艺必然开发成功，并满足无形资产确认标准。20×6 年 1 月至 6 月又发生材料费用、工资等支出 250 万元。20×6 年 6 月末，该项新工艺完成，达到了预计可使用状态。该公司可以确定，20×5 年 10 月 1 日是该项无形资产的确认标准满足日。相关会计处理如下：

20×5 年 10 月以前发生研究支出：

借：研发支出——费用化支出	1 000 000	
贷：应付职工薪酬等		1 000 000

期末时，应将费用化的支出予以结转：

借：管理费用	1 000 000	
贷：研发支出——费用化支出		1 000 000

20×5 年 10 月以后发生研究支出，会计分录如下：

借：研发支出——资本化支出　　500 000

　贷：应付职工薪酬等　　500 000

借：研发支出——资本化支出　　2 500 000

　贷：应付职工薪酬等　　2 500 000

20×6 年，该项新工艺完成：

借：无形资产　　3 000 000

　贷：研发支出——资本化支出　　3 000 000

（3）接受投资者投入的无形资产

投资者投入的无形资产，应当按照投资合同或协议约定的价值确定，但合同或协议约定价值不公允的除外。

2．无形资产摊销

企业应当于取得无形资产时分析判断其使用寿命。无形资产的使用寿命为有限的，应当估计该使用寿命的年限或者构成使用寿命的产量等类似计量单位数量；无法预见无形资产为企业带来经济利益期限的，应当视为使用寿命不确定的无形资产。

使用寿命有限的无形资产，其应摊销金额应当在使用寿命内系统、合理摊销。企业摊销无形资产，应当自无形资产可供使用时起，至不再作为无形资产确认时止。企业选择的无形资产摊销方法，应当反映与该项无形资产有关的经济利益的预期实现方式。无法可靠确定预期实现方式的，应当采用直线法摊销。无形资产的摊销金额一般应当计入当期损益。

无形资产的应摊销金额为其成本扣除预计残值后的金额。已计提减值准备的无形资产，还应扣除已计提的无形资产减值准备累计金额。

阅读

企业至少应当于每年年度终了，对使用寿命有限的无形资产的使用寿命及摊销方法进行复核。无形资产的使用寿命及摊销方法与以前估计不同的，应当改变摊销期限和摊销方法。

企业应当在每个会计期间对使用寿命不确定的无形资产的使用寿命进行复核。如果有证据表明无形资产的使用寿命是有限的，应当估计其使用寿命，并按会计准则规定处理。

【例 8.14】东方公司购买了一项特许权，成本为 4 800 000 元，合同规定收益年限为 10 年，东方公司每月应摊销 40 000 元（4 800 000÷10÷12＝40 000）。每月摊销时，东方公司应做如下会计处理：

借：管理费用　　40 000

　贷：累计摊销　　40 000

3．无形资产处置

企业所拥有的无形资产，可以依法处置。企业应当将取得的价款扣除该无形资产账面价值以及出售相关税费后的差额计入营业外收入或营业外支出。

【例 8.15】东方公司将其购买的一项专利权转让给利阳公司，该专利权的成本为 600 000 元，已摊销 220 000 元，应交税费 25 000 元，实际取得的转让价款为 500 000 元，款项已存入银行。东方公司应做如下会计处理：

借：银行存款　500 000
　　累计摊销　220 000
　贷：无形资产　600 000
　　　应交税费　25 000
　　　营业外收入　95 000

4．无形资产的减值

无形资产在资产负债表日可能存在发生减值的迹象时，其可收回金额低于账面价值的，企业应当将该无形资产账面减值减记至可收回金额，减记的金额确认为减值损失，计入当期损益，同时计提相应的资产减值准备，按应减记的金额，借记“资产减值损失——计提的无形资产减值准备”账户，贷记“无形资产减值准备”账户。无形资产减值损失一经确认，在以后的会计期间不得转回。

本章小结

固定资产是指为生产商品、提供劳务、出租或经营管理而持有的，使用寿命超过一个会计年度的有形资产。

固定资产取得的核算，企业一般需要设置“固定资产”“累计折旧”“工程物资”“在建工程”等账户。

固定资产的折旧是指企业的固定资产随着其磨损而逐渐转移的价值。企业应当在固定资产的使用寿命内，按照确定的方法对应计折旧额进行系统分摊，根据固定资产的性质和使用情况，合理确定固定资产的使用寿命和预计净残值。折旧方法可以采用年限平均法、工作量法、双倍余额递减法、年数总和法等，其中双倍余额递减法和年数总和法是两种加速折旧的方法，实际工作中，加速折旧法能够更好地满足固定资产提前更新的需要。

固定资产的后续支出应区分资本化和费用化两种情况分别处理。

企业因出售、报废、毁损等原因引起的固定资产的减少应设置“固定资产清理”账户核算。

无形资产指企业拥有或者控制的没有实物形态的可辨认非货币性资产。无形资产包括专利权、非专利技术、商标权、著作权、特许权和土地使用权等。企业内部研究开发项目所发生的支出应区分研究阶段支出和开发阶段支出。自行开发无形资产时，研究费用需费用化处理，进入开发程序后，对开发过程中的费用如果符合相关条件，可以资本化处理。

思考与练习

一、思考题

1. 什么是固定资产？其特征是什么？
2. 不同方式取得的固定资产如何进行初始计量？
3. 固定资产计提折旧的方法有哪些？哪些属于加速折旧方法？
4. 处置固定资产是如何核算的？
5. 什么是无形资产？无形资产有哪些基本特点？

6. 无形资产的取得方式有哪些？如何确定自行研发无形资产的入账成本？

7. 如何划分研究支出和开发支出？各自在会计确认和计量上有什么不同？

8. 无形资产的摊销方法有哪些？如何进行会计处理？

二、单项选择题

1. 购入需要安装的固定资产，首先应通过（　　）账户核算。

A. 在建工程　　B. 固定资产　　C. 存货　　D. 工程物资

2. 单独估价入账的土地，应通过（　　）账户核算。

A. 在建工程　　B. 固定资产　　C. 无形资产　　D. 土地

3. 应对以下（　　）固定资产计提折旧。

A. 当月新增加的固定资产　　B. 已提足折旧仍继续使用的固定资产

C. 单独计价入账的土地　　D. 当月新减少的固定资产

4. 通过“固定资产清理”账户核算的处置固定资产的净收益，最终应转入的账户是（　　）。

A. 销售费用　　B. 营业外支出　　C. 制造费用　　D. 营业外收入

5. 企业出售固定资产收取的价款应贷记（　　）账户。

A. 营业外支出　　B. 营业外收入　　C. 资本公积　　D. 固定资产清理

6. 一台机器设备原值 10 000 元，估计净残值 500 元，预计可使用 10 年，按直线法计提折旧，则第 7 年应计提折旧为（　　）元。

A. 1 000　　B. 900　　C. 950　　D. 800

7. 工业企业让渡无形资产使用权形成的租金收入，记入（　　）账户。

A. 营业外收入　　B. 其他业务收入

C. 冲减营业外支出　　D. 主营业务收入

8. 关于内部研究开发费用的确认和计量，下列说法中正确的是（　　）。

A. 企业研究阶段的支出应全部费用化，计入当期损益

B. 企业研究阶段的支出应全部资本化，计入无形资产成本

C. 企业开发阶段的支出应全部费用化，计入当期损益

D. 企业开发阶段的支出应全部资本化，计入无形资产成本

9. 企业进行研究与开发无形资产过程中发生的各项支出，应计入的会计账户是（　　）。

A. 管理费用　　B. 无形资产　　C. 研发支出　　D. 销售费用

10. 无形资产是指企业拥有或控制的没有实物形态的可辨认非货币性资产。无形资产不包括的内容有（　　）。

A. 专利权　　B. 非专利技术　　C. 土地使用权　　D. 商誉

三、多项选择题

1. 企业的固定资产应具备的特征有（　　）。

A. 生产经营而需要　　B. 固定资产的使用期限至少 1 年

C. 对外出售获取收益　　D. 单位价值较高

2. 固定资产应同时满足以下（　　）两个条件时，才能予以确认。

A. 该固定资产包含的经济利益很可能流出企业

B. 该固定资产的成本不能够可靠地计量

C. 该固定资产包含的经济利益很可能流入企业

D. 该固定资产的成本能够可靠地计量

3. 下列各项中，会引起固定资产账面价值发生变化的有（　　）。

A. 计提固定资产减值准备　　B. 计提固定资产折旧

C. 固定资产改扩建　　D. 固定资产大修理

4. 计提固定资产折旧应借记的账户有（　　）。

A. 制造费用　　B. 销售费用　　C. 管理费用　　D. 其他业务成本

5. 通过“固定资产清理”账户核算的处置固定资产的净损益，可能转入的账户有（　　）。

A. 销售费用　　B. 营业外支出　　C. 制造费用　　D. 营业外收入

6. 影响固定资产折旧金额的因素有（　　）。

A. 固定资产原价　　B. 固定资产预计净残值

C. 固定资产减值准备　　D. 固定资产的使用寿命

7. 固定资产计提折旧的方法有（　　）。

A. 直线法　　B. 工作量法　　C. 双倍余额递减法　　D. 年数总和法

8. 下列选项中，属于无形资产的有（　　）。

A. 专利权　　B. 商标权　　C. 土地使用权　　D. 商誉

9. 企业的下列资产中，可以单独对外转让的有（　　）。

A. 专利权　　B. 商标权　　C. 土地使用权　　D. 商誉

10. 外购无形资产的成本包括（　　）。

A. 购买价格　　B. 进口关税　　C. 其他相关成本

D. 可直接归属于使该项无形资产达到预定用途所发生其他支出

四、业务题

1. 目的：掌握固定资产计提折旧的方法。

资料：甲公司为一般纳税人，适用增值税税率 17%。20×1 年 1 月购入生产设备一台，价款 3 200 000 元，增值税 544 000 元，运杂费 31 000 元，立即投入安装。安装中领用工程物资 234 000 元；领用库存商品的实际成本为 160 000 元，市场售价 200 000 元（不含税）。20×1 年 3 月安装完毕投入使用，该设备预计使用 5 年，预计净残值为 120 000 元。

要求：（1）计算安装完毕投入使用固定资产成本。

（2）确定开始计提折旧的时间。

（3）采用年限平均法计算 20×1 年、20×2 年该项固定资产的年折旧额。

2. 目的：无形资产业务。

资料：20×4 年甲公司无形资产发生以下业务：

（1）接受 A 公司投资的某项专利权，双方作价 120 000 元作为投入资本。

（2）经研究决定，上述专利权的摊销期限为 8 年，从使用月份开始按月摊销。

（3）假设甲公司将取得的上项专利权使用 6 个月后转让给其他单位，取得价款 115 000 元存入银行，营业税税率为 5%。

要求：编制取得、摊销、处置专利权的会计分录。

课堂测试题 2

班级______________　学号____________　姓名______________

一、单项选择题（20 分，每小题 2 分）

1. 下列可以用现金支付的是（　　）。

A. 购入固定资产，支付款项 20 000 元　　B. 偿还所欠债务，金额为 80 000 元

C. 向一般纳税人购入原材料，支付款项 234 000 元

D. 职工甲报销差旅费 500 元

2. 企业现金清查中，发现库存现金较账面余额短缺 500 元，在未查明原因前，应借记（　　）账户。

A. 营业外支出　　B. 待处理财产损溢

C. 管理费用　　D. 其他应收款

3. 下列资产中，不属于存货范围的是（　　）。

A. 在途材料　　B. 委托加工物资　　C. 库存商品　　D. 生产用厂房

4. 当物价上涨时，存货计价采用先进先出法，会出现的情况是（　　）。

A. 高估企业当期销货成本　　B. 低估企业当期利润

C. 高估期末存货价值　　D. 低估期末存货价值

5. A 公司一台设备采用工作量法计提折旧，原价为 1 530 000 元，预计生产产品产量为 500 万件，预计净残值为 30 000 元，某月生产产品 6 万件。则该台机器设备的月折旧额为（　　）元。

A. 17 360　　B. 18 000　　C. 18 590　　D. 18 720

6. 根据长期股权投资准则，长期股权投资采用权益法核算时，下列各项不会引起长期股权投资账面价值减少的是（　　）。

A. 被投资单位计提盈余公积　　B. 被投资单位发生净亏损

C. 被投资单位其他资本公积减少　　D. 被投资单位宣告发放现金股利

7. 非同一控制下企业合并取得的长期股权投资，投资成本是（　　）。

A. 支付合并对价的账面价值　　B. 支付非现金资产的账面价值

C. 股权投资的公允价值　　D. 占被投资方净资产的份额

8. 由于自然灾害等原因造成的固定资产报废或毁损，用固定资产账面净值减去残料价值和过失人或保险公司等赔款后的净损失，应借记（　　）账户。

A. 在建工程　　B. 待处理财产损溢　　C. 营业外支出　　D. 固定资产清理

9. 下列资产，不具有可辨认性的是（　　）。

A. 专利权　　B. 商标权　　C. 著作权　　D. 商誉

10. 企业预付货款业务不多的，可以不设置“预付账款”账户，收到预付货款时直接将预付的货款记入（　　）账户的贷方。

A. 其他应收款　　B. 其他应付款　　C. 应收账款　　D. 应付账款

二、多项选择题（20 分，每小题 2 分）

1. 下列不通过“银行存款”核算的有（　　）。

A. 外埠存款　　B. 银行本票存款　　C. 银行汇票存款　　D. 支票存款

2. 外购存货的成本包括（　　）

A. 购买价款　　B. 运输费　　C. 装卸费　　D. 增值税进项税额

3. 计提存货跌价准备时，涉及的会计账户有（　　）。

A. 存货跌价准备　　B. 销售费用　　C. 资产减值损失　　D. 管理费用

4. “其他应收款”核算的范围包括（　　）。

A. 为购货单位垫付的运费　　B. 应收的各种罚款

C. 存出保证金　　D. 应收取的为职工垫付房租

5. 企业采用备抵法进行坏账核算时，估计坏账损失的方法有（　　）。

A. 应收款项余额百分比法　　B. 账龄分析法

C. 赊销百分比法　　D. 双倍余额递减法

6. 下列固定资产应计提折旧的有（　　）。

A. 融资租入的固定资产　　B. 按规定单独估价作为固定资产入账的土地

C. 不需用的固定资产　　D. 已提足折旧仍继续使用的固定资产

7. 长期股权投资采用权益法核算时，“长期股权投资”科目下应设置的明细科目有（　　）。

A. 成本　　B. 损益调整　　C. 其他权益变动　　D. 公允价值变动

8. 交易性金融资产公允价值的变动金额应记入（　　）账户。

A. 投资收益　　B. 公允价值变动损益

C. 交易性金融资产——公允价值变动　　D. 营业外收入

9. “持有至到期投资”账户下应设置的明细账户有（　　）。

A. 成本　　B. 公允价值变动　　C. 利息调整　　D. 应计利息

三、业务题（本大题共计 60 分）

1. 甲公司为工业生产企业，20×5 年有关金融资产业务如下：

（1）4 月 8 日，销售产品一批，货款 200 000 元，款项尚未收到，增值税率为 17%。

（2）4 月 18 日，收到购货单位交来的 4 个月期商业汇票一张，面值为 234 000 元，抵付货款。

（3）5 月 9 日，销售产品一批，销售价格 80 000 元，增值税率 17%，货款未收，现金折扣条件为 2/10，n/30（按产品价格计算折扣），采用总价法核算。

（4）6 月 7 日，收到 5 月 9 日销货款。

（5）6 月 4 日，向胜利公司预付购买材料款 46 800 元。

（6）7 月 8 日，收到胜利公司交来的材料，货款 40 000 元，增值税 6 800 元。

（7）10 月 5 日，以银行存款购入 A 公司股票 40 000 股，作为交易性金融资产持有，每股买价 15 元，同时支付相关税费 3000 元。

（8）12 月 31 日，A 股票每股市价为 17 元。

要求：根据上述资料编制相关会计分录。

2. 世纪公司提前报废一台设备，该设备原价 50 000 元，预计使用年限 5 年，已使用 4 年，年限平均法计提折旧，预计净残值为 0，已计提减值准备 2 000 元。报废过程中，以银行存款支付清理费用 5 000 元，取得残料变价收入 2 000 元。

要求：根据上述资料编制相关会计分录。

3. 某企业 2011 年年末应收账款余额为 800 000 元，坏账提取比例为 4%。2012 年发生坏账损失 4 000 元，该年年末应收账款余额为 980 000 元。2013 年发生坏账损失 12 000 元，上年已冲销的应收账款中有 2 000 元本年度又收回。该年度末应收账款余额为 600 000 元。

要求：（1）计算各年提取的坏账准备金额。

（2）编制相关会计分录。

第9章 负 债

本章阐述了负债的核算。通过本章的学习，要求理解“应交税费”科目的用法及其法律依据；重点掌握流动负债和非流动负债的会计处理。

企业的负债是一种重要的资金来源，合理而有效地加以运用，会给企业带来较好的经济效益，提高企业资金的运用效果。适当的负债经营是现代企业生产经营管理的普遍方式。因此，正确、合理地确认、计量和报告企业的负债，既是财务会计核算的重要内容之一，也有利于正确反映企业的财务状况以及财务状况变动，从而为投资者提供预测企业未来现金流量、偿债能力、投资风险等方面的决策信息。

负债按其流动性可以分为流动负债和非流动负债。流动负债主要包括短期借款、应付账款、应付票据、预收账款、应交税费、应付职工薪酬、应付股利、应付利息、其他应付款等。流动负债以外的负债为非流动负债，主要包括长期借款、应付债券等。

9.1 流动负债

9.1.1 短期借款

短期借款是企业向银行或其他金融机构等借入的期限在 1 年以内（含 1 年）的各种借款。短期借款一般是企业为维持正常的生产经营所需的资金而借入的或者为抵偿某项债务而借入的。企业向银行或其他金融机构等借入的各种借款，不论是用于企业的生产经营过程，还是用于购建固定资产，或者其他用途，只要借款期限在 1 年以下，都属于短期借款的内容。

为了核算企业短期借款的借入、归还及结存情况，应设置“短期借款”账户，并按债权人户名和借款种类设置明细账。“短期借款”账户只记本金数，应付利息作为一项财务费用，直接计入当期损益。企业从银行借入的各种短期借款，应借记“银行存款”账户，贷记“短期借款”账户。企业发生的短期借款利息如果是按期（如按季）支付或者到期还本付息且数额较大的，可以采用预提的办法，按月预提计入费用；如果利息是按月支付的或到期还本付息但数额不大的，可以不采取预提方法。在预提或实际支付利息时，均不通过“短期借款”账户，而是通过“应付利息”账户。短期借款到期归还时，不论是按期支付利息，还是借款到期连同本息一起偿还，在归还借款时，通过“短期借款”账户核算的金额仍然是借入时的取得金额。

【例 9.1】东方公司 20×5 年 10 月 1 日从银行取得短期借款 500 000 元，年利率 6%，期限 6 个月，借款期满一次还本付息。根据上述资料，该公司应进行会计处理如下：

借入款项时：

借：银行存款　　500 000

　贷：短期借款　　500 000

10 月 31 日，计算利息费用时：

每月利息费用=500 000×6%÷12=2500（元）

借：财务费用　　2 500

　贷：应付利息　　2 500

以后每月计算利息均需做上述相同的会计分录。

20×6 年 3 月 31 日，归还借款本息时：

借：短期借款　　500 000

　　应付利息　　15 000

　贷：银行存款　　515 000

9.1.2 应付票据

应付票据指应付商业汇票，包括商业承兑汇票和银行承兑汇票，这是在企业经济往来活动中由于采用商业汇票结算办法而形成的债务或在借贷活动中形成的债务。与应收票据一样，应付票据可以是只在票据到期日按照票据票面金额支付而不计息的不带息票据，也可以是按照票据上载明的利率，在票据票面金额上加计利息的带息票据。

阅读

应付票据是指企业签发的允诺在不超过 1 年的期限内按票据上规定的时间支付一定金额给持票人的一种书面证明。从理论上讲，应付票据包括的内容很多，如支票、本票和汇票。但在我国会计实务中，应付票据仅指应付商业汇票，这是在企业经济往来活动中由于采用商业汇票结算办法而形成的债务或在借贷活动中形成的债务。商业汇票按承兑人的不同分为：商业承兑汇票和银行承兑汇票。商业承兑汇票的承兑人应为付款人，承兑人对这项债务承诺在一定时期内支付，作为企业的一项负债；银行承兑汇票应由在承兑银行开立存款账户的存款人签发，由银行承兑。由银行承兑的汇票对付款人来说，只是为收款方按期收回债权提供了可靠的信用保证，不会由于银行的承兑而使企业的这项负债消失。因此，银行承兑的汇票也应作为一项负债。

我国有关法规规定，商业汇票的最长付款期限为 6 个月。将其作为流动负债进行管理和核算是可行的。与应收票据一样，应付票据可以是只在票据到期日按照票据票面金额支付而不计息的不带息票据，也可以是按照票据上载明的利率，在票据票面金额上加计利息的带息票据。

企业应设置“应付票据”账户，用以核算各种签发、承兑的商业汇票。同时设置应付票据备查簿，详细登记每一笔应付票据的种类、号数、签发日期、到期日、票面金额、合同交易号、收款人以及付款日期和金额等详细资料。应付票据到期付清时，应在备查簿内逐笔注销。出具票据时，带息票据和不带息票据，都须按票面金额记做负债。

1．不带息票据的会计处理

不带息票据经过承兑以后，企业应按票据的面值借记“原材料”“库存商品”“应交税费——应交增值税”等账户，贷记“应付票据”账户；票据到期支付款项时，按支付的票据面值借记“应付票据”账户，贷记“银行存款”账户。

如果应付商业承兑汇票到期，企业无力支付款项，应按票据面值借记“应付票据”账户，贷记“应付账款”账户；如果票据为银行承兑汇票，应按票据面值借记“应付票据”账户，贷记“短期借款”账户。

【例 9.2】东方公司赊购一批材料，不含税价格 30 000 元，增值税率 17%，开出一张等值的 4 个月期限的不带息商业承兑汇票，材料到达并已验收入库。

根据上述经济业务，该公司应进行会计处理如下：

购货时：

借：原材料　　30 000

　　应交税费——应交增值税（进项税额）　　5 100

　贷：应付票据　　35 100

到期付款时：

借：应付票据　　35 100

　贷：银行存款　　35 100

假如该票据到期，该公司无法偿还这笔款项，则应将其转为应付账款：

借：应付票据　　35 100

　贷：应付账款　　35 100

假如该票据为银行承兑汇票，企业到期不能支付这笔款项，则应由银行先行支付，作为对企业的短期借款：

借：应付票据　　35 100

　贷：短期借款　　35 100

2．带息票据的会计处理

带息应付票据承兑后，企业的入账方法与不带息票据相同。但入账以后应付票据的账面价值是否保持不变，取决于票据利息的核算方法。我国企业会计准则规定：应付票据按期计算应付利息，并增加应付票据的账面价值。对于带息票据，企业应按照票据的存续期间和票面利率计算应付利息，并相应增加应付票据的账面价值。在存续期间内何时计算应付利息并入账，由企业自行决定，但在中期期末和年度终了这两个时点上，企业必须计算带息票据的利息，并记入当期损益。

【例 9.3】东方公司 20×5 年 12 月 1 日购进一批材料，不含税价格 100 000 元，增值税率 17%，开出一张期限为 3 个月的等值商业承兑带息票据，年利率为 9%。该公司应进行会计处理如下：

20×5 年 12 月 1 日购进材料时：

借：原材料　　100 000

　　应交税费——应交增值税（进项税额）　　17 000

　贷：应付票据　　117 000

20×5 年 12 月 31 日计算本年度 1 个月应计利息时：

借：财务费用　　877.50

　贷：应付票据　　877.50

20×6年3月1日到期付款时：

借：应付票据　117 877.50

　　财务费用　1 755.00

　贷：银行存款　119 632.50

9.1.3 应付账款

应付账款是企业在生产经营过程中因购买货物或接受劳务等形成的债务。其应付金额一般是确定的，凡不是购买货物或接受劳务而发生的其他应付款项，不属于应付账款的核算范围，应分别另设账户记载。

从理论上说，应付账款应以所购货物的所有权转移或接受劳务已经发生的时间为入账时间。但在会计实务中，一般以收到发票账单的时间为应付账款的入账时间。

如果货物已到或劳务已经接受但发票账单等凭证尚未到达，企业应于月末估计入账。这是因为尽管发票账单等凭证未到，但这笔负债已经成立，有必要在资产负债表上客观反映企业目前所拥有的资产和承担的债务。

对于货物已到或劳务已接受但发票账单等凭证未到而于月末估计入账的，应于下月收到发票账单等凭证后根据实际应付金额重新入账。

按照国际惯例和我国有关制度的规定，企业在销售时，可以采取销售折扣的手段。销售折扣有商业折扣和现金折扣两种形式。商业折扣是指在规定的货物价目单上根据不同的销售对象给予一定扣减的折扣。比如，允许售价按标价的 9 折计算，即按价目单上价格的 90%作为成交价。这种折扣形式一般发生在销售货物之前。现金折扣是为了尽快收回账款而鼓励客户早日偿付所欠货款的一种手段，允许在一定的付款期限内给予规定的折扣优惠。比如，客户若在销售后 10 天之内付款，可以获得 2%的折扣优惠；若在 20 天之内付款，可以获得 1%的折扣优惠；超过 20 天且在信用期内付款则需付全额。可以表示为 2/10，1/20，*n*/30 等形式。这种折扣形式一般发生在销售货物之后。需要在会计上进行账务处理的仅指现金折扣。现金折扣的处理方法有 3 种：总价法、净价法和混合法。我国会计实务中采用总价法。

为了核算企业因购进货物或接受劳务而发生的应付账款的增减变动情况，应设置“应付账款”账户，并按债权人设置明细账户进行明细分类核算。

1．不带有现金折扣的应付账款的会计处理

在赊购过程中，若不带有现金折扣，其会计处理较简单。当企业购入材料、商品等验收入库，但货款尚未支付时，应根据有关凭证，借记“原材料”“库存商品”“应交税费——应交增值税（进项税额）”等账户，贷记“应付账款”账户；企业接受供应单位提供劳务而发生应付未付款项，应根据供应单位的发票账单，借记“生产成本”“管理费用”等账户，贷记“应付账款”账户。偿还时，借记“应付账款”账户，贷记“银行存款”账户。若企业开出并承兑的商业汇票抵付应付账款，应借记“应付账款”账户，贷记“应付票据”账户。有些应付账款由于债权单位撤销或其他原因，使企业无法支付这笔应付款项，这笔无法支付的应付账款应作为企业的营业外收益处理。

【例 9.4】东方公司 20×5 年 8 月 10 日从甲公司赊购一批材料，不含税价格 200 000 元，增值税率 17%。双方约定在 1 个月内付款。但该公司到 9 月 10 日无法全额支付这笔款项，于是开出一张面值150 000元、期限半年的不带息商业汇票予以抵偿，其余用银行存款支付。根据上述资料，东方公司应进行会计处理如下：

20×5年8月10日，赊购时：

借：原材料　200 000

　应交税费——应交增值税（进项税额）　34 000

　贷：应付账款　234 000

9月10日：

借：应付账款　234 000

　贷：银行存款　84 000

　　应付票据　150 000

半年后偿还应付票据时：

借：应付票据　150 000

　贷：银行存款　150 000

2．带有现金折扣的应付账款的会计处理

若在赊购过程中，销售方根据购买方的付款时间给予一定的现金折扣时，可以使用总价法。总价法是在购货发生时，按发票上记载的应付金额的总价，即不扣除折扣的价格记账。偿还货款时根据是否取得现金折扣的情况入账。若在折扣期内付款，获得的现金折扣就应冲减应付账款，作为一项理财收益，表明企业合理调度资金，理财有方。

【例9.5】东方公司20×5年8月10日从甲公司赊购一批材料，不含税价格200 000元，增值税率17%。假定甲公司给予东方公司购货的现金折扣条件为：2/10，*n*/30。根据上述经济业务，该公司应进行会计处理如下：

购货发生时的会计分录同【例9.4】。

若该公司在10天之内付款，可以少付0.468（23.4×2%）万元：

借：应付账款　234 000

　贷：银行存款　229 320

　　财务费用　4 680

若该公司超过10天而在30天之内付款：

借：应付账款　234 000

　贷：银行存款　234 000

9.1.4　预收账款

预收账款是指企业在销售商品或提供劳务前，根据购销合同的规定，向购货方预先收取的部分或全部货款。预收账款具有定金的性质，企业在收到款项后，应在合同规定的期限内给购货单位发出货物或提供劳务，否则，必须如数退还预收的款项。但预收账款的偿还一般不需要支出货币资金，而是商品或劳务。因此，在会计上，将预收账款作为负债处理。

企业在核算预收账款时，常用方法有两种：一是单独设置“预收账款”账户，收到预收货款时记入该账户，待企业以商品或劳务偿还后，再进行结算。这种核算方法能完整地反映这项流动负债的发生及偿付情况，并便于填报会计报表。二是将预收的货款直接作为应收账款的减项，反映在“应收账款”账户的贷方，收到预收账款时，记入“应收账款”账户的贷方，偿付债务时，再在“应收账款”账户借方进行结算。这种方法也能完整地反映购货方预付货款的发生和结算情况，但在填列会计报表时，需根据“应收账款”账户的明细账户分析填列。

企业应根据具体情况选择适当的方法核算预收账款。如果企业预收账款很多，可以采用上述第 1 种方法；而预收账款情况不多的企业，可以采用上述第 2 种方法。

【例 9.6】东方公司与甲公司签订一项购销合同，由该公司为甲公司生产一批产品，含税货款总额 7 020 000 元，增值税率 17%，预计 1 年完成。按合同规定，甲公司预先支付货款的 60%，剩余 40%待完工交货时再支付。根据上述经济业务，该公司应进行会计处理如下（本例题采用上述第 1 种方法）：

收到 60%预付款时：

借：银行存款　　4 212 000

　贷：预收账款　　4 212 000

1 年后交付产品并收回剩余 40%款项时：

借：预收账款　　4 212 000

　　银行存款　　2 808 000

　贷：主营业务收入　　6 000 000

　　　应交税费——应交增值税（销项税额）　　1 020 000

9.1.5 应付职工薪酬

1．职工薪酬的内容

职工薪酬是指企业为获得职工提供的服务或解除劳动关系而给予的各种形式的报酬或补偿。职工薪酬包括短期薪酬、离职后福利、辞退福利和其他长期职工福利。企业提供给职工配偶、子女、受赡养人、已故员工遗属及其他受益人等的福利，也属于职工薪酬。

（1）短期薪酬。短期薪酬是指企业在职工提供相关服务的年度报告期间结束后 12 个月内需要全部予以支付的职工薪酬，因解除与职工的劳动关系给予的补偿除外。短期薪酬具体包括：职工工资、奖金、津贴和补贴，职工福利费，医疗保险费、工伤保险费和生育保险费等社会保险费，住房公积金，工会经费和职工教育经费，短期带薪缺勤，短期利润分享计划，非货币性福利以及其他短期薪酬。

（2）离职后福利。离职后福利是指企业为获得职工提供的服务而在职工退休或与企业解除劳动关系后，提供的各种形式的报酬和福利，短期薪酬和辞退福利除外。

（3）辞退福利。辞退福利是指企业在职工劳动合同到期之前解除与职工的劳动关系，或者为鼓励职工自愿接受裁减而给予职工的补偿。

（4）其他长期职工福利。其他长期职工福利是指除短期薪酬、离职后福利、辞退福利之外所有的职工薪酬，包括长期带薪缺勤、长期残疾福利、长期利润分享计划等。

2．职工薪酬的会计处理

为核算企业根据有关规定应付给职工的各种薪酬，应设置“应付职工薪酬”账户，并可按“工资”“职工福利”“社会保险费”“住房公积金”“工会经费”“职工教育经费”“非货币性福利”“辞退福利”等进行明细核算。

（1）货币性职工薪酬

计量应付职工薪酬时，国家规定了计提基础和计提比例的，应当按照国家规定的标准计提。没有规定计提基础和计提比例的，企业应当根据历史经验数据和实际情况，合理预计当期应付职工薪酬。当期实际发生金额大于预计金额的，应当补提应付职工薪酬；当期实际发生金额小于预计金额的，应当冲回多提的应付职工薪酬。

对于在职工提供服务的会计期末以后 1 年以上到期的应付职工薪酬，企业应当选择恰当的折现率，以应付职工薪酬折现后的金额计入相关资产成本或当期损益；应付职工薪酬金额与其折现后金额相差不大的，也可按照未折现金额计入相关资产成本或当期损益。

分配职工薪酬的会计处理：生产部门人员的职工薪酬，借记“生产成本”“制造费用”“劳务成本”等账户，贷记“应付职工薪酬”账户。应由在建工程、研发支出负担的职工薪酬，借记“在建工程”“研发支出”等账户，贷记“应付职工薪酬”账户。管理部门人员、销售人员的职工薪酬，借记“管理费用”或“销售费用”账户，贷记“应付职工薪酬”账户。

发放职工薪酬的会计处理：向职工支付工资、奖金、津贴、福利费等，从应付职工薪酬中扣还的各种款项（代垫的家属药费、个人所得税等）等，借记“应付职工薪酬”账户，贷记“银行存款”“库存现金”“其他应收款”“应交税费——应交个人所得税”等账户。支付工会经费和职工教育经费用于工会活动和职工培训，借记“应付职工薪酬”账户，贷记“银行存款”等账户。按照国家有关规定缴纳社会保险费和住房公积金，借记“应付职工薪酬”账户，贷记“银行存款”账户。

【例 9.7】东方公司 20×5 年 8 月“工资结算汇总表”表明：应付工资的总额为 3 800 000 元。在“工资费用分配表”中显示：生产工人工资 1 800 000 元，车间管理人员工资 300 000 元，行政管理人员工资 340 000 元，专设销售机构人员工资 260 000 元，在建工程人员工资 1 050 000 元，技术开发部门工资 50 000 元。该公司按照工资总额的 14%提取职工福利费，按照 15%提取社会保险费，按照 15%提取应交住房公积金，按照 2%和 2.5%提取工会经费与职工教育经费。假定该公司于月末计算工资并发放。社会保险费和住房公积金均按月上缴。根据上述经济业务，该公司应进行会计处理如下：

月末，计算并分配工资费用时：

借：生产成本	1 800 000	
制造费用	300 000	
管理费用	340 000	
在建工程	1 050 000	
研发支出	50 000	
销售费用	260 000	
贷：应付职工薪酬——工资		3 800 000

提取各种其他项目时：

借：生产成本	873 000	
制造费用	145 500	
管理费用	164 900	
在建工程	509 250	

研发支出 24 250

销售费用 126 100

贷：应付职工薪酬——职工福利费 532 000

——社会保险费 570 000

——住房公积金 570 000

——工会经费 76 000

——职工教育经费 95 000

发放职工工资时：

借：应付职工薪酬——工资 3 800 000

贷：银行存款 3 800 000

上缴社会保险费和住房公积金时：

借：应付职工薪酬——社会保险费 570 000

——住房公积金 570 000

贷：银行存款 1 140 000

（2）非货币性职工薪酬

企业以其自产产品作为非货币性福利发放给职工的，应当根据受益对象，按照该产品的公允价值，计入相关资产成本或当期损益，同时确认应付职工薪酬。企业将拥有的房屋等资产无偿提供给职工使用的，应当根据受益对象，将该住房每期应计提的折旧计入相关资产成本或当期损益，同时确认应付职工薪酬。租赁住房等资产供职工无偿使用的，应当根据受益对象，将每期应付的租金计入相关资产成本或当期损益，并确认应付职工薪酬。难以认定受益对象的非货币性福利，直接计入当期损益和应付职工薪酬。

分配职工薪酬的会计处理：企业以其自产产品发放给职工作为职工薪酬的，借记“管理费用”“生产成本”“制造费用”等账户，贷记“应付职工薪酬”账户。无偿向职工提供住房等固定资产使用的，按应计提的折旧额，借记“管理费用”“生产成本”“制造费用”等账户，贷记“应付职工薪酬”账户；同时，借记“应付职工薪酬”账户，贷记“累计折旧”账户。租赁住房等资产供职工无偿使用的，按每期应支付的租金，借记“管理费用”“生产成本”“制造费用”等账户，贷记“应付职工薪酬”账户。

发放职工薪酬的会计处理：企业以其自产产品发放给职工的，借记“应付职工薪酬”账户，贷记“主营业务收入”账户；同时，还应结转产成品的成本。涉及增值税销项税额的，还应进行相应的处理。支付租赁住房等资产供职工无偿使用所发生的租金，借记“应付职工薪酬”账户，贷记“银行存款”等账户。

【例 9.8】某公司为一家生产彩电的企业，共有职工 100 名，20×5 年 2 月，公司以其生产的成本为 5 000 元的液晶彩电和外购的每台不含税价格为 500 元的电暖气作为春节福利发放给公司职工。该型号液晶彩电的售价为每台 7 000 元，该公司适用的增值税税率为 17%；该公司购买电暖气开具了增值税专用发票，增值税税率为 17%。假定 100 名职工中 85 名为直接参加生产的职工，15 名为总部管理人员。

彩电的售价总额=7 000×85+7 000×15=595 000+105 000=700 000（元）

彩电的增值税销项税额=85×7 000×17%+15×7 000×17%

=101 150+17 850=119 000（元）

公司决定发放非货币性福利时，应做如下会计处理：

借：生产成本　　696 150

　　管理费用　　122 850

　贷：应付职工薪酬——非货币性福利　　819 000

实际发放非货币性福利时，应做如下会计处理：

借：应付职工薪酬——非货币性福利　　819 000

　贷：主营业务收入　　700 000

　　　应交税费——应交增值税（销项税额）　　119 000

借：主营业务成本　　500 000

　贷：库存商品　　500 000

电暖气的售价金额=85×500+15×500=42 500+7 500=50 000（元）

电暖气的进项税额=85×500×17%+15×500×17%=7 225+1 275=8 500（元）

公司决定发放非货币性福利时，应做如下会计处理：

借：生产成本　　49 725

　　管理费用　　8 775

　贷：应付职工薪酬——非货币性福利　　58 500

购买电暖气时，公司应做如下会计处理：

借：应付职工薪酬——非货币性福利　　58 500

　贷：银行存款　　58 500

9.1.6 应交税费

企业在一定时期内取得的营业收入和实现的利润或发生特定经营行为，要按照规定向国家交纳各种税金，这些应交的税金，应按照权责发生制的原则确认。这些应交的税金在尚未交纳之前，形成企业的一项流动负债。

应交税费是企业根据国家税法规定计算的应交纳的各种税费。企业应依法交纳的各种税金主要有：增值税、消费税、所得税、资源税、土地增值税、城市维护建设税、房产税、土地使用税、车船使用税。企业应交纳的费用有：教育费附加、矿产资源补偿费等。为了总括反映各种税费的交纳情况，会计核算中应设置“应交税费”账户，并在该账户下设置有关明细账户进行核算。

1. 应交增值税

增值税是就企业货物或应税劳务的增值部分征收的一种税。按照增值税暂行条例规定，企业购入货物或接受应税劳务支付的增值税（即进项税额），可以从销售货物或提供劳务按规定收取的增值税（即销项税额）中抵扣。按照规定，企业购入货物或接受劳务必须取得相关凭证，其进项税额才能予以扣除。值得注意的是，按照修订后的《中华人民共和国增值税暂行条例》，企业购入的机器设备等生产经营用固定资产所支付的增值税在符合税收法规规定情况下，也应从销项税额中扣除，不再计入固定资产成本。按照税收法规规定，购入的用于集体福利或个人消费等目的的固定资产而支付的增值税，不能从销项税额中扣除，仍应计入固定资产成本。

增值税专用发票。实行增值税以后，一般纳税企业销售货物或者提供应税劳务均应开具增值税专用发票，增值税专用发票记载了销售货物的售价、税率以及税额等，购货方以增值税专用发票上记载的购入货物已支付的税额，作为扣税和记账的依据。

完税凭证。企业进口货物必须交纳增值税，其交纳的增值税在完税凭证上注明，进口货物交纳的增值税根据从海关取得的完税凭证上注明的增值税税额，作为扣税和记账依据。

购进免税农产品，按照经税务机关批准的收购凭证上注明的价款或收购金额的一定比率计算进项税额，并以此作为扣税和记账的依据。

企业购入货物或者接受应税劳务，没有按照规定取得并保存增值税扣税凭证，或者增值税扣税凭证上未按照规定注明增值税税额及其他有关事项的，其进项税额不能从销项税额中抵扣。会计核算中，如果企业不能取得有关的扣税证明，则购进货物或接受应税劳务支付的增值税额不能作为进项税额扣税，其已支付的增值税只能记入购入货物或接受劳务的成本。

企业应交的增值税，在“应交税费”账户下设置“应交增值税”明细账户进行核算。“应交增值税”明细账户的借方发生额，反映企业购进货物或接受应税劳务支付的进项税额、实际已交纳的增值税等；贷方发生额，反映销售货物或提供应税劳务应交纳的增值税额，出口货物退税、转出已支付或应分担的增值税等；期末借方余额，反映企业尚未抵扣的增值税。“应交税费——应交增值税”账户分别设置“进项税额”“已交税金”“销项税额”“出口退税”“进项税额转出”“转出未交增值税”“转出多交增值税”“减免税款”“出口抵减内销产品应纳税额”等专栏。

实行增值税的一般纳税企业从税务角度看，一是可以使用增值税专用发票，企业销售货物或提供劳务可以开具增值税专用发票（或完税凭证、购进免税农产品凭证、外购物资支付的运输费用的结算单据，下同）；二是购入货物取得的增值税专用发票上注明的增值税额可以用销项税额抵扣；三是如果企业销售货物或者提供劳务采用销售额和销项税额合并定价方法的，按公式“销售额=含税销售额÷（1+增值税税率）”还原为不含税销售额，并按不含税销售额计算销项税额。

（1）一般纳税企业进项税额的会计处理

一般纳税企业在购进阶段，会计处理时实行价与税的分离，价与税分离的依据为增值税专用发票上注明的价款和增值税，属于价款部分，计入购入货物的成本；属于增值税税额部分，计入进项税额。

【例 9.9】东方公司为增值税一般纳税人，本期购入一批原材料，增值税专用发票上注明的原材料价款为 600 万元，增值税税额为 102 万元。货款已经支付，材料已经到达并验收入库。该公司当期销售产品收入为 1 200 万元（不含应向购买者收取的增值税），符合收入确认条件，货款尚未收到。假如该产品的增值税税率为 17%，不交纳消费税。

根据上述经济业务，会计处理如下：

借：原材料　　6 000 000

　　应交税费——应交增值税（进项税额）　　1 020 000

　贷：银行存款　　7 020 000

（2）一般纳税企业销项税额的会计处理

一般纳税企业在销售阶段，销售价格中不再含税，如果定价时含税，应还原为不含税价格作为销售收入，向购买方收取的增值税作为销项税额。

【例 9.10】仍以【例 9.9】为例，会计处理如下：

销项税额=1 200×17%=204（万元）

借：应收账款　　14 040 000

　贷：主营业务收入　　12 000 000

　　应交税费——应交增值税（销项税额）　　2 040 000

（3）缴纳增值税的会计处理

为了分别反映增值税一般纳税人欠交增值税款和待抵扣增值税的情况，确保企业及时足额上交增值税，避免出现企业用以前月份欠交增值税抵扣以后月份未抵扣的增值税的情况，企业应在“应交税费”账户下设置“未交增值税”明细账户，核算企业月份终了从“应交税费——应交增值税”账户转入的当月未交或多交的增值税；同时，在“应交税费——应交增值税”账户下设置“转出未交增值税”和“转出多交增值税”专栏。月份终了，企业计算出当月应交未交的增值税，借记“应交税费——应交增值税（转出来交增值税）”账户，贷记“应交税费——未交增值税”账户；当月多交的增值税，借记“应交税费——未交增值税”账户，贷记“应交税费——应交增值税（转出多交增值税）”账户，经过结转后，月份终了，“应交税费——应交增值税”账户的余额，反映企业尚未抵扣的增值税。

值得注意的是，企业当月交纳当月的增值税，借记“应交税费——应交增值税（已交税金）”账户，贷记“银行存款”账户；当月交纳以前各期未交的增值税，借记“应交税费——未交增值税”账户，贷记“银行存款”账户。

2．应交消费税

为了正确引导消费方向，国家在普遍征收增值税的基础上，选择部分消费品，再征收一道消费税。

消费税的征收方法采取从价定率和从量定额两种方法。实行从价定率办法计征的应纳税额的税基为销售额，如果企业应税消费品的销售额中未扣除增值税税款，或者因不能开具增值税专用发票而发生价款和增值税税款合并收取的，在计算消费税时，按公式“应税消费品的销售额＝含增值税的销售额÷（1+增值税税率或征收率）”换算为不含增值税税款的销售额。实行从量定额办法计征的应纳税额的销售数量是指应税消费品的数量；属于销售应税消费品的，为应税消费品的销售数量；属于自产自用应税消费品的，为应税消费品的移送使用数量；属于委托加工应税消费品的，为纳税人收回的应税消费品数量；进口的应税消费品，为海关核定的应税消费品进口征税数量。

（1）账户设置

企业按规定应交的消费税，在“应交税费”账户下设置“应交消费税”明细账户核算。“应交消费税”明细账户的借方发生额，反映实际交纳的消费税和待扣的消费税；贷方发生额，反映按规定应交纳的消费税；期末贷方余额，反映尚未交纳的消费税；期末借方余额，反映多交或待扣的消费税。

（2）产品销售的会计处理

企业销售产品时应交纳的消费税，应根据不同情况分别进行处理：

企业将生产的产品直接对外销售的，对外销售产品应交纳的消费税，通过“营业税金及附加”账户核算；企业按规定计算出应交的消费税，借记“营业税金及附加”账户，贷记“应交税费——应交消费税”账户。

【例 9.11】某企业为增值税一般纳税人（采用计划成本核算原材料），本期销售其生产的应纳消费税产品，应纳消费税产品的售价为 24 万元（不含应向购买者收取的增值税税额），产品成本为 15 万元。该产品的增值税税率为 17%，消费税税率为 10%。产品已经发出，符合收入确认条件；款项尚未收到。根据这项经济业务，企业会计处理如下：

应向购买者收取的增值税税额=240 000×17%=40 800（元）

应交的消费税=240 000×10%=24 000（元）

借：应收账款　　280 800

　贷：主营业务收入　　240 000

　　应交税费——应交增值税（销项税额）　　40 800

借：营业税金及附加　　24 000

　贷：应交税费——应交消费税　　24 000

借：主营业务成本　　150 000

　贷：库存商品　　150 000

企业用应税消费品用于在建工程、非生产机构等其他方面，按规定应交纳的消费税，应计入有关的成本。例如，企业以应税消费品用于在建工程项目，应交的消费税计入在建工程成本。

（3）委托加工应税消费品的会计处理

按照税法规定，企业委托加工的应税消费品，由受托方在向委托方交货时代扣代缴税款（除受托加工或翻新改制金银首饰按规定由受托方交纳消费税外）。委托加工的应税消费品，委托方用于连续生产应税消费品的，所纳税款准予按规定抵扣。委托加工的应税消费品直接出售的，不再征收消费税。

注意　委托加工应税消费品，是指由委托方提供原料和主要材料，受托方只收取加工费和代垫部分辅助材料加工的应税消费品，对于由受托方提供原材料生产的应税消费品，或者受托方先将原材料卖给委托方，然后再接受加工的应税消费品，以及由受托方以委托方名义购进原材料生产的应税消费品，都不作为委托加工应税消费品，而应当按照销售自制应税消费品交纳消费税。

在会计处理时，需要交纳消费税的委托加工应税消费品，于委托方提货时，由受托方代收代缴税款。受托方按应扣税款金额，借记“应收账款”“银行存款”等账户，贷记“应交税费——应交消费税”账户。委托加工应税消费品收回后：直接用于销售的，委托方应将代收代缴的消费税计入委托加工的应税消费品成本，借记“委托加工物资”“生产成本”等账户，贷记“应付账款”“银行存款”等账户，待委托加工应税消费品销售时，不需要再交纳消费税；委托加工的应税消费品收回后用于连续生产应税消费品，按规定准予抵扣的，委托方应按代收代缴的消费税款，借记“应交税费——应交消费税”账户，贷记“应付账款”“银行存款”等账户，待用委托加工的应税消费品生产出应纳消费税的产品销售时，再交纳消费税。

【例 9.12】某企业委托外单位加工材料（非金银首饰），原材料价款为 20 万元，加工费用为 5 万元，由受托方代收代缴的消费税为 0.5 万元（不考虑增值税），材料已经加工完毕验收入库，加工费用尚未支付。假定该企业材料采用实际成本核算。

根据该项经济业务，委托方会计处理如下：

如果委托方收回加工后的材料用于继续生产应税消费品，委托方会计处理如下：

借：委托加工物资　200 000
　贷：原材料　200 000
借：委托加工物资　50 000
　应交税费——应交消费税　5 000
　贷：应付账款　55 000
借：原材料　250 000
　贷：委托加工物资　250 000

如果委托方收回加工后的材料直接用于销售：

借：委托加工物资　200 000
　贷：原材料　200 000
借：委托加工物资　55 000
　贷：应付账款　55 000
借：原材料　255 000
　贷：委托加工物资　255 000

（4）进出口产品的会计处理

需要交纳消费税的进口消费品，其交纳的消费税应计入该进口消费品的成本，借记“固定资产”“材料采购”等账户，贷记“银行存款”等账户。免征消费税的出口应税消费品根据不同情况分别进行账务处理：属于生产企业直接出口应税消费品或通过外贸企业出口应税消费品，按规定直接予以免税的，可以不计算应交消费税；属于委托外贸企业代理出口应税消费品的生产企业，应在计算消费税时，按应交消费税税额，借记“应收账款”账户，贷记“应交税费——应交消费税”账户。应税消费品出口收到外贸企业退回的税金时，借记“银行存款”账户，贷记“应收账款”账户。发生退关、退货而补交已退的消费税，做相反的会计分录。

3．其他应交税费

（1）资源税

资源税是国家对在我国境内开采矿产品或者生产盐的单位和个人征收的种税。资源税按照应税产品的课税数量和规定的单位税额计算，公式为：“应纳税额=课税数量×单位税额”。这里的课税数量为：开采或者生产应税产品销售的，以销售数量为课税数量；开采或者生产应税产品自用的，以自用数量为课税数量。

企业按规定应交的资源税，在“应交税费”账户下设置“应交资源税”明细账户核算。“应交资源税”明细账户的借方发生额，反映企业已交的或按规定允许抵扣的资源税；贷方发生额，反映应交的资源税；期末借方余额，反映多交或尚未抵扣的资源税；期末贷方余额，反映尚未交纳的资源税。

销售产品或自产自用产品相关的资源税的会计处理：在会计核算时，企业按规定计算出销售应税产品应交纳的资源税，借记“营业税金及附加”账户，贷记“应交税费——应交资源税”账户；企业计算出自产自用的应税产品应交纳的资源税，借记“生产成本”“制造费用”等账户，贷记“应交税费——应交资源税”账户。

【例 9.13】某企业将自产的煤炭 1 000 吨用于产品生产，每吨应交资源税 5 元。根据该项经济业务，会计处理如下：

自产自用煤炭应交的资源税=1 000 × 5=5 000（元）

借：生产成本　　5 000

　贷：应交税费——应交资源税　　5 000

外购液体盐加工固体盐相关资源税的会计处理：按规定企业外购液体盐加工固体盐的，所购入液体盐交纳的资源税可以抵扣。在会计核算时，购入液体盐时，按所允许抵扣的资源税，借记“应交税费——应交资源税”账户，按外购价款扣除允许抵扣资源税后的数额，借记“材料采购”等账户，按应支付的全部价款，贷记“银行存款”“应付账款”等账户；企业加工成固体盐后，在销售时，按计算出的销售固体盐应交的资源税，借记“营业税金及附加”账户，贷记“应交税费——应交资源税”账户；将销售固体盐应纳资源税抵扣液体盐已纳资源税后的差额上交时，借记“应交税费——应交资源税”账户，贷记“银行存款”账户。

（2）土地增值税

国家从 1994 年起开征了土地增值税，转让国有土地使用权、地上建筑物及其附着物并取得收入的单位和个人，均应交纳土地增值税。土地增值税按照转让房地产所取得的增值额和规定的税率计算征收。这里的增值额是指转让房地产所取得的收入减除规定扣除项目金额后的余额。

企业交纳的土地增值税通过“应交税费——应交土地增值税”账户核算。兼营房地产业务的企业，应由当期收入负担的土地增值税，借记“营业税金及附加”账户，贷记“应交税费——应交土地增值税”账户。转让的国有土地使用权与其地上建筑物及其附着物一并在“固定资产”或“在建工程”账户核算的，转让时应交纳的土地增值税，借记“固定资产清理”“在建工程”账户，贷记“应交税费——应交土地增值税”账户。企业在项目全部竣工结算前转让房地产取得的收入，按税法规定预交的土地增值税，借记“应交税费——应交土地增值税”账户，贷记“银行存款”等账户；待该项房地产销售收入实现时，再按上述销售业务的会计处理方法进行处理。该项目全部竣工、办理结算后进行清算，收到退回多交的土地增值税，借记“银行存款”等账户，贷记“应交税费——应交土地增值税”账户，补交的土地增值税做相反的会计分录。

（3）房产税、土地使用税、车船税和印花税

房产税是国家对在城市、县城、建制镇和工矿区征收的由产权所有人交纳的一种税。房产税依照房产原值一次减除 10%～30%后的余额计算交纳。没有房产原值作为依据的，由房产所在地税务机关参考同类房产核定；房产出租的，以房产租金收入为房产税的计税依据。

土地使用税是国家为了合理利用城镇土地，调节土地级差收入，提高土地使用效益，加强土地管理而开征的一种税，以纳税人实际占用的土地面积为计税依据，依照规定税额计算征收。

车船税由拥有并且使用车船的单位和个人交纳。车船税按照适用税额计算交纳。

企业按规定计算应交的房产税、土地使用税、车船税时，借记“管理费用”账户，贷记“应交税费——应交房产税（或土地使用税、车船税）”账户；上交时，借记“应交税费——应交房产税（或土地使用税、车船税）”账户，贷记“银行存款”账户。

印花税是对书立、领受购销合同等凭证行为征收的税款，实行由纳税人根据规定自行计

算应纳税额，购买并一次贴足印花税票的交纳方法。应纳税凭证包括：购销、加工承揽、建设工程承包、财产租赁、货物运输、仓储保管、借款、财产保险、技术合同或者具有合同性质的凭证；产权转移书据；营业账簿；权利、许可证照等。纳税人根据应纳税凭证的性质，分别按比例税率或者按件定额计算应纳税额。由于企业交纳的印花税，是由纳税人根据规定自行计算应纳税额以购买并一次贴足印花税票的方法交纳税款，不会发生应付未付税款的情况，不需要预计应纳税金额，也不存在与税务机关结算或清算的问题，因此，印花税不需要通过“应交税费”账户核算，于购买印花税票时，直接借记“管理费用”账户，贷记“银行存款”账户。

（4）城市维护建设税

为了加强城市的维护建设，扩大和稳定城市维护建设资金的来源，国家开征了城市维护建设税。在会计核算时，企业按规定计算出的城市维护建设税，借记“营业税金及附加”等账户，贷记“应交税费——应缴城市维护建设税”账户；实际上交时，借记“应交税费——应缴城市维护建设税”账户，贷记“银行存款”账户。

（5）企业所得税

企业的生产、经营所得和其他所得，依照有关所得税暂行条例及其细则的规定需要缴纳所得税。企业应交纳的所得税，在“应交税费”账户下设置“应交所得税”明细账户核算；当期应计入损益的所得税，作为一项费用，在净收益前扣除。企业按照一定方法计算，计入损益的所得税，借记“所得税费用”等账户，贷记“应交税费——应交所得税”账户。

（6）耕地占用税

耕地占用税是国家为了利用土地资源，加强土地管理，保护家用耕地而征收的一种税。耕地占用税以实际占用的耕地面积计税，按照规定税额一次征收。企业交纳的耕地占用税，不需要通过“应交税费”账户核算。企业按规定计算交纳耕地占用税时，借记“在建工程”账户，贷记“银行存款”账户。

9.2 非流动负债

非流动负债的形式很多，主要包括从金融机构和向其他单位的长期借款；公司或企业发行的公司或企业债券；融资租赁方式下的租入固定资产的长期应付款；采用补偿贸易方式引进设备的专项应付款；因或有事项而产生的预计负债。根据我国目前实际情况，上述各项非流动负债的形式分别归纳为 5 个方面进行会计核算：长期借款、应付债券、长期应付款、专项应付款、预计负债。

本章主要介绍长期借款和应付债券的会计处理。

9.2.1 长期借款

1. 长期借款概述

长期借款是企业向银行等金融机构借入的、偿还期限超过 1 年的各种借款。企业取得长期借款，必须按照规定的程序进行，一般要经过申请、审批、签订合同和划拨款项 4 个步骤。

企业借入的长期借款，按其借款的货币种类的不同，可以分为人民币借款和外币借款；按还本付息方式的不同，可以分为到期一次还本付息的长期借款、分期付息到期还本的长期借款和分期还本付息的长期借款；按其借款条件的不同，可以分为抵押借款、担保借款和信用借款；按借款的用途的不同可分为流动资产借款和固定资产借款等。

2. 长期借款的会计处理

企业从银行借入长期借款，应与银行签订借款合同，约定借款本金和利息的偿还方式，并在使用过程中正确核算借款的取得、使用和归还情况。由于还本付息方式的不同，在账务处理上也有所区别。长期借款的还本付息方式有：到期一次还本付息；分期付息、到期还本；分期还本付息。

【例 9.14】东方公司为建造一幢厂房，20×5 年 1 月 1 日借入期限为两年的专门借款 1 000 000 元，款项已存入银行。借款利率按市场利率确定为 9%，每年付息一次，期满后一次还清本金。20×5 年年初，以银行存款支付工程价款共计 600 000 元，20×6 年年初又以银行存款支付工程费用 400 000 元。该厂房 20×6 年 8 月底完工，达到预定可使用状态。假定不考虑闲置专门借款资金存款的利息收入或者投资收益。根据上述业务，该公司会计处理如下：

20×5 年 1 月 1 日，取得借款时：

借：银行存款　　1 000 000

　贷：长期借款　　1 000 000

20×5 年年初，支付工程款时：

借：在建工程　　600 000

　贷：银行存款　　600 000

20×5 年 12 月 31 日，计算 20×5 年应计入工程成本的利息时：

借款利息=1 000 000×9%=90 000（元）

借：在建工程　　90 000

　贷：应付利息　　90 000

20×5 年 12 月 31 日支付借款利息时：

借：应付利息　　90 000

　贷：银行存款　　90 000

20×6 年年初支付工程款时：

借：在建工程　　400 000

　贷：银行存款　　400 000

20×6 年 8 月底，达到预定可使用状态，该期应计入工程成本的利息时：

利息=（1 000 000×9%÷12）×8=60 000（元）

借：在建工程　　60 000

　贷：应付利息　　60 000

同时：

借：固定资产　　1 150 000

　贷：在建工程　　1 150 000

20×6 年 12 月 31 日，计算 20×6 年 9～12 月应计入财务费用的利息时：

利息=（1 000 000×9%÷12）×4=30 000（元）

借：财务费用　　30 000

　贷：应付利息　　30 000

20×6 年 12 月 31 日支付利息时：

借：应付利息　　90 000

　贷：银行存款　　90 000

20×7 年 1 月 1 日到期还本时：

借：长期借款　　1 000 000

　贷：银行存款　　1 000 000

9.2.2　应付债券

债券是企业为筹集资金而发行的约定于一定日期支付一定的本金，及定期支付一定的利息给持有者的一种书面凭证。发行债券是企业筹集长期资金的重要方式之一，通过发行债券，企业将巨额借款分为若干等份，以公开募集的方式向社会举债，能吸收大量长期资金。

应付债券的核算包括债券的发行、利息调整的摊销和债券的偿还 3 个环节。

1．债券的发行

公司债券的发行方式有 3 种，即面值发行、溢价发行和折价发行。假设其他条件不变，债券的票面利率高于同期银行存款利率时，可按超过债券票面价值的价格发行，称为溢价发行。溢价是企业以后各期多付利息而事先得到的补偿；如果债券的票面利率低于同期银行存款利率，可按低于债券面值的价格发行，称为折价发行。折价是企业以后各期少付利息而预先给投资者的补偿。如果债券的票面利率与同期银行存款利率相同，可按票面价格发行，称为面值发行。溢价或折价是发行债券企业在债券存续期内对利息费用的一种调整。

无论是按面值发行，还是溢价发行或折价发行，均按债券面值记入“应付债券”账户的“面值”明细账户，实际收到的款项与面值的差额，记入“利息调整”明细账户。企业发行债券时，按实际收到的款项，借记“银行存款”“库存现金”等账户，按债券票面价值，贷记“应付债券——面值”账户，按实际收到的款项与票面价值之间的差额，贷记或借记“应付债券——利息调整”账户。

2．利息调整的摊销

利息调整应在债券存续期间内采用实际利率法进行摊销。实际利率法是指按照应付债券的实际利率计算其摊余成本及各期利息费用的方法；实际利率是指将应付债券在债券存续期间的未来现金流量，折现为该债券当前账面价值所使用的利率。资产负债表日，对于分期付息、一次还本的债券，企业应按应付债券的摊余成本和实际利率计算确定的债券利息费用，借记“在建工程”“财务费用”等账户，按票面利率计算确定的应付未付利息，贷记“应付利息”账户，按其差额，借记或贷记“应付债券——利息调整”账户。

【例 9.15】20×4 年 12 月 31 日，东方公司经批准发行 5 年期一次还本、分期付息的公司债券 10 000 000 元，债券利息在每年 12 月 31 日支付，票面利率为年利率 6%。假定债券发行时的市场利率为 5%。

东方公司该批债券实际发行价格为：

10 000 000×0.7835（P/F，5%，5）+10 000 000×6%×4.3295（P/A，5%，5）

=10 432 700（元）

东方公司根据上述资料，采用实际利率法和摊余成本计算确定的利息费用，如表 9.1 所示。

表 9.1　利息费用一览表　　单位：元

付息日期	支付利息	利息费用	摊销的利息调整	应付债券摊余成本
20×4 年 12 月 31 日				10 432 700
20×5 年 12 月 31 日	600 000	521 635	78 365	10 354 335
20×6 年 12 月 31 日	600 000	517 716.75	82 283.25	10 272 051.75
20×7 年 12 月 31 日	600 000	513 602.59	86 397.41	10 185 654.34
20×8 年 12 月 31 日	600 000	509 282.72	90 717.28	10 094 937.06
20×9 年 12 月 31 日	600 000	505 062.94*	94 937.06	10 000 000

*含尾数调整。

根据表 9.1 的资料，东方公司的会计处理如下：

20×4 年 12 月 31 日发行债券时：

借：银行存款　　10 432 700

　贷：应付债券——面值　　10 000 000

　　　　　　——利息调整　　432 700

20×5 年 12 月 31 日计算利息费用时：

借：财务费用　　521 635

　　应付债券——利息调整　　78 365

　贷：应付利息　　600 000

20×6 年、20×7 年、20×8 年确认利息费用的会计处理同 20×5 年。

20×9 年 12 月 31 日归还债券本金及最后一期利息费用时：

借：财务费用　　505 062.94

　　应付债券——面值　　10 000 000

　　　　　　——利息调整　　94 937.06

　贷：银行存款　　10 600 000

对于一次还本付息的债券，应于资产负债表日按摊余成本和实际利率计算确定的债券利息费用，借记“在建工程”“财务费用”等账户，按票面利率计算确定的应付未付利息，贷记“应付债券——应计利息”账户，按其差额，借记或贷记“应付债券——利息调整”账户。

3．债券的偿还

企业发行的债券通常分为到期一次还本付息或一次还本、分期付息两种。采用一次还本付息方式的，企业应于债券到期支付债券本息时，借记“应付债券——面值”“应计利息”账户，贷记“银行存款”账户。采用一次还本、分期付息方式的，在每期支付利息时，借记“应付利息”账户，贷记“银行存款”账户；债券到期偿还本金并支付最后一期利息时，借记

“应付债券——面值”“在建工程”“财务费用”“制造费用”等账户，贷记“银行存款”账户，按借贷双方之间的差额，借记或贷记“应付债券——利息调整”。

本章小结

负债是指企业过去的交易、事项形成的，预期会导致经济利益流出企业的现时义务。负债按其流动性，实际上是按照偿还期限的长短，可以分为流动负债和非流动负债。

流动负债是指预计在一个正常营业周期中清偿、或者主要为交易目的而持有、或者自资产负债表日起一年内（含一年）到期应予以清偿、或者企业无权自主的将清偿推迟至资产负债表日后一年以上的负债。流动负债包括短期借款、应付账款、应付票据、预收账款、应交税费、应付职工薪酬、应付股利、应付利息、其他应付款、预计负债等。

非流动负债是相对于流动负债而言的，会计准则规定流动负债以外的负债归类为非流动负债。非流动负债除了具有负债的共同特点外，还具有债务金额较大，偿还期限较长，可以采用分期偿还方式等特点。非流动负债主要包括长期借款、应付债券、长期应付款、专项应付款、预计负债等。

思考与练习

一、思考题

1. 什么是负债？负债具有哪些基本特征？
2. 什么是职工薪酬？职工薪酬的内容有哪些？
3. 什么是非流动负债？非流动负债的内容有哪些？
4. 什么是应付债券？应付债券是如何核算的？

二、单项选择题

1. 下列属于融资活动的流动负债是（　　）。

A. 短期借款　　B. 应付账款

C. 应付票据　　D. 应付职工薪酬

2. 企业预收货款业务不多的，可以不单独设置“预收账款”账户，发生预收货款时直接将预收的货款记入（　　）账户。

A. 应付账款　　B. 其他应付款

C. 其他应收款　　D. 应收账款

3. 企业因采购商品开出 3 个月期限的商业汇票一张。该票据的票面价值为 400 000 元，票面年利率为 10%。该应付票据到期时，企业应支付的价款为（　　）元。

A. 400 000　　B. 405 000

C. 407 500　　D. 410 000

4. 商业承兑汇票到期企业无力支付时，应从“应付票据”账户转入（　　）。

A. 应付账款　　B. 短期借款

C. 预付账款　　D. 不进行处理

5. 企业转让无形资产应计算缴纳（　　）。

A. 增值税　　B. 消费税

C. 营业税　　D. 资源税

6. 采用实际利率法分摊应付债券的溢、折价时，企业各期的利息费用是指（　　）。

A. 按债券面值乘发行债券时的市场利率计算的利息

B. 按债券的期初账面价值乘以发行债券时的市场利率计算的利息

C. 按债券面值乘发行债券时的市场利率计算的利息

D. 本期应付利息减去（或加上）分摊的债券溢价（或折价）金额

7. 下列负债中，其应付利息需专设总账核算的是（　　）。

A. 一次还本付息的长期借款　　B. 应付票据

C. 一次还本付息的应付债券　　D. 短期借款

8. 折价发行债券时，债券折价实质上是发行企业（　　）。

A. 由于未来多付利息而预先收回的补偿

B. 由于未来少付利息而预先对投资者的补偿

C. 由于未来多得利息而预先支付的代价

D. 由于未来少得利息而预先取得的补偿

9. 溢价发行债券时，所获得的溢价收入是发行企业（　　）。

A. 由于未来多付利息而预先收回的补偿

B. 由于未来少付利息而预先对投资者的补偿

C. 由于未来多得利息而预先支付的代价

D. 由于未来少得利息而预先取得的补偿

10. 发行期限为9个月的公司债券，其核算账户为（　　）。

A. 应收票据　　B. 应付债券

C. 应付票据　　D. 短期应付债券

三、多项选择题

1. 下列属于应付职工薪酬总额组成内容有（　　）。

A. 计时工资　　B. 计件工资

C. 津贴和补贴　　D. 加班加点工资

2. 企业购入货物或接受劳务供应时，其进项税额若能予以抵扣，必须具备的凭证是（　　）。

A. 增值税专用发票

B. 从海关取得的完税凭证

C. 购进免税农产品经税务税务机关批准的收购凭证

D. 普通发票

3. 下列构成企业流动负债的业务有（　　）。

A. 董事会决议分派现金股利

B. 董事会决议分派股票股利

C. 企业签发3个月期限的商业汇票

D. 企业发行5年期的公司债券

4. 履行偿债义务，可采取以下方式的有（　　）。

A. 支付现金　　B. 转让其他资产

C. 提供劳务　　D. 以其他义务替换该项义务

5. 对到期一次还本付息的公司债券，企业需在“应付债券”总分类账户下设置若干明细账户进行核算。需设置的明细分类账户有（　　）。

A. 债券面值　　B. 债券溢价

C. 债券溢价摊销　　D. 应计利息

E. 债券折价

6. 借款费用的主要内容包括（　　）。

A. 借款利息　　B. 外币借款的汇兑差额

C. 债券发行费用　　D. 借款承诺费

E. 应付债券溢价或折价的摊销

四、业务题

1. 资料：A公司2014年12月1日购入一批价值为60 000元的商品，同时开出一张期限为6个月，年利率为8%的银行承兑汇票。2015年5月1日，该汇票到期，A公司无力偿付。

要求：根据上述经济业务进行相关会计处理。

2. 资料：B公司2014年6月1日购入一批商品，金额90 000元，增值税率17%，该商品于当日入库，付款条件为3/10、1/30、*n*/60。

要求：采用总价法核算上述经济业务，并进行会计处理。

3. 资料：A公司为一般纳税人，原材料按实际成本计算，销售货物的增值税税率为17%，应交消费税税率为10%，营业税税率为5%，公司销售商品的价格中均不含应向购买者收取的增值税销项税款。2015年5月发生如下经济业务：

（1）向B公司采购甲种材料，增值税专用发票上注明的增值税为153 000元，货款为900 000元，发票账单已经到达，货物已验收入库，货款已经支付。

（2）销售乙产品5 000件，单位售价为200元，单位销售成本为150元。该产品需交纳消费税，货款尚未收到。

（3）转让一项专利的所有权，其转让收入为15 000元，无形资产的账面摊余价值为300元。转让收入已存入银行。

（4）收购农副产品，实际支付的价款80 000元，农副产品已验收入库。

（5）委托D公司加工原材料，原材料成本100 000元，加工费用25 000元，增值税4 250元，由受托单位代收代交消费税2 500元。材料加工完毕验收入库，准备直接对外销售。加工费用和增值税、消费税已用银行存款支付。

（6）出售一台设备，原价800 000元，已提折旧160 000元，出售所得收入为700 000元，清理费用支出5 000元。收支均通过银行存款收付。

（7）月底对原材料进行盘点，发现乙产品盘亏，金额为4 000元，盘亏原因待查。

要求：进行相关会计处理。

4. 资料：A公司于2015年1月1日发行面值为1 200 000元、票面利率4%、期限3年的公司债券，发行日的市场利率为6%。其他补充资料如下：

期限	复利现值		年金现值	
	3%	6%	3%	6%
3	0.915	0.840	2.829	2.673
6	0.838	0.705	5.417	4.917

要求：

（1）假设每半年支付一次债券利息，计算该债券的发行价格。

（2）假设债券利息于到期时同本金一起支付，计算该债券的发行价格。

5. 资料：甲企业从 2015 年 3 月 1 日起开始建造一项固定资产。为建造该项资产，于 2015 年 2 月底专门从银行借入 6 000 000 元的 2 年期借款，年利率 6%；利息于到期时同本金一起偿付。固定资产于 2015 年 7 月 1 日建造完工、达到预定可使用状态。该企业在 2015 年 3—6 月发生的资产支出如下：

（1）3 月 1 日购买工程用料付款 1 000 000 元。

（2）4 月 15 日支付工资付款 500 000 元。

（3）5 月 10 日购买专用设备付款 2 000 000 元。

（4）6 月 20 日支付其他费用付款 1 200 000 元。

要求：计算甲企业专门借款应予资本化的借款费用，并做相应的会计处理。

第10章 所有者权益

本章阐述了所有者权益的核算。通过本章的学习，要求理解企业组织形式与所有者权益构成之间的关系，投入资本和资本公积的异同；熟悉不同组织形式下投入资本的不同点、资本公积的内容、盈余公积的组成及作用等；重点掌握实收资本、资本公积和盈余公积的会计处理。

10.1 所有者权益概述

10.1.1 企业的组织形式

市场经济中，企业是主体和基础。我国实行的社会主义市场经济，已形成了多种经济成分并存的格局。虽然企业所有制性质不同，但与所有者权益会计密切相关的不是企业所有制的性质，而是企业的组织形式。所有者权益会计，要解决不同企业的所有者对企业应承担的风险及其享有的利益。国际通行的做法是按企业资产经营的法律责任，把企业划分为非公司型企业和公司型企业。

1. 非公司制企业

（1）独资企业。独资企业也称私人独资企业。它是企业的最简单、最原始的组织形式。企业的全部资产归出资者一人所有，企业的经营也由出资者个人承担，因此，企业的所有权与经营权是统一的。独资企业不具有法人资格，企业的所有者对企业的债务负有无限的清偿责任。这种类型的企业，一般规模比较小，资金来源有限，适用于生产条件和生产过程比较简单、财产经营规模比较小的生产经营活动，具有较大的局限性。

（2）合伙企业。合伙企业是由两个或两个以上的合伙人按照协议共同出资，共同承担企业经营风险，并且对企业债务承担连带责任的企业。其最大的特点是，合伙人对债务承担连带无限责任。一旦发生债务，债权人可以向任何一个合伙人请求清偿全部债务。企业的事务通常由合伙人共同决定，然后再委托一个或部分合伙人去执行。合伙企业由于吸收了其他私人的投资，为扩大企业生产经营规模提供了一定的条件，因而是一种比私人独资企业先进的企业组织形式，但是，合伙企业也有很大的局限性，主要是权力分散，决策缓慢，筹资也比较困难，并且由于合伙企业也不具有法人资格，合伙人对企业的债务要负无限连带责任，风险也比较大。

2. 公司制企业

公司是依据一定的法律程序申请登记设立，并以营利为目的的具有法人资格的经济组织。它有自己独立的财产，独立地承担经济责任，同时享有相应的民事权利。公司具有法人资格，这是区别于非法人企业，如独资企业和合伙企业的一个重要标志。法人是具有民事权利能力和民事行为能力，依法独立享有民事权利和承担民事义务的组织。因此，它必须具有独立的法人财产，自主经营、自负盈亏。公司制是现成企业典型的组织形式，我国法定的公司形式包括有限责任公司和股份有限公司。

（1）有限责任公司。它是由一定数量的股东共同出资组成，股东仅就自己的出资额对公司的债务承担有限责任的公司。有限责任公司的股东不限于自然人，也可以是法人和政府。有限责任公司对公司的资本不分为等额股份，不对外公开募集股份，不能发行股票。股东以其出资比例，享受公司权利，承担公司义务。公司股东以其出资额承担有限责任，并享受相应的权益。公司股份的转让有严格的限制，如需转让，应在其他股东同意的前提下方可进行。

（2）股份有限公司。它是由一定人数出资设立，全部资本由等额股份构成，并通过发行股票筹集资本的公司企业。它与有限责任公司的重要区别就是，公司的资本总额平分为金额相等的股份，并通过公开发行股票向社会筹集资金。同时，公司的股份可以自由转让，股票可以在社会上通过公开交易、转让，但不能退股。股份有限公司彻底实现了所有权与经营权的分离。股份有限公司具有筹资便利、风险分散、资本具有充分的流动性等优点。由于股份有限公司资本雄厚，实力强大，所以，它在发达国家整个国民经济中占统治地位。它适合从事较大规模的生产经营活动。

10.1.2 所有者权益及其构成

1. 所有者权益的含义

所有者权益又称股东权益。我国《企业会计准则——基本准则》规定："所有者权益是指企业资产扣除负债后由所有者享有的剩余权益。"这一定义说明了所有者权益的经济性质和构成。资产减负债后的余额，也被称为净资产。因此，所有者权益是所有者对企业净资产的要求权。所有者对企业的经营活动承担着最终的风险，与此同时，也享有最终的权益。如果企业在经营中获利，所有者权益将随之增长；反之，所有者权益将随之缩减。

注意

所有者权益与负债虽然都是权益，共同构成企业的资金来源，但所有者权益是投资者享有的对投入资本及其运用所产生盈余（或亏损）的权利；负债是在经营或其他活动中所发生的债务，是债权人要求企业清偿的权利；所有者享有参与收益分配、参与经营管理等多项权利，但对企业资产的要求权在顺序上置于债权人之后，即只享有对剩余资产的要求权；债权人享有到期收回本金及利息的权利，在企业清算时，有优先获取资产赔偿的要求权，但没有经营决策的参与权和收益分配权；在企业持续经营的情况下，所有者权益一般不存在抽回的问题，即不存在约定的偿还日期，因而是企业的一项可以长期使用的资金，只有在企业清算时才予以退还；负债必须于一定时期偿还。为了保证债权人的利益不受侵害，法律规定债权人对企业资产的要求优先于投资者，因此债权又称为第一要求权。投资者具有对剩余财产的要求权，故又称剩余权益。所有者能够获得多少收益，需视企业的盈利水平及经营政策而定，风险较大；债权人获取的利息一般按一定利率计算，并且是预先可以确定的固定数额，无论盈亏，企业都要按期付息，风险相对较小。

2. 所有者权益的构成

所有者权益虽然在不同的企业组织形式中的表现不尽相同，但从构成内容来看，在我国的会计准则中规定："所有者权益的来源包括所有者投入的资本、直接计入所有者权益的利得和损失、留存收益等。"其中直接计入所有者权益的利得和损失一般作为资本公积处理，留存收益包括盈余公积和未分配利润。因此，所有者权益包括实收资本、资本公积和留存收益三部分。

（1）实收资本。实收资本是指投资者实际投入企业经营活动的财产物资和货币资金，即投入资本。它是企业所有者权益构成的主体，也是企业正常运行所必需的资金和承担各项责任的财力保证。

（2）资本公积。资本公积主要包括资本溢价和其他资本公积。

（3）留存收益。留存收益主要包括盈余公积和未分配利润。盈余公积是指按照国家有关规定从税后利润中提取的，具有特定用途的公积金。它可以用来弥补亏损和按规定程序转增资本金等。未分配利润是指企业留于以后年度分配或待分配的利润。

根据上面的分析，可以看出，所有者权益由投资人的原始投入（实收资本和资本公积金的一部分）和资本的经营增值构成。在企业原始投入一定的情况下，所有者权益的增减变化主要依靠企业的经营状况。当企业获利时，净资产增加，投资人权益也随之增加；当企业亏损和向投资者分配利润时，所有者权益也相应减少。

10.2 实收资本

按照我国有关法律规定，投资者设立企业首先必须投入资本。实收资本是投资者投入资本形成法定资本的价值，所有者向企业投入的资本，在一般情况下无需偿还，可以长期周转使用。实收资本的构成比例，即投资者的出资比例或股东的股份比例，通常是确定所有者在企业所有者权益中所占的份额和参与企业财务经营决策的基础，也是企业进行利润分配或股利分配的依据，同时还是企业清算时确定所有者对净资产的要求权的依据。

10.2.1 实收资本确认和计量的基本要求

企业应当设置"实收资本"账户，核算企业接受投资者投入的实收资本，股份有限公司应将该账户改为"股本"。投资者可以用现金投资，也可以用现金以外的其他有形资产投资，还可以用无形资产投资。企业收到投资时，一般应做如下会计处理：收到投资人投入的现金，应在实际收到或者存入企业开户银行时，按实际收到的金额，借记"银行存款"账户，以实物资产投资的，应在办理实物产权转移手续时，借记有关资产账户，以无形资产投资的，应按照合同、协议或公司章程规定移交有关凭证时，借记"无形资产"账户，按投入资本在注册资本或股本中所占份额，贷记"实收资本"或"股本"账户，按其差额，贷记"资本公积——资本溢价"或"资本公积——股本溢价"等账户。

【例 10.1】甲、乙、丙共同出资设立有限责任公司 A 公司，公司注册资本为 10 000 000 元，甲、乙、丙持股比例分别为 50%、30%和 20%。20×5 年 1 月 5 日，该公司如期收到各投资者一次性缴足的款项。

根据上述资料，该公司会计处理如下：

借：银行存款　　10 000 000

　贷：实收资本——甲　　5 000 000

　　　　　　——乙　　3 000 000

　　　　　　——丙　　2 000 000

【例 10.2】东方公司发行普通股 20 000 000 股，每股面值为 1 元，发行价格为 6 元。股款 120 000 000 元已经全部收到。

根据上述资料，该股份有限公司会计处理如下：

计入股本的金额=20 000 000×1=20 000 000（元）

计入资本公积的金额=（6–1）×20 000 000=100 000 000（元）

借：银行存款　　120 000 000

　贷：股本　　20 000 000

　　　资本公积——股本溢价　　100 000 000

10.2.2 实收资本增减变动的会计处理

《中华人民共和国公司登记管理条例》规定，公司增加注册资本的，有限责任公司股东认缴新增资本的出资和股份有限公司的股东认购新股，应当分别依照公司法设立有限责任公司缴纳出资和设立股份有限公司缴纳股款的有关规定执行。

1．实收资本增加的会计处理

企业增加资本的途径一般有 3 条：一是将资本公积转为实收资本或者股本。会计上应借记“资本公积——资本溢价”或“资本公积——股本溢价”账户，贷记“实收资本”或“股本”账户。二是将盈余公积转为实收资本。会计上应借记“盈余公积”账户，贷记“实收资本”或“股本”账户。这里要注意的是，资本公积和盈余公积均属所有者权益，转为实收资本或者股本时，企业如为独资企业的，核算比较简单，直接结转即可；如为股份有限公司或有限责任公司的，应按原投资者所持股份同比例增加各股东的股权。三是所有者（包括原企业所有者和新投资者）投入。企业接受投资者投入的资本，借记“银行存款”“固定资产”“无形资产”“长期股权投资”等账户，贷记“实收资本”或“股本”等账户。

【例 10.3】B 有限责任公司由甲、乙两人共同投资设立，原注册资本为 20 000 000 元，甲、乙出资分别为 15 000 000 元和 5 000 000 元，为了扩大经营规模，经批准，B 公司按照原出资比例将资本公积 5 000 000 元转增资本。

根据上述资料，B 公司会计处理如下：

借：资本公积　　5 000 000

　贷：实收资本——甲　　3 750 000

　　　　　　——乙　　1 250 000

【例 10.4】C 有限责任公司创立于 20×5 年 1 月 1 日，当时甲、乙两位投资人各投资 5 000 000 元。甲投资 2 000 000 元现款和价值 3 000 000 元的原材料。乙投资专利权和使用过的固定资产。经资产评估部门评估，专利权的评估价 800 000 元，固定资产的评估价 4 200 000 元。

企业在收到投资者投入的资产时，会计处理如下：

借：银行存款　　2 000 000

　原材料　　3 000 000

　贷：实收资本——甲　　5 000 000

借：固定资产　　4 200 000

　无形资产　　800 000

　贷：实收资本——乙　　5 000 000

2．实收资本减少的会计处理

企业实收资本减少的原因大体有两种，一是资本过剩，二是企业发生重大亏损而需要减少实收资本。企业因资本过剩而减资，一般要发还股款。有限责任公司和一般企业发还投资的会计处理比较简单，公司减少注册资本，应申请变更登记，借记“实收资本”账户，贷记“库存现金”“银行存款”等账户。

股份有限公司由于采用的是发行股票的方式筹集股本，发还股款时，则要回购发行的股票，发行股票的价格与股票面值可能不同，回购股票的价格也可能与发行价格不同，会计处理较为复杂。股份有限公司因减少注册资本而回购本公司股份的，应按实际支付的金额，借记“库存股”账户，贷记“银行存款”等账户。注销库存股时，应按股票面值和注销股数计算的股票面值总额，借记“股本”账户，按注销库存股的账面余额，贷记“库存股”账户，按其差额，冲减股票发行时原记入资本公积的溢价部分，借记“资本公积——股本溢价”账户，回购价格超过上述冲减“股本”及“资本公积——股本溢价”账户的部分，应依次借记“盈余公积”“利润分配——未分配利润”等账户；如回购价格低于回购股份所对应的股本，所注销库存股的账面余额与所冲减股本的差额作为增加股本溢价处理，按回购股份所对应的股本面值，借记“股本”账户，按注销库存股的账面余额，贷记“库存股”账户，按其差额，贷记“资本公积——股本溢价”账户。

【例 10.5】东方公司截至 20×5 年 12 月 31 日共发行股票 30 000 000 股，股票面值为 1 元，资本公积（股本溢价）6 000 000 元，盈余公积 4 000 000 元。经股东大会批准，该公司以现金回购本公司股票 3 000 000 股并注销。假定东方公司按照每股 4 元回购股票，不考虑其他因素，东方公司的会计处理如下：

库存股的成本=3 000 000×4=12 000 000（元）

借：库存股　　12 000 000

　贷：银行存款　　12 000 000

借：股本　　3 000 000

　资本公积——股本溢价　　6 000 000

　盈余公积　　3 000 000

　贷：库存股　　12 000 000

【例 10.6】沿用【例 10.5】，假定东方公司以每股 0.9 元回购股票，其他条件不变。该公司的会计处理如下：

库存股的成本=3 000 000×0.9=2 700 000（元）

借：库存股　　2 700 000

　贷：银行存款　　2 700 000

借：股本　　3 000 000

　贷：库存股　　2 700 000

　　资本公积——股本溢价　　300 000

由于该公司以低于面值的价格回购股票，股本与库存股成本的差额 300 000 元应做增加资本公积处理。

10.3 资本公积

由于投入资本包括股本和资本公积。除前述的股本溢价产生资本公积外，还有其他业务将产生资本公积。如直接计入所有者权益的利得和损失，以及长期股权投资、股份支付、投资性房地产、可供出售金融资产等所涉及的其他资本公积项目。

"资本公积"账户应设置"资本（或股本）溢价"和"其他资本公积"两个明细账户。

10.3.1 资本公积的来源

资本公积是指由投资者或者其他人投入企业，所有权归属投资者，并且其金额上超过其在注册资本或股本中所占份额部分的资本，以及直接计入所有者权益的利得和损失等。虽然，它不构成实收资本，但由所有者享有，属于所有者权益的范畴。

资本公积的来源主要包括：资本（股本）溢价、直接计入所有者权益的利得和损失等。

1．资本（股本）溢价

资本（股本）溢价是企业收到投资者的超出其在企业注册资本（或股本）中所占份额的投资。形成资本溢价（或股本溢价）的原因有溢价发行股票、投资者超额缴入资本等。

除股份有限公司以外的其他类型企业，在企业创立时，投资者认缴的出资额与注册资本一致，一般不会产生资本溢价。但在企业重组或有新的投资者加入时，常常会出现资本溢价。因为在企业进行正常的生产经营后，其资本利润率通常要高于企业初创阶段，另外，企业有内部积累，新投资者加入企业后，对这些积累也要分享，所以新加入的投资者往往要付出大于原投资者的出资额，才能取得与原投资者相同的出资比例。投资者多缴的部分就形成了资本溢价。

股份有限公司是以发行股票的方式筹集股本的，股票可按面值发行，也可按溢价发行，我国目前不准折价发行股票。与其他类型的企业不同，股份有限公司在成立时可能会溢价发行股票，因而在成立之初，就可能会产生股本溢价。股本溢价的数额等于股份有限公司发行股票时实际收到的款额超过股票面值总额的部分。

2．直接计入所有者权益的利得和损失

利得是指由企业非日常活动所形成的、会导致所有者权益增加的、与所有者投入资本无关的经济利益的流入。损失是指由企业非日常活动所发生的、会导致所有者权益减少的、与向所有者分配利润无关的经济利益的流出。它是企业除了费用或分配给所有者之外的一些边缘性或偶发性支出。一般来说，利得和损失与收入和费用不同，它们之间不存在配比关系。我国按我国财政部发布的会计科目和主要账务处理中的规定，直接计入所有者权益的利得和损失作为其他资本公积。其主要包括以下内容：

（1）以权益结算的股份支付。股份支付是指企业为获取职工和其他方提供的服务而授予权益工具或者承担以权益工具为基础确定的负债的交易。企业授予职工期权、认股权证等衍生工具或其他权益工具，对职工进行激励或补偿，以换取职工提供的服务。以权益结算的股份支付换取职工或其他方提供服务的，应按照确定的金额计入其他资本公积。

（2）投资性房地产的转换差额。自用房地产或存货转换为采用公允价值模式计量的投资性房地产时，转换日的公允价值小于原账面价值的，其差额计入当期损益。转换日的公允价值大于原账面价值的，其差额作为其他资本公积，计入所有者权益。

（3）可供出售金融资产公允价值的变动差额。可供出售金融资产在持有期间的资产负债表日，应当以公允价值计量，且公允价值的变动差额计入其他资本公积。

（4）企业长期股权投资采用权益法核算的，被投资方除净损益以外的其他所有者权益变动引起的长期股权投资账面价值的变动。

10.3.2 资本公积的会计处理

企业应设置"资本公积"账户核算企业收到投资者出资超过其在注册资本或股本中所占的份额以及直接计入所有者权益的利得和损失等。

资本公积一般应当设置"资本（股本）溢价"和"其他资本公积"两个明细账户。

1．资本（股本）溢价

股份有限公司是以发行股票的方式筹集股本，股票是企业签发的证明股东按其所持股份享有权利和承担义务的书面证明。由于股东按其所持企业股份享有权利和承担义务，为了反映和便于计算各股东所持股份占企业全部股本的比例，企业的股本总额应按股票的面值与股份总数的乘积计算。因此，为提供企业股本总额及其构成及注册资本等信息，在采用与股票面值相同的价格发行股票的情况下，企业发行股票取得的收入，应全部记入"股本"账户；在采用溢价发行股票的情况下，企业发行股票取得的收入，相当于股票面值部分记入"股本"账户，超出股票面值的溢价收入记入"资本公积"账户。

注意

发行费用问题：委托证券商代理发行股票而支付的手续费、佣金等，应从溢价发行收入中扣除，企业应按扣除手续费、佣金后的数额记入"资本公积"账户。在采用面值发行的情况下，企业没有溢价收入，应将发行收入全部记入"股本"账户，支付的发行股票费用则应作为长期待摊费用处理。

有限责任公司的出资者依其出资份额对企业经营决策享有表决权，依其所认缴的出资额对企业承担有限责任。在企业创立时，出资者认缴的出资额全部记入"实收资本"账户。在企业重组并有新的投资者加入时，投资者投入资本中，按投资比例计算应享有份额部分记入"实收资本"账户，超出部分应记入"资本公积"账户。

注意

资本溢价问题：为了维护原有投资者的权益，新加入的投资者的出资额，并不一定全部作为实收资本处理。这是因为，在企业正常经营过程中投入的资金即使与企业创立时投入的资金在数量上一致，但其获利能力却不一致。企业创立时，要经过筹建、试生产经营、为产品寻找市场、开辟市场等过程，从投

注意

入资金，到取得投资回报，这中间需要许多时间，并且这种投资具有风险性，在这个过程中资本利润率很低。而企业进行正常生产经营后，在正常情况下，资本利润率要高于企业初创阶段。而这高于初创阶段的资本利润率是由初创时必要的垫支资本带来的，企业创办者为此付出了代价。因此，相同数量的投资，由于出资时间不同，其对企业的影响程度不同，由此带给投资者的权力也不同，往往前者大于后者。所以新加入的投资者要付出大于原有投资者的出资额，才能取得与投资者相同的投资比例。另外，不仅原投资者原有投资从质量上发生了变化，就是从数量上也可能发生变化，这是因为企业经营过程中实现利润的一部分留在企业，形成留存收益，而留存收益也属于投资者权益，但其未转入实收资本。新加入的投资者如与原投资者共享这部分留存收益，也要求其付出大于原有投资者的出资额，才能取得与原有投资者相同的投资比例。

【例 10.7】假设 A 有限公司由甲、乙、丙 3 位股东各自出资 1 500 000 元而设立。设立时实收资本为 4 500 000 元。经过 4 年的经营，公司留存收益 2 250 000 元。这时又有丁投资者有意参加该公司，并表示愿意出资 2 700 000 元而仅占该企业股份的 25%。会计处理如下：

借：银行存款　　2 700 000

　贷：实收资本　　1 500 000

　　　资本公积——资本溢价　　1 200 000

2．其他资本公积

其他资本公积是指除资本（股本）溢价项目以外形成的资本公积，其中主要是直接计入所有者权益的利得和损失，其具体内容很多，这里仅以企业对长期股权投资采用权益法核算时的主要核算内容做概括介绍。

企业对长期股权投资采用权益法核算的，在持股比例不变的情况下，对因被投资单位除净损益以外的所有者权益的其他变动，如果是利得，则应按持股比例计算其应享有的被投资单位所有者权益的增加数额，借记“长期股权投资——其他所有者权益变动”账户，贷记“资本公积——其他资本公积”账户；如果是损失，则编制相反的分录。在处置长期股权投资时，应转销与该笔投资相关的其他资本公积。

10.4 留存收益

10.4.1 留存收益的性质及构成

1．留存收益的性质

留存收益是所有者权益的一个重要项目，是企业历年剩余的净收益累积而成的资本。因此，留存收益也可称为累积收益。虽然留存收益与投资者投入的资本属性一致，即均为所有者权益，但与投入资本不同的是，投入资本是由所有者从外部投入公司的，它构成了公司所有者权益的基本部分，而留存收益不是由投资者从外部投入的，而是依靠公司经营所得的盈利累积而形成的。

留存收益既然是所有者权益，股东便有权决定如何使用，按照公司章程或其他有关规定，公司可将留存收益在股东间进行分配，作为公司股东的投资所得；也可为了某些特殊用途和目的，而将其中一部分留在公司不予分配。可见，留存收益会因经营获取收益而增加，也会因分给投资者而减少。留存收益的反面为亏损，公司经营如果入不敷出，就意味着亏损。发生经营亏损将减少留存收益。

对留存收益有较大影响的是股利分配。公司将会因分派股利而大幅度减少留存收益。因此，公司必须有足够的留存收益才能分配股利。但这并不意味着，只要有留存收益才能进行股利分配。公司往往会因特别目的或法令规定而限制留存收益，不做股利分配。我国实务中，为了约束企业过量分配，有关法规均规定企业必须留有一定积累，如提取盈余公积，以利于企业持续经营、维护债权人利益。

2. 留存收益的构成

按我国相关法规规定，留存收益由盈余公积和未分配利润构成。

（1）盈余公积。盈余公积主要由法定盈余公积和任意盈余公积两部分构成。企业提取盈余公积主要可以用于弥补亏损和转增资本。法定盈余公积是指企业按规定从净利润中提出的积累资金。法定，意味着提取时由国家法规强制规定。企业必须提取法定盈余公积，目的是确保企业不断积累资本，固本培元，自我壮大实力。我国公司法规定，公司制企业的法定盈余公积按照税后利润的 10%提取，法定盈余公积累计额已达注册资本的 50%时可以不再提取。任意盈余公积是公司出于实际需要或采取审慎经营策略，从税后利润中提取的一部分留存利润。任意是出于自愿，而非外力强制，但也非随心所欲。如果公司有优先股，必须在支付了优先股股利之后，才可提取任意盈余公积。由于任意盈余公积是企业自愿的，其数额也视实际情况而定。

企业提取任意盈余公积的原因是多样的，如可能是需要偿还一笔长期负债，也可能是为了控制本期股利的分派不至于过高等。可见，任意盈余公积，一经确定用途就不能再供本期发放股利之用，所以提取任意盈余公积本身，就是压低当年股利的一种手段，是企业管理当局对发放股利施加的限制。法定盈余公积和任意盈余公积的区别就在于其各自计提的依据不同。前者以国家的法律或行政规章为依据提取；后者则由企业自行决定提取。

（2）未分配利润。未分配利润是企业留待以后年度进行分配的结存利润，也是企业所有者权益的组成部分。相对于所有者权益的其他部分来说，企业对于未分配利润的使用分配有较大的自主权。从数量上来说，未分配利润是期初未分配利润，加上本期实现的税后利润，减去提取的各种盈余公积和分配的利润后的余额。

未分配利润有两层含义：一是留待以后年度处理的利润；二是未指定特定用途的利润。

10.4.2 留存收益的会计处理

1. 盈余公积的会计处理

为了反映盈余公积的形成及使用情况，企业应设置“盈余公积”账户，并按其种类设置明细账，分别进行明细核算。

（1）企业提取盈余公积时，借记“利润分配”账户，贷记“盈余公积”（法定盈余公积、任意盈余公积、法定公益金）账户。

（2）企业用提取的盈余公积转增资本，应当按照批准的转增资本的数额，借记“盈余公积”账户，贷记“股本”或“实收资本”账户。企业将盈余公积转增股本时，应当按照转增股本前的股本结构比例，将盈余公积转增股本的数额记入“股本”账户下各股东的明细账，相应增加各股东对企业的股本投资。

（3）企业用盈余公积弥补亏损时，借记“盈余公积”账户，贷记“利润分配——盈余公积补亏”账户。

【例 10.8】经股东大会批准，东方公司用以前提取的盈余公积弥补亏损，当年弥补的亏损额为 600 000 元。假定不考虑其他因素，会计处理如下：

借：盈余公积　　600 000

　贷：利润分配——盈余公积补亏　　600 000

（4）盈余公积用于派送新股，按派送新股计算的金额，借记“盈余公积”账户，按股票面值和派送新股总数计算的股票面值总额，贷记“股本”账户。

（5）企业用盈余公积分配现金股利或利润时，借记“盈余公积”账户，贷记“应付股利”账户。

【例 10.9】东方公司 20×5 年 12 月 31 日发行普通股股本 5 000 万股，每股面值 1 元，可供投资者分配的利润为 5 000 000 元，盈余公积 20 000 000 元。20×5 年 3 月 15 日，股东大会批准 20×4 年度利润分配方案，以 20×5 年 5 月 31 日为登记日，按照每股 0.2 元发放现金股利。假定不考虑其他因素，会计处理如下：

宣告分配股利时：

借：利润分配——应付现金股利　　5 000 000

　　盈余公积　　5 000 000

　贷：应付股利　　10 000 000

支付股利时：

借：应付股利　　10 000 000

　贷：银行存款　　10 000 000

2．未分配利润的会计处理

企业未分配利润的核算，是通过“利润分配——未分配利润”账户进行的。具体来说是通过“利润分配”账户之下的“未分配利润”明细账户进行核算的。

企业在生产经营过程中取得的收入和发生的成本费用，最终通过“本年利润”账户进行归集，计算出当年盈利，然后转入“利润分配——未分配利润”账户进行分配。盈利结存于“利润分配——未分配利润”账户的贷方余额，则为未分配利润；如为借方余额，则为未弥补亏损。年度终了，再将“利润分配”账户下的其他明细账户（盈余公积转入、提取法定盈余公积、应付优先股股利、提取任意盈余公积、应付普通股股利、转作股本的普通股股利）的余额，转入“未分配利润”明细账户。结转后，“未分配利润”明细账户的贷方余额，就是未分配利润的数额。如出现借方余额，则表示未弥补亏损的数额。

【例 10.10】东方公司年初未分配利润为 0，本年实现净利润 2 000 000 元。公司按规定对当年的利润进行分配：按 10%提取法定盈余公积，宣告发放现金股利 800 000 元，会计处理如下：

结转本年利润：

借：本年利润　　2 000 000

　贷：利润分配——未分配利润　　2 000 000

提取法定盈余公积金，宣告支付股利：

借：利润分配——提取法定盈余公积　　200 000

　　　　——应付现金股利　　800 000

　贷：盈余公积　　200 000

　　应付股利　　800 000

同时，

借：利润分配——未分配利润　　1 000 000

　贷：利润分配——提取法定盈余公积　　200 000

　　　　——应付现金股利　　800 000

本章小结

所有者权益是企业资产扣除负债后由所有者享有的剩余权益，公司的所有者权益又称股东权益。所有者权益可分为投入资本、资本公积、盈余公积和未分配利润等部分。其中，盈余公积和未分配利润统称为留存收益。

投入资本是指投资者实际投入企业经营活动的财产物资和货币资金，是企业所有者权益构成的主体，也是企业正常运行所必需的资金和承担各项责任的财力保证。企业应当设置"实收资本"或"股本"账户核算企业接受投资者投入的资本金。

资本公积是指由投资者或者其他人投入企业、所有权归属投资者并且其金额超过其在注册资本或股本中所占份额部分的资本，以及直接计入所有者权益的利得和损失等。"资本公积"账户应设置"资本（股本）溢价"和"其他资本公积"两个明细账户。

留存收益主要包括盈余公积和未分配利润。盈余公积是指按照国家有关规定从税后利润中提取的，具有特定用途的公积金。它可以用来弥补亏损和按规定程序转增资本金等。未分配利润是指企业留于以后年度分配或待分配的利润。

思考与练习

一、思考题

1. 什么是所有者权益？它包括哪些内容？
2. 所有者权益与负债有什么区别？
3. 股份公司的实收资本应如何核算？
4. 对盈余公积的提取和使用如何进行会计核算？
5. 未分配利润如何进行会计核算？
6. 企业用盈余公积弥补亏损时如何进行核算？

二、单项选择题

1. 有限责任公司如有新投资者介入，新介入的投资者缴纳的出资额大于按约定比例计算的其在注册资本中所占的份额部分，应计入（　　）。

A. 实收资本　　B. 营业外收入

C. 资本公积　　D. 盈余公积

2. 下列各项中，可用以转增资本的是（　　）。

A. 法定公益金　　B. 未分配利润

C. 国家拨入的补贴款　　D. 法定盈余公积

3. 以法定盈余公积转增股本时，以转增后留存的法定盈余公积不少于注册资本的（　　）。

A. 50%为限　　B. 25%为限

C. 20%为限　　D. 30%为限

4. 企业用利润弥补亏损时，应（　　）。

A. 借记"本年利润"账户，贷记"实收资本"账户

B. 借记"利润分配——未分配利润"账户，贷记"本年利润"账户

C. 无需专门做会计处理

D. 借记"利润分配——未分配利润"账户，贷记"利润分配——未分配利润"账户

5. 股份有限公司溢价发行股票支付的手续费、佣金等，应（　　）。

A. 从溢价收入中扣除　　B. 全部列做开办费

C. 全部计入长期待摊费用　　D. 全部计入管理费用

6. 按现行制度规定，企业接受现金捐赠，应贷记（　　）。

A. 资本公积——其他资本公积

B. 实收资本

C. 资本公积——接受现金捐赠

D. 资本公积——接受非现金资产捐赠准备

7. 某股份有限公司委托某证券公司代理发行普通股 100 000 股，每股面值 1 元，每股按 1.2 元的价格出售。按协议证券公司从发行收入中收取 3%的手续费，从发行收入中扣除，则该公司计入资本公积的数额为（　　）元。

A. 16 400　　B. 100 000

C. 116 400　　D. 0

8. 企业的法定公益金可用于（　　）。

A. 购建集体福利设施　　B. 发放职工奖金

C. 发给职工住房补贴　　D. 弥补应付福利费不足

9. 某公司接受捐赠一台设备，其原值为 200 000 元，已提折旧 50 000 元，该企业在接受捐赠过程中发生运费支出 10 000 元，假设不考虑递延税款，则会计上计入"资本公积"账户的金额为（　　）元。

A. 150 000　　B. 160 000

C. 140 000　　D. 200 000

10. 设立股份有限公司时，发起人认购的股份可以用货币资金出资，也可以用实物资产、无形资产作价入股。以无形资产出资时，不得超过注册资本的（　　）。

A. 50%　　B. 35%

C. 20%　　D. 25%

三、多项选择题

1. 盈余公积减少可能是由于（　　）。

A. 用盈余公积对外捐赠　　B. 用盈余公积转增资本

C. 用盈余公积弥补亏损　　D. 用盈余公积购买材料

2. 下列各项中，由利润分配形成的盈余公积有（　　）。

A. 资本公积　　B. 法定盈余公积

C. 任意盈余公积　　D. 法定公益金

3. 同时引起资产和所有者权益发生增减变化的项目有（　　）。

A. 将盈余公积转赠资本　　B. 接受现金捐赠

C. 用盈余公积弥补亏损　　D. 投资者投入资本

4. 下列各项中，能引起企业实收资本（股本）发生增减变动的是（　　）。

A. 企业原投资者将其所持该企业股权转让给其他投资者

B. 企业增资扩股

C. 企业减少注册资金

D. 企业通过利润分配派发股票股利

5. 下列各项中，不会引起所有者权益发生增减变动的有（　　）。

A. 收到应收账款　　B. 提取坏账准备

C. 偿还债务　　D. 支付职工工资

6. 下列事项中，能引起所有者权益增加的有（　　）。

A. 接受投资者投入固定资产　　B. 接受固定资产捐赠

C. 用盈余公积弥补亏损　　D. 经批准将资本公积转增资本

7. 下列各项中，应计入资本公积的有（　　）。

A. 股票溢价　　B. 接受现金捐赠

C. 公益性捐赠支出　　D. 债权人豁免的债务

8. 公司制企业盈余公积的主要用途包括（　　）。

A. 经批准增加资本　　B. 弥补亏损

C. 向投资者分配利润　　D. 用于集体福利设施

9. 企业实收资本增加的途径有（　　）。

A. 接受投资者投资　　B. 经批准用盈余公积转增

C. 经批准用资本公积转增　　D. 接受现金捐赠

10. 下列仅影响所有者权益结构变动的项目是（　　）。

A. 用盈余公积弥补亏损　　B. 接受捐赠

C. 发放股票股利　　D. 经批准将资本公积转增资本

四、业务题

1. 某企业本期委托某证券公司代理发行普通股 5 000 000 股，每股面值1元，发行价格为每股 1.50 元。企业与证券公司约定，按发行收入的 2%收取佣金，从发行收入中扣除。假定收到的股款已存入银行。

要求：进行相关的会计处理。

2. 某企业接受其他单位捐赠的一台设备，该设备的市场价格为 20 000 元，发生运输费

3 000 元，该设备需要安装才能交付生产使用，安装费用 7 000 元，均以银行存款支付。设备已安装完毕交付使用。

要求：进行相关的会计处理。

3. 资料：

（1）收到 A 投资者投入货币资金（人民币） 500 000 元，款项收到并存入银行。

（2）收到 B 投资者投入货币资金（美元）50 000 元，款项收到并存入银行，当日汇率 1∶8.4，合同汇率为 1∶8.0。

（3）收到 C 投资者投入原材料，双方确认原材料价款 100 000 元，增值税进项税额 17 000 元。

（4）收到 D 投资者投入专利权一项，双方确认价值 50 000 元。

（5）收到 E 投资者投入不需安装新设备一台，双方确认价值 40 000 元。

（6）该企业改为股份有限公司，发行股票普通股：以每股 4 元（面值 1 元）的价格发行 300 000 股；优先股：以每股 3 元（面值 1 元）的价格发行 100 000 股，款项收到并存入银行。

要求：根据上述资料编制有关会计分录。

4. 资料：

（1）某企业某年年末实现税后利润 400 000 元，其利润分配情况为：按照税后利润的 10%计提法定盈余公积；按照税后 5%计提法定公益金；按照税后利润的 6%计提任意盈余公积。其转增资本情况为：用盈余公积 30 000 元转增资本。

（2）某公司经研究决定用以前年度提取的任意盈余公积 800 000 元，弥补当期亏损。

（3）某企业用法定公益金 600 000 元购买职工福利设施一项，款项已用银行存款支付。

要求：根据上述资料编制有关会计分录。

第11章 收入、费用和利润

本章全面论述了收入、费用、利润等的会计处理。在学习和理解本章内容时，应当关注：（1）收入的确认和计量。收入分为销售商品收入、提供劳务收入、让渡资产使用权收入、等。（2）费用的定义及各项期间费用的会计处理。期间费用包括管理费用、销售费用和财务费用。（3）利润的构成及营业外收支和本年利润的会计处理。

11.1 收入

收入是指企业在日常活动中形成的、会导致所有者权益增加的、与所有者投入资本无关的经济利益的总流入。其中，日常活动是指企业为完成其经营目标所从事的经常性活动以及与之相关的其他活动。

收入可以有不同的分类。

（1）按照企业从事日常活动的性质，可将收入分为销售商品收入、提供劳务收入、让渡资产使用权收入、建造合同收入等。其中，销售商品收入是指企业通过销售商品实现的收入，如工业企业制造并销售产品、商业企业销售商品等实现的收入。提供劳务收入是指企业通过提供劳务实现的收入，如工业企业提供工业性作业等取得的收入、咨询公司提供咨询服务、软件开发企业为客户开发软件、安装公司提供安装服务等实现的收入等。让渡资产使用权收入是指企业通过让渡资产使用权实现的收入，如商业银行对外贷款、租赁公司出租资产等实现的收入。建造合同收入是指企业承担建造合同所形成的收入。

（2）按照企业从事日常活动在企业的重要性，可将收入分为主营业务收入、其他业务收入等。其中，主营业务收入是指企业为完成其经营目标从事的经常性活动实现的收入，主要包括销售商品和提供劳务的收入。如工业企业制造并销售产品、商业企业销售商品、保险公司签发保单、咨询公司提供咨询服务、软件开发企业为客户开发软件、安装公司提供安装服务、商业银行对外贷款、租赁公司出租资产等实现的收入。其他业务收入是指与企业为完成其经营目标所从事的经常性活动相关的活动实现的收入，是企业除主营业务活动以外由其他经营活动所实现的收入。例如，企业对外出售不需要的原材料，固定资产、无形资产、包装物、商品等实现的出租收入和提供劳务等的收入。

11.1.1 销售商品收入

商品包括企业为销售而生产的产品和为转售而购进的商品，如工业企业生产的产品、商业企业购进的商品等，企业销售的其他存货，如原材料、包装物、低值易耗品等，也视同企业的商品。企业销售商品时，履行完成买卖双方约定的义务后，在取得销售款或者依照合同约定取得相应的收款权利时确认销售商品的收入。

销售商品收入同时满足下列条件的，才能予以确认：（1）企业已将商品所有权上的主要风险和报酬转移给购货方；（2）企业既没有保留通常与所有权相联系的继续管理权，也没有对已售出的商品实施有效控制；（3）收入的金额能够可靠地计量；（4）相关的经济利益很可能流入企业；（5）相关的已发生或将发生的成本能够可靠地计量。

1．一般情况下销售商品

企业销售商品收入包括销售方向买方收取的全部价款和价外费用，但不包括收取的增值税销项税额。确认销售商品收入时，企业应按已收或应收的合同或协议价款，加上应收取的增值税额，借记“银行存款”“应收账款”“应收票据”等账户，按确定的收入金额，贷记“主营业务收入”“其他业务收入”等账户，按应收取的增值税额，贷记“应交税费——应交增值税（销项税额）”账户。如果售出商品不符合收入确认条件，则不应确认收入。

【例 11.1】东方公司销售一批商品，开出的增值税专用发票上注明的价款为 300 000 元，增值税税额 51 000 元；已收到货款存入银行，并将提货单送交；该批商品成本为 240 000 元。该公司的会计处理如下：

确认销售收入：

借：银行存款　　351 000

　贷：主营业务收入　　300 000

　　　应交税费——应交增值税（销项税额）　　51 000

结转主营业务成本：

借：主营业务成本　　240 000

　贷：库存商品　　240 000

如果销售的是原材料等，则一般计入“其他业务收入”账户。

【例 11.2】东方公司销售一批不用的原材料，开出的增值税专用发票上注明的价款为 5 000 元，增值税税额 850 元；收到一张为期 3 个月、面额为 5 850 元的商业承兑汇票一张。该批原材料的成本为 3 500 元。该公司的会计处理如下：

确认销售收入：

借：应收票据　　5 850

　贷：其他业务收入　　5 000

　　　应交税费——应交增值税（销项税额）　　850

结转其他业务成本：

借：其他业务成本　　3 500

　贷：原材料　　3 500

2．预收款方式销售商品

预收款方式销售商品是指购买方在商品尚未收到前按合同或协议约定分期付款，销售方在收到最后一笔款项时才交货的销售方式。在这种方式下，销售方直到收到最后一笔款项才将商品交付购货方，表明商品所有权上的主要风险和报酬只有在收到最后一笔款项时才转移给购货方，企业通常应在发出商品时确认收入，在此之前预收的货款应确认为负债。

【例 11.3】东方公司与乙公司签订协议，采用分期预收款方式向乙公司销售一批商品。该批商品实际成本为 1 400 000 元。协议约定，该批商品销售价格为 2 000 000 元；乙公司应在协议签订时预付 60%的货款（按不含增值税销售价格计算），剩余货款于 2 个月后支付。假定东方公司在收到剩余货款时，销售该批商品的增值税纳税义务发生，增值税额为340 000元；不考虑其他因素，该公司的账务处理如下：

收到60%的货款：

借：银行存款　　1 200 000

　贷：预收账款——乙公司　　1 200 000

收到剩余货款，发生增值税纳税义务：

借：预收账款——乙公司　　1 200 000

　　银行存款　　1 140 000

　贷：主营业务收入　　2 000 000

　　　应交税费——应交增值税（销项税额）　　340 000

结转主营业务成本：

借：主营业务成本　　1 400 000

　贷：库存商品　　1 400 000

3．销售商品涉及现金折扣、商业折扣、销售折让的处理

企业销售商品有时也会遇到现金折扣、商业折扣、销售折让等问题，应当根据不同情况分别处理：

（1）现金折扣，是指债权人为鼓励债务人在规定的期限内付款而向债务人提供的债务扣除。企业销售商品涉及现金折扣的，应当按照扣除现金折扣前的金额确定销售商品收入金额。现金折扣在实际发生时计入财务费用。

【例11.4】东方公司在20×5年7月1日向乙公司销售一批商品，开出的增值税专用发票上注明的销售价款为20 000元，增值税税额为3 400元。为及早收回货款，约定的现金折扣条件为：2/10，1/20，*n*/30。假定计算现金折扣时不考虑增值税税额。东方公司的会计处理如下：

7月1日销售实现时，按销售总价确认收入：

借：应收账款　　23 400

　贷：主营业务收入　　20 000

　　　应交税费——应交增值税（销项税额）　　3 400

如果乙公司在7月9日付清货款，则按销售总价20 000元的2%享受现金折扣400（20 000×2%）元，实际付款23 000（23 400−400）元：

借：银行存款　　23 000

　　财务费用　　400

　贷：应收账款　　23 400

如果乙公司在7月18日付清货款，则按销售总价20 000元的1%享受现金折扣200（20 000×1%）元，实际付款23 200（23 400−200）元：

借：银行存款　　23 200

　　财务费用　　200

　贷：应收账款　　23 400

如果乙公司在7月底才付清货款，则按全额付款：

借：银行存款　　23 400

　贷：应收账款　　23 400

（2）商业折扣，是指企业为促进商品销售而在商品标价上给予的价格扣除。企业销售商品涉及商业折扣的，应当按照扣除商业折扣后的金额确定销售商品收入金额。

（3）销售折让，是指企业因售出商品的质量不合格等原因而在售价上给予的减让。对于销售折让，企业应根据不同情况分别处理：①已确认收入的售出商品发生销售折让的，通常应当在发生时冲减当期销售商品收入；②已确认收入的销售折让属于资产负债表日后事项的，应当按照有关资产负债表日后事项的相关规定进行处理。

【例 11.5】东方公司向乙公司销售一批商品，开出的增值税专用发票上注明的销售价款为800 000元，增值税税额为136 000元。乙公司在验收过程中发现商品质量不合格，要求在价格上给予 5%的折让。假定东方公司已确认销售收入，款项尚未收到，已取得税务机关开具的红字增值税专用发票。该公司的会计处理如下：

销售实现时：

借：应收账款	936 000	
贷：主营业务收入		800 000
应交税费——应交增值税（销项税额）		136 000

发生销售折让时：

借：主营业务收入	40 000	
应交税费——应交增值税（销项税额）	6 800	
贷：应收账款		46 800

实际收到款项时：

借：银行存款	889 200	
贷：应收账款		889 200

4．销售退回的处理

销售退回，是指企业售出的商品由于质量、品种不符合要求等原因而发生的退货。对于销售退回，企业应分别不同情况进行会计处理：

（1）对于未确认收入的售出商品发生销售退回的，企业应按已记入“发出商品”账户的商品成本金额，借记“库存商品”账户，贷记“发出商品”账户。

（2）对于已确认收入的售出商品发生退回的，企业应在发生时冲减当期销售商品收入，同时冲减当期销售商品成本。如该项销售退回已发生现金折扣的，应同时调整相关财务费用的金额；如该项销售退回允许扣减增值税额的，应同时调整“应交税费——应交增值税（销项税额）”账户的相应金额。

（3）已确认收入的售出商品发生的销售退回属于资产负债表日后事项的，应当按照有关资产负债表日后事项的相关规定进行会计处理。

【例 11.6】东方公司在 20×5 年 12 月 18 日向乙公司销售一批商品，开出的增值税专用发票上注明的销售价款为 50 000 元，增值税税额为 8 500 元。该批商品成本为 26 000 元。为及早收回货款，约定的现金折扣条件为：2/10，1/20，*n*/30。乙公司在 20×5 年 12 月 27 日支付货款。转年 4 月 5 日，该批商品因质量问题被乙公司退回，东方公司当日支付有关款项。

假定计算现金折扣时不考虑增值税，假定销售退回不属于资产负债表日后事项。东方公司的账务处理如下：

20×5 年 12 月 18 日销售实现，按销售总价确认收入时：

借：应收账款　58 500
　贷：主营业务收入　50 000
　　　应交税费——应交增值税（销项税额）　8 500
借：主营业务成本　26 000
　贷：库存商品　26 000

在 20×5 年 12 月 27 日收到货款时，按销售总价 50 000 元的 2%享受现金折扣 1 000（50 000×2%）元，实际收款 57 500（58 500－1 000）元：

借：银行存款　57 500
　　财务费用　1 000
　贷：应收账款　58 500

发生销售退回时：

借：主营业务收入　50 000
　　应交税费——应交增值税（销项税额）　8 500
　贷：银行存款　57 500
　　　财务费用　1 000
借：库存商品　26 000
　贷：主营业务成本　26 000

11.1.2 提供劳务收入

企业提供劳务的收入，可以在劳务完成时确认，但对于时间跨度较长的劳务项目来说，虽然很多劳务合同中都约定了分期结算的条款，但其劳务收入的确认却比较复杂。在资产负债表日如何合理的计算利润？会计准则分别针对“合同结果能够可靠估计”和“合同结果不能够可靠估计”这两种情况给出了规定。

1．提供劳务交易结果能够可靠估计

企业在资产负债表日提供劳务交易的结果能够可靠估计的，应当采用完工百分比法确认提供劳务收入。“结果能够可靠估计”，是指同时满足下列条件：

（1）收入的金额能够可靠地计量，是指提供劳务收入的总额能够合理地估计。

（2）相关的经济利益很可能流入企业，是指提供劳务收入总额收回的可能性大于不能收回的可能性。企业在确定提供劳务收入总额能否收回时，应当结合接受劳务方的信誉、以前的经验以及双方就结算方式和期限达成的合同或协议条款等因素，综合进行判断。

（3）交易的完工进度能够可靠地确定，是指交易的完工进度能够合理地估计。企业确定提供劳务交易的完工进度，可以选用下列方法：

① 已完成工作的测量。这是一种比较专业的测量方法，由专业测量师对已经提供的劳务进行测量，并按一定方法计算确定提供劳务交易的完工程度。

② 已经提供的劳务占应提供劳务总量的比例。这种方法主要以劳务量为标准确定提供劳务交易的完工程度。

③ 已经发生的成本占估计总成本的比例。这种方法主要以成本为标准确定提供劳务交易的完工程度。只有反映已提供劳务的成本才能包括在已经发生的成本中，只有反映已提供或将提供劳务的成本才能包括在估计总成本中。

在实务中，如果特定时期内提供劳务交易的数量不能确定，则该期间的收入应当采用直线法确认，除非有证据表明采用其他方法能更好地反映完工进度。当某项作业相比其他作业都重要得多时，应当在该重要作业完成之后确认收入。

（4）交易中已发生和将发生的成本能够可靠地计量，是指交易中已经发生和将要发生的成本能够合理地估计。

完工百分比法，是指按照提供劳务交易的完工进度确认收入和费用的方法。在这种方法下，确认的提供劳务收入金额能够提供各个会计期间关于提供劳务交易及其业绩的有用信息。

企业应当在资产负债表日按照提供劳务收入总额乘完工进度扣除以前会计期间累计已确认提供劳务收入后的金额，确认当期提供劳务收入；同时，按照提供劳务估计总成本乘完工进度扣除以前会计期间累计已确认劳务成本后的金额，结转当期劳务成本。用公式表示如下：

本期确认的收入=劳务总收入×本期末止劳务的完工进度－以前期间已确认的收入

本期确认的费用=劳务总成本×本期末止劳务的完工进度－以前期间已确认的费用

在采用完工百分比法确认提供劳务收入的情况下，企业应按计算确定的提供劳务收入金额，借记“应收账款”“银行存款”等账户，贷记“主营业务收入”账户。结转提供劳务成本时，借记“主营业务成本”账户，贷记“劳务成本”账户。

【例 11.7】甲公司于 20×5 年 12 月 1 日接受一项设备安装任务，安装期为 3 个月，合同总收入 600 000 元，至年底已预收安装费 440 000 元，实际发生安装费用 280 000 元（假定均为安装人员薪酬），估计还会发生 120 000 元。

甲公司按实际发生的成本占估计总成本的比例确定劳务的完工进度。甲公司的会计处理如下：

实际发生的成本占估计总成本的比例=280 000÷（280 000+120 000）×100%= 70%

12 月 31 日确认的提供劳务收入=600 000×70%－0 = 420 000（元）

12 月 31 日结转的提供劳务成本=（280 000 + 120 000）×70%－0= 280 000（元）

实际发生劳务成本时：

借：劳务成本　　280 000

　贷：应付职工薪酬　　280 000

预收劳务款时：

借：银行存款　　440 000

　贷：预收账款　　440 000

12 月 31 日确认提供劳务收入并结转劳务成本时：

借：预收账款　　420 000

　贷：主营业务收入　　420 000

借：主营业务成本　　280 000

　贷：劳务成本　　280 000

2．提供劳务交易结果不能可靠估计

企业在资产负债表日提供劳务交易结果不能够可靠估计的，即不能同时满足上述 4 个条件时，企业不能采用完工百分比法确认提供劳务收入。此时，企业应正确预计已经发生的劳务成本能够得到补偿和不能得到补偿，分别进行会计处理：

（1）已经发生的劳务成本预计能够得到补偿的，应按已收或预计能够收回的金额确认提供劳务收入，并结转已经发生的劳务成本。在这种情况下，企业应按已经发生的能够得到补偿的劳务成本金额，借记“应收账款”“预收账款”等账户，贷记“主营业务收入”账户；按已经发生的劳务成本金额，借记“主营业务成本”账户，贷记“劳务成本”账户。

（2）已经发生的劳务成本预计全部不能得到补偿的，应将已经发生的劳务成本计入当期损益，不确认提供劳务收入。在这种情况下，企业应按已经发生的劳务成本金额，借记“主营业务成本”账户，贷记“劳务成本”账户。

【例 11.8】甲公司于 20×9 年 12 月 25 日接受乙公司委托，为其培训一批学员，培训期为 6 个月，2×10 年 1 月 1 日开学。协议约定，乙公司应向甲公司支付的培训费总额为 120 000 元，分 3 次等额支付，第 1 次在开学时预付，第 2 次在 2×10 年 3 月 1 日支付，第 3 次在培训结束时支付。

2×10 年 1 月 1 日，乙公司预付第 1 次培训费。至 2×10 年 2 月 28 日，甲公司发生培训成本 30 000 元（假定均为培训人员薪酬）。2×10 年 3 月 1 日，甲公司得知乙公司经营发生困难，后两次培训费能否收回难以确定。甲公司的会计处理如下：

2×10 年 1 月 1 日收到乙公司预付的培训费

借：银行存款	40 000	
贷：预收账款——乙公司		40 000

实际发生培训支出：

借：劳务成本——培训成本	30 000	
贷：应付职工薪酬		30 000

2×10 年 2 月 28 日确认劳务收入并结转劳务成本：

借：预收账款——乙公司	40 000	
贷：主营业务收入——培训收入		40 000
借：主营业务成本——培训成本	30 000	
贷：劳务成本——培训成本		30 000

11.1.3 让渡资产使用权收入

会计准则所称的“让渡资产使用权收入”主要包括：（1）利息收入，主要是指金融企业对外贷款形成的利息收入，以及同业之间发生往来形成的利息收入等。（2）使用费收入，主要是指企业转让无形资产（如商标权、专利权、专营权、软件、版权）等资产的使用权形成的使用费收入。

让渡资产使用权收入同时满足下列条件的，才能予以确认：（1）相关的经济利益很可能流入企业，是指让渡资产使用权收入金额收回的可能性大于不能收回的可能性。企业在确定让渡资产使用权收入金额能否收回时，应当根据对方企业的信誉和生产经营情况、双方就结算方式和期限等达成的合同或协议条款等因素，综合进行判断。如果企业估计让渡资产使用权收入金额收回的可能性不大，就不应确认收入。（2）收入的金额能够可靠地计量，是指让渡资产使用权收入的金额能够合理地估计。如果让渡资产使用权收入的金额不能够合理地估计，则不应确认收入。

1．利息收入

企业应在资产负债表日，按照他人使用本企业货币资金的时间和实际利率计算确定利息收入金额。按计算确定的利息收入金额，借记“应收利息”“银行存款”等账户，贷记“利息收入”“其他业务收入”等账户。

2．使用费收入

使用费收入应当按照有关合同或协议约定的收费时间和方法计算确定。不同的使用费收入，收费时间和方法各不相同。有一次性收取一笔固定金额的，如一次收取 10 年的场地使用费；有在合同或协议规定的有效期内分期等额收取的，如合同或协议规定在使用期内每期收取一笔固定的金额；也有分期不等额收取的，如合同或协议规定按资产使用方每期销售额的百分比收取使用费等。

如果合同或协议规定一次性收取使用费，且不提供后续服务的，应当视同销售该项资产一次性确认收入；提供后续服务的，应在合同或协议规定的有效期内分期确认收入。如果合同或协议规定分期收取使用费的，通常应按合同或协议规定的收款时间和金额或规定的收费方法计算确定的金额分期确认收入。

使用费收入在确认时，应按确定的收入金额借记“应收账款”“银行存款”等账户，贷记“其他业务收入”或“主营业务收入”账户。

【例 11.9】甲软件有限公司向乙企业转让某项软件的使用权，一次性收费 300 000 元，不提供后续服务。甲软件有限公司的会计处理如下：

借：银行存款　　300 000

　贷：主营业务收入　　300 000

【例 11.10】甲企业向乙企业转让其商品的商标使用权，合同规定乙企业每年年末按年销售收入的 10%支付甲企业使用费，使用期 10 年。假定第 1 年乙企业销售收入 2 000 000 元，第 2 年销售收入为 3 000 000 元，这两年的使用费均已按期支付，则甲企业应按下列方法确认各年收入。

第 1 年年末应确认使用费收入=2 000 000 × 10%=200 000（元）

借：银行存款　　200 000

　贷：其他业务收入　　200 000

第 2 年年末应确认使用费收入=3 000 000 × 10%=300 000（元）

借：银行存款　　300 000

　贷：其他业务收入　　300 000

11.2 费用

费用是指企业在日常活动中发生的、会导致所有者权益减少的、与向所有者分配利润无关的经济利益的总流出。

费用有广义和狭义之分。广义的费用泛指企业各种日常活动发生的所有耗费，狭义的费用仅指与本期营业收入相配比的那部分耗费。费用应按照权责发生制和配比原则确认，凡应属于本期发生的费用，不论其款项是否支付，均确认为本期费用；反之，不属于本期发生的费用，即使其款项已在本期支付，也不确认为本期费用。

在确认费用时，首先应当划分生产费用与非生产费用的界限。生产费用是指与企业日常生产经营活动有关的费用，如生产产品所发生的原材料费用、人工费用等；非生产费用是指不属于生产费用的费用，如用于购建固定资产所发生的费用，不属于生产费用。其次，应当分清生产费用与产品成本的界限。生产费用与一定的期间相联系，而与生产的产品无关；产品成本与一定品种和数量的产品相联系，而不论发生在哪一期。最后，应当分清生产费用与期间费用的界限。生产费用应当计入产品成本，而期间费用直接计入当期损益。

在确认费用时，对于确认为期间费用的费用，必须进一步划分为管理费用、销售费用和财务费用。对于确认为生产费用的费用，必须根据该费用发生的实际情况分别不同的费用性质将其确认为不同产品所负担的费用；对于几种产品共同发生的费用，必须按受益原则，采用一定方法和程序将其分配计入相关产品的生产成本。

11.2.1 主营业务成本和其他业务成本

1．主营业务成本

主营业务成本是指企业销售商品、提供劳务等经常性活动所发生的成本，是与本期所取得的主营业务收入直接相关的营业成本。该账户借方登记增加的发生额，贷方登记减少的发生额。会计期末结转营业成本时，应根据本期销售的各种商品、提供的各种劳务等的实际成本，计算应结转的主营业务成本，借记“主营业务成本”账户，贷记“库存商品”“劳务成本”等账户；期末，企业应根据该账户的余额，借记“本年利润”账户，贷记“主营业务成本”账户，结转后该账户无余额。有关主营业务成本的会计处理参见本章例11.1。

2．其他业务成本

其他业务成本是指企业除主营业务活动以外的其他经营活动所发生的成本，是与本期所取得的其他业务收入直接相关的营业成本，包括销售材料的成本、出租固定资产的累计折旧、出租无形资产的累计摊销、出租包装物的成本或摊销额等。该账户借方登记增加的发生额，贷方登记减少的发生额。会计期末结转营业成本时，应根据本期销售的各种材料等的实际成本，计算应结转的其他业务成本，借记“其他业务成本”账户，贷记“原材料”“周转材料”“累计折旧”“累计摊销”等账户；期末，企业应根据该账户的余额，借记“本年利润”账户，贷记“其他业务成本”账户，结转后该账户无余额。有关其他业务成本的会计处理参见本章例11.2。

11.2.2 营业税金及附加

“营业税金及附加”账户核算企业经营活动发生的营业税、消费税、城市维护建设税、教育费附加和资源税等相关税费。该账户借方登记增加的发生额，贷方登记减少的发生额。在纳税期限内计算确定为取得营业收入而发生的营业税纳税义务时，借记“营业税金及附加”账户，贷记“应交税费”等账户。期末，企业应根据该账户的余额，借记“本年利润”账户，贷记“营业税金及附加”账户，结转后该账户无余额。

11.2.3 期间费用

期间费用是企业当期发生的费用中的重要组成部分，是指本期发生的、不能直接或间接归入某种产品成本的、直接计入损益的各项费用，包括销售费用、管理费用和财务费用。

1．销售费用

销售费用是指企业在销售商品和材料、提供劳务的过程中发生的各种费用，包括企业在销售商品过程中发生的保险费、包装费、展览费和广告费、商品维修费、预计产品质量保证损失、运输费、装卸费等以及为销售本企业商品而专设的销售机构（含销售网点、售后服务网点等）的职工薪酬、业务费、折旧费、固定资产修理费用等费用。

企业发生的销售费用，在“销售费用”账户核算，并在“销售费用”账户中按费用项目设置明细账，进行明细核算。期末，“销售费用”账户的余额结转“本年利润”账户后无余额。

【例 11.11】东方公司 8 月份发生的销售费用包括：以银行存款支付广告费 5 000 元；以现金支付应由公司负担的销售 A 产品的运输费 800 元；本月分配给专设销售机构的职工工资 4 000 元，提取职工福利费 560 元。月末将全部销售费用予以结转。甲公司的会计处理如下：

支付广告费：

借：销售费用——广告费　　5 000

　贷：银行存款　　5 000

支付运输费：

借：销售费用——运输费　　800

　贷：库存现金　　800

分配职工工资及提取福利费：

借：销售费用——工资及福利费　　4 560

　贷：应付职工薪酬　　4 560

月末结转销售费用：

借：本年利润　　10 360

　贷：销售费用　　10 360

2．管理费用

管理费用是指企业为组织和管理企业生产经营所发生的管理费用，包括企业在筹建期间内发生的开办费、董事会和行政管理部门在企业的经营管理中发生的或者应由企业统一负担的公司经费（包括行政管理部门职工工资及福利费、物料消耗、低值易耗品摊销、办公费和差旅费等）、工会经费、董事会费（包括董事会成员津贴、会议费和差旅费等）、聘请中介机构费、咨询费（含顾问费）、诉讼费、业务招待费、房产税、车船税、土地使用税、印花税、技术转让费、矿产资源补偿费、研究费用、排污费以及企业生产车间（部门）和行政管理部门等发生的固定资产修理费用等。

企业发生的管理费用，在“管理费用”账户核算，并在“管理费用”账户中按费用项目设置明细账，进行明细核算。期末，“管理费用”账户的余额结转“本年利润”账户后无余额。

【例 11.12】东方公司 8 月份发生以下管理费用：以银行存款支付业务招待费 7 200 元；计提管理部门使用的固定资产折旧费 8 000 元；分配行政管理人员工资 13 680 元；计算应交城镇土地使用税 3 500 元；摊销无形资产 2 000 元。月末将全部管理费用予以结转。甲公司的会计处理如下：

支付业务招待费：

借：管理费用——业务招待费　　7 200

　贷：银行存款　　7 200

计提折旧费：

借：管理费用——折旧费　　8 000

　贷：累计折旧　　8 000

分配职工工资及提取福利费：

借：管理费用——工资　　13 680

　贷：应付职工薪酬　　13 680

摊销无形资产：

借：管理费用——无形资产摊销　　2 000

　贷：无形资产　　2 000

月末结转管理费用

借：本年利润　　34 380

　贷：管理费用　　34 380

3．财务费用

财务费用是指企业为筹集生产经营所需资金等而发生的筹资费用，包括利息支出（减利息收入）、汇兑损益以及相关的手续费、企业发生的现金折扣或收到的现金折扣等。

企业发生的财务费用，在“财务费用”账户核算，并在“财务费用”账户中按费用项目设置明细账，进行明细核算。期末，“财务费用”账户的余额结转“本年利润”账户后无余额。

【例 11.13】东方公司 8 月发生以下事项：接到银行通知，已划拨本月银行借款利息 5 000 元；银行转来存款利息 2 000 元。月末将全部财务费用予以结转。甲公司的会计处理如下：

支付借款利息：

借：财务费用——利息支出　　5 000

　贷：银行存款　　5 000

收到存款利息：

借：银行存款　　2 000

　贷：财务费用——利息收入　　2 000

月末结转财务费用：

借：本年利润　　3 000

　贷：财务费用　　3 000

11.3 利润

通常所称的“利润”，是指企业在一定期间内所取得的新增加的财产权利，即以该期间内取得的财产权利减去归属于该期间的相应代价后的余额。企业作为独立的经济实体，应当以自己的经营收入抵补其成本费用，并且实现盈利。企业盈利的大小在很大程度上反映企业生产经营的经济效益，表明企业在每一会计期间的最终经营成果。

11.3.1 利润的构成

利润是指企业在一定会计期间的经营成果。利润包括收入减去费用后的净额、直接计入当期利润的利得和损失等。

利润=收入-费用+（直接计入当期利润的利得-直接计入当期利润的损失）

利润相关计算公式如下：

1．营业利润

营业利润=营业收入-营业成本-营业税金及附加-销售费用-管理费用-财务费用-资产减值损失+公允价值变动收益（-公允价值变动损失）+投资收益（-投资损失）

其中，营业收入是指企业经营业务所实现的收入总额，包括主营业务收入和其他业务收入。营业成本是指企业经营业务所发生的实际成本总额，包括主营业务成本和其他业务成本。资产减值损失是指企业计提各项资产减值准备所形成的损失。公允价值变动收益（或损失）是指企业交易性金融资产等公允价值变动形成的应计入当期损益的利得（或损失）。投资收益（或损失）是指企业以各种方式对外投资所取得的收益（或发生的损失）。

2．利润总额

利润总额=营业利润+营业外收入-营业外支出

其中，营业外收入（或支出）是指企业发生的与其日常活动无直接关系的各项利得（或损失）。

3．净利润

净利润=利润总额-所得税费用

其中，所得税费用是指企业确认的应从当期利润总额中扣除的所得税费用。

11.3.2 直接计入当期利润的利得和损失

直接计入当期利润的利得和损失，是指应当计入当期损益、最终会导致所有者权益发生增减变的、与所有者投入资本或者向所有者分配利润无关的利得或者损失。

1．营业外收入

营业外收入是指企业发生的与其日常活动无直接关系的各项利得。营业外收入并不是由企业经营资金耗费所产生的，不需要企业付出代价，实际上是一种纯收入，不可能也不需要与有关费用进行配比。因此，在会计处理上，应当严格区分营业外收入与营业收入的界限。营业外收入主要包括：非流动资产处置利得、非货币性资产交换利得、债务重组利得、盘盈利得、政府补助、捐赠利得等。

非流动资产处置利得包括固定资产处置利得和无形资产出售利得。固定资产处置利得，指企业出售固定资产所取得价款或报废固定资产的残料价值和变价收入等，扣除固定资产的账面价值、清理费用、处置相关税费后的净收益；无形资产出售利得，指企业出售无形资产所取得价款扣除出售无形资产的账面价值、出售相关税费后的净收益。

非货币性资产交换利得，指在非货币性资产交换中换出资产为固定资产、无形资产的，换入资产公允价值大于换出资产账面价值的差额，扣除相关费用后计入营业外收入的金额。

债务重组利得，指重组债务的账面价值超过清偿债务的现金、非现金资产的公允价值、所转股份的公允价值，或者重组后债务账面价值之间的差额。

盘盈利得，指企业对于现金等资产清查盘点中盘盈的资产，报经批准后计入营业外收入的金额。

政府补助，指企业从政府无偿取得货币性资产或非货币性资产形成的利得。

捐赠利得，指企业接受捐赠产生的利得。

企业应当通过“营业外收入”账户，核算营业外收入的取得和结转情况。该账户可按营业外收入项目进行明细核算。期末，应将该账户余额转入“本年利润”账户，结转后该账户无余额。

2．公允价值变动损益

企业设“公允价值变动损益”账户核算其所持有的交易性金融资产、交易性金融负债、采用公允价值模式计量的投资性房地产等由于公允价值变动所形成的浮动盈亏。该账户可按照投资项目进行明细核算。该账户贷方登记增加数，借方登记减少数。期末企业应根据该账户的本期贷方发生额减去本期借方发生额后的净额，借记“公允价值变动损益”账户，贷记“本年利润”账户，结转后该账户应无余额。

资产负债表日，企业应按交易性金融资产公允价值高于其账面余额的差额，借记“交易性金融资产——公允价值变动”账户，贷记“公允价值变动损益”账户；公允价值低于其账面余额的差额，做相反会计分录。

出售交易性金融资产，按实际收到的金额，借记“银行存款”等账户；按交易性金融资产的账面金额，注销“交易性金融资产”总账账户和明细账户中的相关记录，按收款金额与交易性金融资产账面价值之差，贷记或借记“投资收益”账户。同时，按“交易性金融资产——公允价值变动”账户的余额，借记或贷记“公允价值变动损益”账户，贷记或借记“投资收益”账户。

【例 11.14】东方公司 20×5 年 1 月，用闲置的银行存款购入短期持有的某公司股票 20 000 股，每股成交价 100 元，交易费用略。该公司的会计处理如下：

购买股票时：

借：交易性金融资产——成本　　2 000 000

　贷：银行存款　　2 000 000

3 月时，收到某公司发放现金股利，每股股利 0.5 元：

借：银行存款　　10 000

　贷：投资收益　　10 000

6 月 30 日，该股票市价升至每股 180 元。

借：交易性金融资产——公允价值变动　　1 600 000

　贷：公允价值变动损益　　1 600 000

8 月初，企业将该股票以每股 190 元全部售出：

借：银行存款　　3 800 000

　贷：交易性金融资产——成本　　2 000 000

　　　　　　　　　——公允价值变动　　1 600 000

　　投资收益　　200 000

借：公允价值变动损益　　1 600 000

贷：投资收益　　1 600 000

3．营业外支出

营业外支出是指企业发生的与日常活动无直接关系的各项损失。营业外支出主要包括：非流动资产处置损失、非货币性资产交换损失、债务重组损失、公益性捐赠支出、非常损失、盘亏损失等。

非流动资产处置损失包括固定资产处置损失和无形资产出售损失。固定资产处置损失，指企业出售固定资产所取得价款或报废固定资产的残料价值和变价收入等，不足抵补处置固定资产的账面价值、清理费用、处置相关税费后的净损失；无形资产出售损失，指企业出售无形资产所取得价款，不足抵补出售无形资产的账面价值、出售相关税费后的净损失。

非货币性资产交换损失，指在非货币性资产交换中换出资产为固定资产、无形资产的，换入资产公允价值小于换出资产账面价值的差额，扣除相关费用后计入营业外支出的金额。

债务重组损失，指重组债权的账面余额超过受让资产的公允价值、所转股份的公允价值，或者重组后债权的账面价值之间的差额。

公益性捐赠支出，指企业对外进行公益性捐赠发生的支出。

非常损失，指企业对于因客观因素（如自然灾害等）造成的损失，在扣除保险公司赔偿后计入营业外支出的净损失。

盘亏损失，指固定资产盘亏损失以及因自然灾害等非常原因造成的存货毁损的净损失等。

企业应通过“营业外支出”账户，核算营业外支出的发生及结转情况。该账户可按营业外支出项目进行明细核算。期末，应将该账户余额转入“本年利润”账户，结转后该账户无余额。

需要注意的是，营业外收入和营业外支出应当分别核算。在具体核算时，不得以营业外支出直接冲减营业外收入，也不得以营业外收入冲减营业外支出，即企业在会计核算时，应当区别营业外收入和营业外支出进行核算。

4．资产减值损失

根据企业会计准则的规定，企业设“资产减值损失”账户核算其计提各项资产减值准备所形成的损失。该账户可按照资产减值损失的项目进行明细核算。该账户借方登记发生额（增加数），贷方登记结转额（减少数）。期末，企业应根据该账户的本期借方发生额减去本期贷方发生额后的净额，借记“本年利润”账户，贷记“资产减值损失”账户，结转后该账户应无余额。

11.3.3　本年利润和利润分配

企业应设置“本年利润”和“利润分配”账户，用来核算企业当期盈亏及对利润的分配。

1．本年利润的形成与结转

企业期（月）末结转利润时，应将各损益类账户的金额转入“本年利润”账户，结平各损益类账户。结转后“本年利润”账户如为贷方余额，是当期实现的净利润，如为借方余额则是当期发生的净亏损。年末，将“本年利润”账户余额转入“利润分配——未分配利润”，结转后“本年利润”账户无余额。

【例 11.15】东方公司 20×5 年相关资料如下：

（1）12 月损益类账户的发生额如下：

账户名称	借方或贷方	本月发生额
主营业务收入	贷	800 000
主营业务成本	借	310 000
销售费用	借	15 000
营业税金及附加	借	1 05 000
其他业务收入	贷	10 00
其他业务成本	借	9 700
公允价值变动损益	贷	12 000
资产价值损失	借	17 000
管理费用	借	51 000
财务费用	借	24 000
营业外收入	贷	21 200
营业外支出	借	17 800
投资收益	贷	27 000

东方公司结转 20×5 年 12 月损益账户发生额。

借：主营业务收入　800 000
　　其他业务收入　10 000
　　投资收益　27 000
　　营业外收入　21 200
　　公允价值变动损益　12 000
　贷：本年利润　870 200

借：本年利润　549 500
　贷：主营业务成本　310 000
　　　营业税金及附加　105 000
　　　销售费用　15 000
　　　其他业务成本　9 700
　　　管理费用　51 000
　　　财务费用　24 000
　　　资产价值损失　17 000
　　　营业外支出　17 800

经过上述结转，企业税前利润总额=870 200−549 500=320 700（元）

（2）假定东方公司 20×5 年 1～11 月实现利润总额 4 179 300 元，无所得税纳税调整事项，企业所得税率为 25%。

公司全年利润总额=4 179 300+320 700=4 500 000（元）

当期应交企业所得税额=4 500 000×25%=1 125 000（元）

借：所得税费用　1 125 000
　贷：应交税费——应交所得税　1 125 000

将所得税费用结转至“本年利润”账户：

借：本年利润　　1 125 000

　贷：所得税费用　　1 125 000

（3）年末，将“本年利润”账户年末余额转入“利润分配——未分配利润”账户。

“本年利润”账户余额=4 500 000–1 125 000=3 375 000（元）

借：本年利润　　3 375 000

　贷：利润分配——未分配利润　　3 375 000

2．利润分配

企业实现的净利润，按照利润分配方案提取盈余公积、分配股利或利润等，分别记入了“利润分配——提取法定盈余公积、提取任意盈余公积、应付股利”等明细账户的借方，并将“利润分配”账户下其他明细账户的余额转入“利润分配——未分配利润”账户。以上结转后，“利润分配”账户下除“未分配利润”明细账户外，其他明细账户应无余额，“利润分配——未分配利润”账户的贷方余额，表示累计未分配的利润；如出现借方余额，则表示累计尚未弥补的亏损。

本章小结

收入是企业在日常活动中形成的、会导致所有者权益增加的、与所有者投入资本无关的经济利益的总流入。收入将导致资产增加或负债减少。它是形成企业利润的来源。收入主要包括销售商品收入、提供劳务收入、让渡资产使用权收入及建造合同收入。

费用是指企业为销售商品、提供劳务等日常活动所发生的经济利益的流出。费用与成本既有联系又有区别。费用与成本虽然都是支付或耗费的各项资产，但是，严格来讲，成本并不等于费用。费用是相对于收入而言的，当这项支出和耗费与当期收入相配比时，才成为当期费用。费用与一定的期间相联系，而成本与一定的成本计算对象相联系。成本是对象化了的费用。

利润是企业在一定时期内实现的用货币表现的全部经营活动获得的最终成果，是企业的会计要素之一。为核算企业本年度内实现的利润总额，在实务工作中会计期间终了，企业将各损益类账户的余额转入“本年利润”账户。

思考与练习

一、思考题

1. 企业收入具有哪些特点？应如何分类？
2. 处理销售退回业务应注意哪些问题？
3. 如何确认企业提供劳务的收入？
4. 所得税的性质是什么？
5. 费用与成本有什么不同？
6. 简述产品成本的构成？

二、单项选择题

1. 收入是指与所有者投入资本无关、会导致所有者权益增加的，在（　　）。
   A. 主要经营活动形成的经济利益的净流入
   B. 主要经营活动形成的经济利益的总流入
   C. 日常活动形成的经济利益的总流入
   D. 日常活动形成的经济利益的净流入
2. 按企业会计准则规定，企业发生销售折让的会计处理为（　　）。
   A. 应确认折让商品的售出的时间，冲减各售出时期的销售收入
   B. 属于以前年度销售的，计入“以前年度损益调整”账户；属于本年度销售的，冲减本年的销售收入
   C. 不论属于本年度还是以前年度销售的，均冲减本年的销售收入
   D. 应作为本期销售费用
3. 下列各项中，属于营业收入的是（　　）。
   A. 无形资产出租收入　　B. 固定资产出售收入
   C. 股票出售收入　　D. 接受捐赠收入
4. 下列各项中，属于费用性支出的是（　　）。
   A. 生产产品领用的原材料　　B. 生产车间领用的消耗性材料
   C. 管理部门领用的材料　　D. 自行建造固定资产领用的材料
5. 下列各项中，属于成本性支出的是（　　）。
   A. 用银行存款偿还短期借款　　B. 用银行存款购买材料
   C. 用银行存款支付广告费　　D. 用银行存款支付股利
6. 下列各项中，可以在商品发出之前确认营业收入的是（　　）。
   A. 预收货款销售　　B. 代销商品销售
   C. 分期收款销售　　D. 长期建造工程销售
7. 下列各项中，属于管理费用的是（　　）。
   A. 消费税　　B. 教育费附加
   C. 印花税　　D. 广告费
8. 采用分期收款结算方式销售商品时，确认收入的时间是（　　）。
   A. 产品发出时　　B. 合同约定的收款日期
   C. 开出销售发票时　　D. 全部货款收到后
9. 下列项目中，应计入其他业务收入的是（　　）。
   A. 罚款收入　　B. 出售固定资产收入
   C. 材料销售收入　　D. 出售无形资产收入
10. 下列各项支出中，应计入财务费用的是（　　）。
    A. 不附追索权的不带息票据的贴现息
    B. 发行股票时发生的手续费
    C. 可以资本化的借款利息
    D. 购买持有至到期投资时发生的手续费

三、多项选择题

1. 广义收入包括的内容有（ ）。

A. 主营业务收入　B. 公允价值变动收益
C. 投资收益　D. 营业外收入
E. 其他业务收入

2. 下列各项中，属于费用性支出的有（ ）。

A. 用现金支付生产工人工资　B. 用现金支付企业管理人员工资
C. 用现金支付销售人员工资　D. 用现金支付车间管理人员工资
E. 用现金支付职工教育经费

3. 下列各项中，属于营业税金及附加的有（ ）。

A. 增值税　B. 消费税
C. 资源税　D. 城市维护建设税
E. 营业税

4. 下列各项中，属于营业外支出的有（ ）。

A. 固定资产出售损失　B. 无形资产出售损失
C. 坏账损失　D. 原材料非常损失
E. 固定资产减值损失

5. 下列各项中应计入营业外收入的有（ ）。

A. 出租固定资产收入　B. 出售无形资产净收益
C. 接受捐赠收入　D. 罚款收入
E. 出售固定资产净收益

四、业务题

1. 资料：甲公司本月销售情况如下：

（1）现款销售 A 产品 10 台，售价总额 100 000 元（不含增值税，下同）已入账。

（2）销售需要安装的 B 产品 2 台，售价总额 150 000 元，款项尚未收取，商品发出尚未安装，安装工程构成销售业务的主要组成部分。

（3）具有融资性质的分期收款销售 C 产品 4 台，合同售价总额为 6 300 000 元，现销价格为 6 000 000 元，第 1 期款项 2 100 000 元（不含增值税）已收到入账。

（4）销售附有退货条件的 D 产品 2 台，售价总额 300 000 元，退货期 3 个月，退货的可能性难以估计。

要求：甲公司本月应确认的销售收入是多少？

2. 资料：某公司系增值税一般纳税企业，其适用的增值税率为 17%。产品售价为不含增值税价格。2014 年 12 月该公司发生如下经济业务：

（1）12 月 5 日，向甲企业赊销产品 500 件，单价为 15 000 元，单位销售成本为 10 000 元。

（2）12 月 20 日，乙企业要求退回本年 2 月份购买的 20 件及 2013 年购买的 16 件产品。该产品销售单价 15 000 元，单位销售成本为 10 000 元，其销售收入已确认入账，货款已收取。经查明原因，同意乙企业退货，并办理退货手续和开具红字增值税专用发票。

（3）12 月 25 日，甲企业提出 12 月 5 日购买的产品质量不完全合格，经协商同意按销售价款的 10%给予折让，同时开具红字增值税专用发票。

要求：根据上述经济业务编制有关的会计分录。

3. 资料：某企业于 2014 年 11 月 10 日接受一项产品的安装业务，安装期 3 个月，合同总收入 450 000 元，至年底已预收款项 330 000 元，实际发生成本 210 000 元，估计还会发生 90 000 元的成本。

要求：计算 2014 年应确认的收入及结转的成本，同时编制有关的会计分录。

4. 资料：甲企业为增值税一般纳税企业，其销售的产品为应纳增值税产品，适用的增值税税率 17%，产品销售价款中均不含增值税额。甲企业适用的所得税税率为 25%。

该企业 2014 年度发生下列经济业务：

（1）销售 A 产品一批，产品销售价款为 800 000 元，产品销售成本 350 000 元，产品已发出，并开出增值税专用发票，收到购货单位签发并承兑的商业汇票。

（2）收到乙公司因产品质量问题退回的 B 产品一批，并验收入库。甲企业用银行存款支付了退货款，并按规定向乙公司开具了红字增值税专用发票。

该退货系甲企业 2013 年 12 月 20 日以提供现金折扣方式（折扣条件为：2/10、1/20、*n*/30，折扣仅限于销售价款部分）出售给乙公司的，产品销售价款为 40 000 元，产品销售成本为 220 000 元。销售款项于 12 月 29 日收到并存入银行。

（3）用银行存款支付发生的管理费用 67 800 元，计提坏账准备 4 000 元。

（4）销售产品应交的城市维护建设税 2 100 元，应交的教育费附加 900 元。

（5）计算应交所得税（假定甲企业不存在纳税调整因素、也不涉及暂时性差异）。

（6）结转本年利润（甲企业年末一次性结转损益类账户）。

（7）按净利润的 10%提取盈余公积。

（8）按净利润的 40%向投资者分配利润。

（9）结转利润分配各明细账户。

要求：根据上述业务编制甲企业 2014 年度经济事项的会计分录。

第 12 章　财务会计报告

通过本章的学习，应掌握资产负债表和利润表的编制方法；理解财务会计报告的组成内容；了解现金流量表和所有者权益变动表的结构和会计报表附注的主要内容。

12.1 财务会计报告概述

财务会计报告（又称财务报告），是指企业对外提供的反映企业某一特定日期的财务状况和某一会计期间的经营成果、现金流量等会计信息的文件。财务会计报告包括财务会计报表和其他应当在财务会计报告中披露的相关信息和资料。

12.1.1 财务会计报告的构成

财务会计报告的目的是提供有助于使用者决策的财务信息。这里所说的财务会计报告是通用的财务会计报告，它面向外部不同的使用者，所提供的应是外部集团共同关心、有用的信息，而不是针对某类使用者的特定信息需求。

财务会计报表至少应当包括下列组成部分：（1）资产负债表；（2）利润表；（3）现金流量表；（4）所有者权益（或股东权益，下同）变动表；（5）报表附注。

财务报表可以按照不同的标准进行分类：

（1）按财务报表编报期间的不同，可以分为中期财务报表和年度财务报表。中期财务报表是以短于一个完整会计年度的报告期间为基础编制的财务报表，包括月报、季报和半年报等。

（2）按财务报表编报主体的不同，可以分为个别财务报表和合并财务报表。个别财务报表是由企业在自身会计核算基础上对账簿记录进行加工而编制的财务报表，它主要用以反映企业自身的财务状况、经营成果和现金流量情况。合并财务报表是以母公司和子公司组成的企业集团为会计主体，根据母公司和所属子公司的财务报表，由母公司编制的综合反映企业集团财务状况、经营成果及现金流量的财务报表。

12.1.2 财务报表列报的基本要求

1．依据各项会计准则确认和计量的结果编制财务报表

企业应当根据实际发生的交易和事项，按照各项具体会计准则的规定进行确认和计量，并在此基础上编制财务报表。企业应当在附注中对这一情况做出声明，只有遵循了企业会计准则的所有规定时，财务报表才应当被称为“遵循了企业会计准则”。

企业不应以在附注中披露代替对交易和事项的确认和计量。也就是说，企业如果采用不恰当的会计政策，不得通过在附注中披露等其他形式予以更正。

2．列报基础

在编制财务报表的过程中，企业董事会应当对企业持续经营的能力进行评价，需要考虑的因素包括市场经营风险、企业目前或长期的盈利能力、偿债能力、财务弹性以及企业管理层改变经营政策的意向等。评价后对企业持续经营的能力产生严重怀疑的，应当在附注中披露导致对持续经营能力产生重大怀疑的重要的不确定因素。企业处于非持续经营状态时，应当采用其他基础编制财务报表。例如，企业处于破产状态时，其资产应当采用可变现净值计量、负债应当按照其预计的结算金额计量等。在非持续经营情况下，企业应当在附注中声明财务报表未以持续经营为基础列报，披露未以持续经营为基础的原因以及财务报表的编制基础。

注意

非持续经营状态：非持续经营是企业在极端情况下呈现的一种状态。企业存在以下情况之一的，通常表明企业处于非持续经营状态：（1）企业已在当期进行清算或停止营业；（2）企业已经正式决定在下一个会计期间进行清算或停止营业；（3）企业已确定在当期或下一个会计期间没有其他可供选择的方案而将被迫进行清算或停止营业。

3．重要性和项目列报

关于项目在财务报表中是单独列报还是合并列报，应当依据重要性原则来判断。具体包括：（1）性质或功能不同的项目，一般应当在财务报表中单独列报，比如存货和固定资产在性质上和功能上都有本质差别，必须分别在资产负债表上单独列报。但是不具有重要性的项目可以合并列报。（2）性质或功能类似的项目，一般可以合并列报，但是对其具有重要性的类别应该单独列报。比如原材料、在产品等项目在性质上类似，均通过生产过程形成企业的产品存货，因此可以合并列报，合并之后的类别统称为“存货”在资产负债表上列报。（3）项目单独列报的原则不仅适用于报表，还适用于附注。某些项目的重要性程度不足以在资产负债表、利润表、现金流量表或所有者权益变动表中单独列报，但是可能对附注而言却具有重要性，在这种情况下应当在附注中单独披露。（4）重要性是判断项目是否单独列报的重要标准。企业在进行重要性判断时，应当根据所处环境，从项目的性质和金额大小两方面予以判断：一方面，应当考虑该项目的性质是否属于企业日常活动、是否对企业的财务状况和经营成果具有较大影响等因素；另一方面，判断项目金额大小的重要性，应当通过单项金额占资产总额、负债总额、所有者权益总额、营业收入总额、净利润等直接相关项目金额的比重加以确定。

4．列报的一致性

可比性是会计信息质量的一项重要质量要求，目的是使同一企业不同期间和同一期间不同企业的财务报表相互可比。为此，财务报表项目的列报应当在各个会计期间保持一致，不得随意变更。这一要求不仅只针对财务报表中的项目名称，还包括财务报表项目的分类、排列顺序等方面。

在以下规定的特殊情况下，财务报表项目的列报是可以改变的：（1）会计准则要求改变财务报表项目的列报；（2）企业经营业务的性质发生重大变化或对企业经营影响较大的交易或事项发生后，变更财务报表项目的列报能够提供更可靠、更相关的会计信息。

5．财务报表项目金额间的相互抵销

财务报表项目应当以总额列报，资产和负债、收入和费用等不能相互抵销，即不得以净额列报，但企业会计准则另有规定的除外。比如，企业欠客户的应付款不得与其他客户欠本企业的应收款相抵销，如果相互抵销就掩盖了交易的实质。

下列两种情况不属于抵销，可以以净额列示：（1）一组类似交易形成的利得和损失以净额列示的，不属于抵销。如汇兑损益，应当以净额列报。（2）资产或负债项目按扣除备抵项目后的净额列示，不属于抵销。对资产计提减值准备，表明资产的价值确实已经发生减损，按扣除减值准备后的净额列示，才反映了资产当时的真实价值。（3）非日常活动的发生具有偶然性，并非企业主要的业务，从重要性来讲，非日常活动产生的损益以收入扣减费用后的净额列示，更有利于报表使用者的理解，也不属于抵销。

6．比较信息的列报

企业在列报当期财务报表时，至少应当提供所有列报项目上一可比会计期间的比较数据，以及与理解当期财务报表相关的说明，目的是向报表使用者提供对比数据，提高信息在会计期间的可比性，以反映企业财务状况、经营成果和现金流量的发展趋势，提高报表使用者的判断与决策能力。

在财务报表项目的列报确需发生变更的情况下，企业应当对上期比较数据按照当期的列报要求进行调整，并在附注中披露调整的原因和性质，以及调整的各项目金额。但是，在某些情况下，对上期比较数据进行调整是不切实可行的，则应当在附注中披露不能调整的原因。

7．财务报表表首的列报要求

财务报表一般分为表首、正表两部分，其中，在表首部分企业应当概括地说明下列基本信息：（1）编报企业的名称。如企业名称在所属当期发生了变更的，还应明确标明。（2）对资产负债表而言，须披露资产负债表日，而对利润表、现金流量表、所有者权益变动表而言，则须披露报表涵盖的会计期间。（3）货币名称和单位。按照我国企业会计准则的规定，企业应当以人民币作为记账本位币列报，并标明金额单位，如人民币元、人民币万元等。（4）财务报表是合并财务报表的，应当予以标明。

8．报告期间

企业至少应当编制年度财务报表。根据《中华人民共和国会计法》的规定，会计年度自公历 1 月 1 日起至 12 月 31 日止。因此，企业在编制年度财务报表时，可能存在年度财务报表涵盖的期间短于一年的情况，比如企业在年度中间（如 3 月 1 日）开始设立等。在这种情况下，企业应当披露年度财务报表的实际涵盖期间及其短于一年的原因，并说明由此引起财务报表项目与比较数据不具可比性这一事实。

12.2 资产负债表

资产负债表是总括反映企业在某一特定日期（如月末、季末或年末）的财务状况的会计报表。

12.2.1 资产负债表的内容和结构

资产负债表反映企业在某一特定日期所拥有或控制的经济资源、所承担的现时义务和所有者对净资产的要求权。

通过资产负债表，可以提供某一日期资产的总额及其结构，表明企业拥有或控制的资源及其分布情况，使用者可以一目了然地从资产负债表上了解企业在某一特定日期所拥有的资产总量及其结构；可以提供某一日期的负债总额及其结构，表明企业未来需要用多少资产或劳务清偿债务以及清偿时间；可以反映所有者所拥有的权益，据以判断资本保值、增值的情况以及对负债的保障程度。此外，资产负债表还可以提供进行财务分析的基本资料，如将流动资产与流动负债进行比较，计算出流动比率；将速动资产与流动负债进行比较，计算出速动比率等，可以表明企业的变现能力、偿债能力和资金周转能力，从而有助于报表使用者做出经济决策。

在我国，资产负债表采用账户式结构，报表分为左右两方，左方列示资产各项目，反映全部资产的分布及存在形态；右方列示负债和所有者权益各项目，反映全部负债和所有者权益的内容及构成情况。资产负债表左右双方平衡，资产总计等于负债和所有者权益总计，即“资产=负债+所有者权益”。此外，为了使使用者通过比较不同时点资产负债表的数据，掌握企业财务状况的变动情况及发展趋势，企业需要提供比较资产负债表，资产负债表还就各项目再分为“年初余额”和“期末余额”两栏分别填列。资产负债表的具体格式如表 12.1 所示。

1．资产的排列顺序

（1）流动资产。包括在一年或超过一年的一个经营周期以内可以变现或耗用、售出的全部资产。在资产负债表上排列为：货币资金、交易性金融资产、应收票据、应收账款、预付款项、应收利息、应收股利、其他应收款、存货、一年内到期的非流动资产等。

（2）非流动资产。包括变现能力在一年或超过一年的一个经营周期以上的资产。在资产负债表上排列为：可供出售金融资产、持有至到期投资、长期应收款、长期股权投资、投资性房地产、固定资产、工程物资、在建工程、固定资产清理、生产性生物资产、油气资产、无形资产、开发支出、商誉、长期待摊费用、递延所得税资产等。

2．负债的排列顺序

（1）流动负债。包括偿还期在一年以内的全部负债。在资产负债表上排列顺序为：短期借款、交易性金融负债、应付票据、应付账款、预收款项、应付职工薪酬、应交税费、应付利息、应付股利、其他应付款、一年内到期的非流动负债等。

（2）非流动负债。包括偿还期在一年或超过一年的一个经营周期以上的债务。在资产负债表上排列顺序为：长期借款、应付债券、长期应付款、专项应付款、预计负债、递延所得税负债等。

3．所有者权益的排列顺序

所有者权益包括所有者投资、企业在生产经营过程中形成的盈余公积和未分配利润。在资产负债表上的排列顺序为：实收资本、资本公积、盈余公积和未分配利润等。

表12.1　资产负债表

会企01表

编制单位：　　　　年　月　日　　　　单位：元

资产	期末余额	年初余额	负债和所有者权益	期末余额	年初余额
流动资产：			流动负债：		
货币资金			短期借款		
交易性金融资产			交易性金融负债		
应收票据			应付票据		
应收账款			应付账款		
预付款项			预收款项		
应收利息			应付职工薪酬		
应收股利			应交税费		
其他应收款			应付利息		
存货			应付股利		
一年内到期的非流动资产			其他应付款		
其他流动资产			一年内到期的非流动负债		
流动资产合计			其他流动负债		
非流动资产：			流动负债合计：		
可供出售金融资产			非流动负债：		
持有至到期投资			长期借款		
长期应收款			应付债券		
长期股权投资			长期应付款		
投资性房地产			专项应付款		
固定资产			预计负债		
工程物资			递延所得税负债		
在建工程			其他非流动负债		
固定资产清理			非流动负债合计		
生产性生物资产			负债合计		
油气资产			所有者权益：		
无形资产			实收资本		
开发支出			资本公积		
商誉			减：库存股		
长期待摊费用			盈余公积		
递延所得税资产			未分配利润		
其他非流动资产			所有者权益合计		
非流动资产合计					
资产总计			负债和所有者权益总记		

12.2.2　资产负债表的填列方法

1．资产负债表“年初余额”栏的填列方法

资产负债表中“年初余额”栏的各项数字，应按上年年末资产负债表中“期末余额”栏中的数字填列。“期末余额”栏内各项数字根据会计期末各总账账户及所属明细账户余额填列。若本年度资产负债表中规定的各项目的名称和内容与上年度不一致，应对上年年末资产负债表中各项的名称和数字按照本年度的规定进行调整后，填入表中的“年初余额”栏。

注意	本表中的“年初余额”栏通常根据上年末有关项目的期末余额填列，且与上年末资产负债表“期末余额”栏相一致。企业在首次执行新准则时，应当按照《企业会计准则第 38 号——首次执行企业会计准则》中的要求，对首次执行新准则当年的“年初余额”栏及相关项目进行调整；以后期间，如果企业发生了会计政策变更、前期差错更正，应当对“年初余额”栏中的有关项目进行相应调整。此外，如果企业上年度资产负债表规定的项目名称和内容与本年度不一致，应当对上年年末资产负债表相关项目的名称和数字按照本年度的规定进行调整，填入“年初余额”栏。

2．资产负债表“期末余额”栏的填列方法

资产负债表“期末余额”栏一般应根据资产、负债和所有者权益类账户的期末余额填列。

（1）根据总账账户余额填列。“交易性金融资产”“工程物资”“固定资产清理”“递延所得税资产”“短期借款”“交易性金融负债”“应付票据”“应付职工薪酬”“应交税费”“应付利息”“应付股利”“其他应付款”“专项应付款”“预计负债”“递延所得税负债”“实收资本（或股本）”“资本公积”“库存股”“盈余公积”等项目，应根据有关总账账户的余额填列。

有些项目则应根据几个总账账户的期末余额计算填列：“货币资金”项目，应根据“库存现金”“银行存款”“其他货币资金”3 个总账账户的期末余额的合计数填列；“其他非流动资产”“其他流动负债”项目，应根据有关账户的期末余额分析填列。

（2）根据明细账账户余额计算填列。“开发支出”项目，应根据“研发支出”账户中所属的“资本化支出”明细账户期末余额填列；“应付账款”项目，应根据“应付账款”和“预付账款”两个账户所属的相关明细账户的期末贷方余额合计数填列；“预收款项”项目，应根据“预收账款”和“应收账款”账户所属各明细账户的期末贷方余额合计数填列；“一年内到期的非流动资产”“一年内到期的非流动负债”项目，应根据有关非流动资产或非流动负债项目的明细账户余额分析填列；“长期借款”“应付债券”项目，应分别根据“长期借款”“应付债券”账户的明细账户余额分析填列；“未分配利润”项目，应根据“利润分配”账户中所属的“未分配利润”明细账户期末余额填列。

（3）根据总账账户和明细账账户余额分析计算填列。“长期借款”项目，应根据“长期借款”总账账户余额扣除“长期借款”账户所属的明细账户中将在资产负债表日起一年内到期且企业不能自主地将清偿义务展期的长期借款后的金额计算填列；“长期待摊费用”项目，应根据“长期待摊费用”账户的期末余额减去将于一年内（含一年）摊销的数额后的金额填列；“其他非流动负债”项目，应根据有关账户的期末余额减去将于一年内（含一年）到期偿还数后的金额填列。

（4）根据有关账户余额减去其备抵账户余额后的净额填列。“可供出售金融资产”“持有至到期投资”“长期股权投资”“在建工程”“商誉”项目，应根据相关账户的期末余额填列，已计提减值准备的，还应扣减相应的减值准备；“固定资产”“无形资产”“投资性房地产”“生产性生物资产”“油气资产”项目，应根据相关账户的期末余额扣减相关的累计折旧（或摊销、折耗）填列，已计提减值准备的，还应扣减相应的减值准备，采用公允价值计量的上述资产，应根据相关账户的期末余额填列；“长期应收款”项目，应根据“长期应收款”账户的期末余额，减去相应的“未实现融资收益”账户和“坏账准备”账户所属相关明细账户期末余额后的金额填列；“长期应付款”项目，应根据“长期应付款”账户的期末余额，减去相应的“未确认融资费用”账户期末余额后的金额填列。

（5）综合运用上述填列方法分析填列。主要包括：“应收票据”“应收利息”“应收股利”“其他应收款”项目，应根据相关账户的期末余额，减去“坏账准备”账户中有关坏账准备期末余额后的金额填列；“应收账款”项目，应根据“应收账款”和“预收账款”账户所属各明细账户的期末借方余额合计数，减去“坏账准备”账户中有关应收账款计提的坏账准备期末余额后的金额填列；“预付款项”项目，应根据“预付账款”和“应付账款”账户所属各明细账户的期末借方余额合计数，减去“坏账准备”账户中有关预付款项计提的坏账准备期末余额后的金额填列；“存货”项目，应根据“材料采购”“原材料”“发出商品”“库存商品”“周转材料”“委托加工物资”“生产成本”“受托代销商品”等账户的期末余额合计，减去“受托代销商品款”“存货跌价准备”账户期末余额后的金额填列，材料采用计划成本核算，以及库存商品采用计划成本核算或售价核算的企业，还应按加或减材料成本差异、商品进销差价后的金额填列。

12.2.3　资产负债表的编制举例

【例 12.1】东方电器股份有限公司 20×5 年 12 月 31 日有关总分类账户及明细分类账户余额如表 12.2、表 12.3 所示。

表 12.2　总分类账户余额表

20×5 年 12 月 31 日　　单位：元

账户名称	借方余额	账户名称	贷方余额
库存现金	5 000	短期借款	79 800
银行存款	178 000	应付账款	8 000
应收账款	37 500	预收账款	1 000
预付账款	2 000	应付职工薪酬	35 755
原材料	210 745	应交税费	43 250
库存商品	56 350	实收资本	510 000
生产成本	10 000	资本公积	8 900
持有至到期投资	86 000	盈余公积	31 000
固定资产	145 000	利润分配	9 120
在建工程	32 500	坏账准备	7 500
本年利润	66 230	累计折旧	95 000
合计	829 325	合计	829 325

注：“持有至到期投资”账户余额中有 10 000 元将于 1 年内到期。

根据 20×5 年 12 月 31 日有关总分类账户及明细分类账户余额表及相关明细资料，编制资产负债表。

表 12.3　明细分类账户余额表

20×5 年 12 月 31 日　　　　单位：元

总账科目	余额		明细科目	余额	
	借方	贷方		借方	贷方
应收账款	37 500		A 公司	52 500	
			B 公司		15 000
预付账款	2 000		C 公司	7 000	
			D 公司		5 000
应付账款		8 000	A 公司		50 000
			C 公司	42 000	
预收账款		1 000	B 公司	1 000	
			D 公司		2 000

（1）货币资金=“库存现金”总分类账户借方余额 +“银行存款”总分类账户借方余额 =5 000+178 000=183 000（元）

（2）应收账款=“应收账款”明细分类账户借方余额 +“预收账款”明细分类账户借方余额=52 500+1 000−7 500=46 000（元）

（3）预付账款=“预付账款”明细分类账户借方余额 +“应付账款”明细分类账户借方余额=7 000+42 000=49 000（元）

（4）存货=“原材料”账户借方余额 +“库存商品”账户借方余额 +“生产成本”账户借方余额=210 745+56 350+10 000=277 095（元）

（5）持有至到期投资=“持有至到期投资”账户借方余额−将于一年内到期的部分 =86 000−10 000=76 000（元）

（6）固定资产=“固定资产”账户借方余额 −“累计折旧”账户贷方余额=145 000−95 000=50 000（元）

（7）应付账款=“应付账款”明细分类账户贷方余额 +“预付账款”明细分类账户贷方余额=50 000+5 000=55 000（元）

（8）预收款项=“预收账款”明细分类账户贷方余额 +“应收账款”明细分类账户贷方余额=2 000+15 000=17 000（元）

（9）未分配利润=“利润分配”总分类账户贷方余额 −“本年利润”总分类账户借方余额 =9 120 − 66 230=−57 110（元）

表 12.4　资产负债表

会企 01 表

编制单位：东方电器股份有限公司　　　　20×5 年 12 月 31 日　　　　单位：元

资产	期末余额	年初余额	负债和所有者权益	期末余额	年初余额
流动资产： 货币资金 交易性金融资产 应收票据	183 000	略	流动负债： 短期借款 交易性金融负债 应付票据	79 800	略

续表

资产	期末余额	年初余额	负债和所有者权益	期末余额	年初余额
应收账款	46 000		应付账款	55 000	
预付款项	49 000		预收款项	17 000	
应收利息		略	应付职工薪酬	35 755	
应收股利			应交税费	43 250	
其他应收款			应付利息		
存货	277 095		应付股利		
一年内到期的非流动资产	10 000		其他应付款		
其他流动资产			一年内到期的非流动负债		
流动资产合计	565 095		其他流动负债		
非流动资产：			流动负债合计	2 230 805	
可供出售金融资产			非流动负债：		
持有至到期投资	76 000		长期借款		
长期应收款			应付债券		
长期股权投资			长期应付款		
投资性房地产			专项应付款		
固定资产	50 000		预计负债		
工程物资			递延所得税负债		
在建工程	32 500		其他非流动负债		
固定资产清理			非流动负债合计		
生产性生物资产			负债合计		
油气资产			所有者权益：		
无形资产			实收资本	510 000	
开发支出			资本公积	8 900	
商誉			减：库存股		
长期待摊费用			盈余公积	31 000	
递延所得税资产			未分配利润	–57 000	
其他非流动资产			所有者权益合计	492 790	
非流动资产合计	158 500				
资产总计	723 595		负债和所有者权益	723 595	

12.3 利润表

12.3.1 利润表的内容及结构

1. 利润表的内容

利润表又称损益表，是反映企业在一定会计期间内的经营成果的会计报表。利润表的列报必须充分反映企业经营业绩的主要来源和构成，有助于使用者判断净利润的质量及其风险，有助于使用者预测净利润的持续性，从而做出正确的决策。

通过利润表，可以反映企业一定会计期间的收入实现情况，如实现的营业收入有多少，实现的投资收益有多少，实现的营业外收入有多少；可以反映一定会计期间的费用耗费情况，如耗费的营业成本有多少，营业税费有多少，销售费用、管理费用、财务费用各有多少，营业外支出有多少；可以反映企业生产经营活动的成果，即净利润的实现情况，据以判断资本保值、增值情况，等等。将利润表中的信息与资产负债表中的信息相结合，还可以提供进行财务分析的基本资料，如将赊销收入净额与应收账款平均余额进行比较，计算出应收账款周转率；将销货成本与存货平均余额进行比较，计算出存货周转率；将净利润与资产总额进行比较，计算出资产收益率等，可以表现企业资金周转情况以及企业的盈利能力和水平，便于报表使用者判断企业未来的发展趋势，做出经济决策。

利润表主要反映以下几方面的内容：（1）营业收入，由主营业务收入和其他业务收入组成。（2）营业利润，营业收入减去营业成本（主营业务成本、其他业务成本）、营业税金及附加、销售费用、管理费用、财务费用、资产减值损失，加上公允价值变动收益、投资收益，即为营业利润。（3）利润总额，营业利润加上营业外收入，减去营业外支出，即为利润总额。（4）净利润，利润总额减去所得税费用，即为净利润。（5）每股收益，普通股或潜在普通股已公开交易的企业，以及正处于公开发行普通股或潜在普通股过程中的企业，还应当在利润表中列示每股收益信息，包括基本每股收益和稀释每股收益两项指标。（6）其他综合收益，其他综合收益反映企业根据企业会计准则规定未在损益中确认的各项利得和损失扣除所得税影响后的净额。（7）综合收益总额，综合收益总额是企业净利润与其他综合收益的合计金额。

2．利润表的结构

利润表一般包括表首、正表两部分。其中，表首概括说明报表名称、编制单位、编制日期、报表编号、货币名称、计量单位；正表是利润表的主体，反映形成经营成果的各个项目和计算过程。正表的格式一般有两种：单步式利润表和多步式利润表。单步式利润表是将当期所有的收入列在一起，然后将所有的费用列在一起，两者相减得出当期净损益。多步式利润表是通过对当期的收入、费用、支出项目按性质加以归类，按利润形成的主要环节列示一些中间性的利润指标，如营业利润、利润总额、净利润，分步计算当期净损益。此外，为了使报表使用者通过比较不同期间利润的实现情况，判断企业经营成果的未来发展趋势，企业需要提供比较利润表，利润表还就各项目再分为“本期金额”和“上期金额”两栏分别填列。利润表具体格式如表12.5所示。

表12.5　利润表

会企02表

编报单位：　　　　年　　月　　　　单位：元

项目	本期金额	上期金额
一、营业收入		
减：营业成本		
营业税金及附加		
销售费用		
管理费用		
财务费用		
资产减值损失		

续表

项目	本期金额	上期金额
加：公允价值变动收益		
投资收益		
二、营业利润		
加：营业外收入		
减：营业外支出		
三、利润总额		
减：所得税费用		
四、净利润		
五、每股收益		
（一）基本每股收益		
（二）稀释每股收益		
六、其他综合收益		
七、综合收益总额		

注意　在我国，企业利润表采用的基本上是多步式结构，即通过对当期的收入、费用、支出项目按性质加以归类，按利润形成的主要环节列示一些中间性利润指标，分步计算当期净损益。

12.3.2 利润表的填列方法

利润表中的栏目分为“本期金额”栏和“上期金额”栏。“本期金额”栏根据“营业收入”“营业成本”“营业税金及附加”“销售费用”“管理费用”“财务费用”“资产减值损失”“公允价值变动损益”“营业外收入”“营业外支出”“所得税费用”等损益类账户的发生额分析填列。其中，“营业利润”“利润总额”“净利润”项目根据本表中相关项目计算填列。

1．利润表“上期金额”栏的填列方法

利润表中的“上期金额”栏应根据上期利润表“本期金额”栏内所列数字填列。如果上年该期利润表规定的各个项目的名称和内容同本期不相一致，应对上期利润表各项目的名称和数字按本期的规定进行调整，填入“上期金额”栏。

2．利润表“本期金额”栏的填列方法

利润表中的“本期金额”栏一般是根据各损益类账户的本期发生额计算分析填列。

（1）“营业收入”项目，反映企业经营活动所取得的收入总额。本项目应根据“主营业务收入”“其他业务收入”等账户的发生额分析填列。

（2）“营业成本”项目，反映企业经营活动发生的实际成本。本项目应根据“主营业务成本”“其他业务成本”等账户的发生额分析填列。

（3）“营业税金及附加”“销售费用”“管理费用”“财务费用”“资产减值损失”等项目，应根据相应账户的发生额分析填列。

（4）“公允价值变动收益”项目，反映企业确认的交易性金融资产或交易性金融负债的公允价值变动额。本项目应根据“公允价值变动损益”账户的发生额分析填列，如为净损失，以“－”号填列。

（5）“投资收益”项目，反映企业以各种方式对外投资所取得的收益。本项目应根据“投资收益”账户的发生额分析填列，如为投资损失，以“－”号填列。

（6）“营业外收入”项目和“营业外支出”项目，反映企业发生的与其生产经营无直接关系的各项收入和支出。这两个项目应分别根据“营业外收入”账户和“营业外支出”账户的发生额分析填列。

（7）“利润总额”项目，反映企业实现的利润总额。如为亏损，以“－”号填列。

（8）“所得税费用”项目，反映企业按规定从本期损益中减去的所得税。本项目应根据“所得税费用”账户的发生额分析填列。

（9）“净利润”项目，反映企业实现的净利润。如为净亏损，以“－”号填列。

（10）每股收益项目，企业应当在利润表中单独列示基本每股收益和稀释每股收益。具体计算参见本书第11章。

（11）其他综合收益项目，此项主要依据“资本公积——其他资本公积”账户的发生额分析填列。

（12）综合收益总额项目，此项目是净利润和其他综合收益的合计金额。

12.3.3 利润表的编制举例

【例12.2】东方电器股份有限公司 20×5 年度有关损益类账户本年累计发生净额如表12.6所示。

表12.6 东方电器股份有限公司损益类账户20×5年度累计发生净额

单位：元

账户名称	借方发生额	贷方发生额
主营业务收入		1 250 000
主营业务成本	1 750 000	
营业税金及附加	2 000	
销售费用	20 000	
管理费用	157 100	
财务费用	41 500	
资产减值损失	30 900	
投资收益		31 500
营业外收入		50 000
营业外支出	19 700	
所得税费用	85 300	

根据上述资料，编制东方电器股份有限公司20×5年度利润表，如表12.7所示。

表 12.7　利润表

会企 02 表

编制单位：东方电器股份有限公司　　　　20×5 年　　　　单位：元

项目	本期金额	上期金额（略）
一、营业收入	1 250 000	
减：营业成本	750 000	
营业税金及附加	2 000	
销售费用	20 000	
管理费用	157 100	
财务费用	41 500	
资产减值损失	30 900	
加：公允价值变动收益（损失以"–"号填列）	0	
投资收益（损失以"–"号填列）	31 500	
其中：对联营企业和合营企业的投资收益	0	
二、营业利润（亏损以"–"号填列）	280 000	
加：营业外收入	50 000	
减：营业外支出	19 700	
其中：非流动资产处置损失	（略）	
三、利润总额（亏损总额以"–"号填列）	310 300	
减：所得税费用	85 300	
四、净利润（净亏损以"–"号填列）	225 000	
五、每股收益	（略）	
（一）基本每股收益		
（二）稀释每股收益		
六、综合收益		
（一）其他综合收益		
（二）综合收益总额		

12.4　现金流量表

12.4.1　现金流量表的内容与结构

1．现金流量表的内容

现金流量表是指反映企业一定会计期间内的现金及现金等价物的流入和流出情况的会计

报表。从编制原则上看，现金流量表按照收付实现制原则编制，将权责发生制下的盈利信息调整为收付实现制下的现金流量信息，便于信息使用者了解企业净利润的质量。从内容上看，现金流量表被划分为经营活动、投资活动和筹资活动 3 个部分，每类活动又分为各具体项目，这些项目从不同角度反映企业业务活动的现金流入与流出，弥补了资产负债表和利润表提供信息的不足。

通过现金流量表，报表使用者能够了解现金流量的影响因素，评价企业的支付能力、偿债能力和周转能力，预测企业未来现金流量，为其决策提供有力依据。为更好地理解和运用现金流量表，必须正确界定如下概念：

（1）现金，指企业库存现金及可以随时用于支付的存款。应注意的是，银行存款和其他货币资金中有些不能随时用于支付的存款，如不能随时支取的定期存款等，不应作为现金，而应列做投资；提前通知金融企业便可支取的定期存款，则应包括在现金范围内。

（2）现金等价物，指企业持有的期限短、流动性强、易于转化为已知金额现金、价值变动风险很小的投资。一项投资被确认为现金等价物必须同时具备 4 个条件：期限短、流动性强、易于转化为已知金额现金、价值变动风险很小。其中，期限较短一般是指从购买日起 3 个月内到期，例如可在证券市场上流通的 3 个月到期的短期债券投资等。

（3）现金流量，指企业现金和现金等价物的流入和流出。应该注意的是，企业现金形式的转换不会产生现金的流入和流出，如企业从银行提取现金，是企业现金存放形式的转换，并未流出企业，不构成现金流量；同样，现金和现金等价物之间的转换也不属于现金流量，比如，企业用现金购买将于 3 个月内到期的国库券。

2．现金流量表的结构

在现金流量表中，现金及现金等价物被视为一个整体，企业现金形式的转换不会产生现金的流入和流出。例如，企业从银行提取现金，是企业现金存放形式的转换，并未流出企业，不构成现金流量。同样，现金与现金等价物之间的转换也不属于现金流量，例如，企业用现金购买 3 个月到期的国库券。根据企业业务活动的性质和现金流量的来源，现金流量表在结构上将企业一定期间产生的现金流量分为 3 类：经营活动产生的现金流量、投资活动产生的现金流量和筹资活动产生的现金流量。现金流量表的具体格式如表 12.8 所示。

表 12.8　现金流量表

会企 03 表

编报单位：　　　　年　　月　　　　单位：元

项目	本期金额	上期金额
一、经营活动产生的现金流量：		
销售商品、提供劳务收到的现金		
收到的税费返还		
收到的其他与经营活动有关的现金		
现金流入小计		
购买商品、接受劳务支付的现金		
支付给职工以及为职工支付的现金		
支付的各项税费		
支付的其他与经营活动有关的现金		
现金流出小计		

续表

项目	本期金额	上期金额
经营活动产生的现金流量净额		
二、投资活动产生的现金流量：		
收回投资所收到的现金		
取得投资收益所收到的现金		
处置固定资产、无形资产和其他长期资产所收回的现金净额		
处置子公司及其他营业单位收到的现金净额		
收到的其他与投资活动有关的现金		
现金流入小计		
购建固定资产、无形资产和其他长期资产所支付的现金		
投资所支付的现金		
取得子公司及其他营业单位支付的现金净额		
支付的其他与投资活动有关的现金		
现金流出小计		
投资活动产生的现金流量净额		
三、筹资活动产生的现金流量:		
吸收投资所收到的现金		
借款所收到的现金		
收到的其他与筹资活动有关的现金		
现金流入小计		
偿还债务所支付的现金		
分配股利、利润或偿付利息所支付的现金		
支付的其他与筹资活动有关的现金		
现金流出小计		
筹资活动产生的现金流量净额		
四、汇率变动对现金及现金等价物的影响		
五、现金及现金等价物净增加额		
加：期初现金及现金等价物余额		
六、期末现金及现金等价物余额		

12.4.2 现金流量表的填列方法

1. 经营活动产生的现金流量

经营活动是指企业投资活动和筹资活动以外的所有交易和事项。各类企业由于行业特点不同：对经营活动的认定存在一定差异。对于工商企业而言，经营活动主要包括销售商品、提供劳务、购买商品、接受劳务、支付税费等。编制现金流量表的时候，经营活动现金流量有两种列示方法：一为直接法，二为间接法。这两种方法通常也称为现金流量表的编制方法。

直接法是通过现金收入和支出的主要类别反映来自企业经营活动的现金流量。一般以利润表中的营业收入为起点，调整与经营活动有关项目的增减活动，然后计算出经营活动的现金流量。间接法是以本期净利润为起点，调整不涉及现金的收入、费用、营业外收支以及有关项目的增减变动，据此计算出经营活动的现金流量。

> **注意**
>
> 在我国，企业经营活动产生的现金流量应当采用直接法填列，同时要求在补充资料中用间接法来计算现金流量。有关经营活动现金流量的信息，可通过以下途径之一取得：
>
> （1）直接根据企业有关账户的会计记录分析填列。
>
> （2）对当期业务进行分析并对有关项目进行调整。

2．投资活动产生的现金流量

投资活动是指企业长期资产的购建和不包括在现金等价物范围内的投资及其处置活动。长期资产是指固定资产、无形资产、在建工程、其他资产等持有期限在一年或一个营业周期以上的资产。这里所讲的投资活动，既包括实物资产投资，也包括金融资产投资。这里之所以将“包括在现金等价物范围内的投资”排除在外，是因为已经将包括在现金等价物范围内的投资视同现金。

3．筹资活动产生的现金流量

筹资活动是指导致企业资本及债务规模和构成发生变化的活动。这里所说的资本，既包括实收资本（股本），也包括资本溢价（股本溢价）；这里所说的债务，指对外举债，包括向银行借款、发行债券以及偿还债务等。通常情况下，应付账款、应付票据等商业应付款属于经营活动，不属于筹资活动。此外，对于企业日常活动之外的、不经常发生的特殊项目，如自然灾害损失、保险赔款、捐赠等，应当归并到相关类别中，并单独反映。

4．汇率变动对现金及现金等价物的影响

编制现金流量表时，应当将企业外币现金流量以及境外子公司的现金流量折算成记账本位币。外币现金流量以及境外子公司的现金流量，应当采用现金流量发生日的即期汇率或按照系统合理的方法确定的、与现金流量发生日即期汇率近似的汇率折算。汇率变动对现金的影响额应当作为调节项目，在现金流量表中单独列报。

5．现金流量表补充资料

除现金流量表反映的信息外，企业还应在附注中披露将净利润调节为经营活动现金流量，不涉及现金收支的重大投资和筹资活动、现金及现金等价物净变动情况等信息。

12.5 所有者权益变动表

12.5.1 所有者权益变动表的内容和结构

1．所有者权益变动表的内容

所有者权益变动表是指反映构成所有者权益各组成部分当期增减变动情况的报表。所有者权益变动表应当全面反映一定时期所有者权益变动的情况，不仅包括所有者权益总量的增减变动，还包括所有者权益增减变动的重要结构性信息，特别是要反映直接计入所有者权益的利得和损失，让报表使用者准确理解所有者权益增减变动的根源。

在所有者权益变动表中，企业至少应当单独列示反映下列信息的项目：（1）净利润；（2）其他综合收益；（3）会计政策变更和差错更正的累积影响金额；（4）所有者投入资本和向所有者分配利润等；（5）提取的盈余公积；（6）实收资本或股本、资本公积、盈余公积、未分配利润的期初和期末余额及其调节情况。

2．所有者权益变动表的结构

为了清楚地表明构成所有者权益的各组成部分当期的增减变动情况，所有者权益变动表应当以矩阵的形式列示：一方面，列示导致所有者权益变动的交易或事项，改变了以往仅仅按照所有者权益的各组成部分反映所有者权益变动情况，而是从所有者权益变动的来源对一定时期所有者权益变动情况进行全面反映；另一方面，按照所有者权益各组成部分（包括实收资本、资本公积、盈余公积、未分配利润和库存股）及其总额列示交易或事项对所有者权益的影响。此外，企业还需要提供比较所有者权益变动表，所有者权益变动表还就各项目再分为“本年金额”和“上年金额”两栏分别填列。所有者权益变动表的具体格式如表12.9所示。

12.5.2　所有者权益变动表的填列方法

1．上年金额栏的填列方法

所有者权益变动表“上年金额”栏内各项数字，应根据上年度所有者权益变动表“本年金额”栏内所列数字填列。如果上年度所有者权益变动表规定的各个项目的名称和内容同本年度不相一致，应对上年度所有者权益变动表各项目的名称和数字按本年度的规定进行调整，填入所有者权益变动表“上年金额”栏内。

2．本年金额栏的填列方法

所有者权益变动表“本年金额”栏内各项数字一般应根据“实收资本（或股本）”“资本公积”“盈余公积”“利润分配”“库存股”“以前年度损益调整”账户的发生额分析填列。

12.6　财务报表附注

财务报表附注是财务报表的重要组成部分。企业应当按照规定披露附注信息。

附注是对资产负债表、利润表、现金流量表和所有者权益变动表等报表中列示项目的文字描述或明细资料，以及对未能在这些报表中列示项目的说明等。附注是财务报表的重要组成部分。附注应当按照如下顺序披露有关内容：

1．企业的基本情况

（1）企业注册地、组织形式和总部地址。

（2）企业的业务性质和主要经营活动。

（3）母公司以及集团最终母公司的名称。

（4）财务报告的批准报出者和财务报告批准报出日。

2．财务报表的编制基础

3．遵循企业会计准则的声明

企业应当明确说明编制的财务报表符合企业会计准则的要求，真实、公允地反映了企业的财务状况、经营成果和现金流量等有关信息，以此明确企业编制财务报表所依据的制度基础。如果企业编制的财务报表只是部分地遵循了企业会计准则，附注中不得做出这种表述。

表 12.9 所有者权益变动表

会企 04 表

编制单位：　　　　　　　　　　　　年度　　　　　　　　　　　　单位：元

项目	本年金额						上年金额					
	实收资本（或股本）	资本公积	减：库存股	盈余公积	未分配利润	所有者权益合计	实收资本（或股本）	资本公积	减：库存股	盈余公积	未分配利润	所有者权益合计
一、上年年末余额												
加：会计政策变更												
前期差错更正												
二、本年年初余额												
三、本年增减变动金额（减少以“–”号填列）												
（一）净利润												
（二）直接计入所有者权益的利得和损失												
1. 可供出售金融资产公允价值变动净额												
2. 权益法下被投资单位其他所有者权益变动的影响												
3. 与计入所有者权益项目相关的所得税影响												
4. 其他												
上述（一）和（二）小计												
（三）所有者投入和减少资本												
1. 所有者投入资本												
2. 股份支付计入所有者权益的金额												
3. 其他												
（四）利润分配												

续表

项目	本年金额						上年金额					
	实收资本（或股本）	资本公积	减：库存股	盈余公积	未分配利润	所有者权益合计	实收资本（或股本）	资本公积	减：库存股	盈余公积	未分配利润	所有者权益合计
1. 提取盈余公积												
2. 对所有者（或股东）的分配												
3. 其他												
（五）所有者权益内部结转												
1. 资本公积转增资本（或股本）												
2. 盈余公积转增资本（或股本）												
3. 盈余公积弥补亏损												
4. 其他												
四、本年年末余额												

4．重要会计政策和会计估计

企业应当披露采用的重要会计政策和会计估计，不重要的会计政策和会计估计可以不披露。

（1）重要会计政策的说明。由于企业经济业务的复杂性和多样化，某些经济业务可以有多种会计处理方法，也即存在不止一种可供选择的会计政策。企业在发生某项经济业务时，必须从允许的会计处理方法中选择适合本企业特点的会计政策。企业选择不同的会计处理方法，可能极大地影响企业的财务状况和经营成果，进而编制出不同的财务报表。为了有助于使用者理解，有必要对这些会计政策加以披露。

（2）重要会计估计的说明。企业应当披露会计估计中所采用的关键假设和不确定因素的确定依据，这些关键假设和不确定因素在下一会计期间内很可能导致资产、负债账面价值进行重大调整。在确定报表中确认的资产和负债的账面金额过程中，企业有时需要对不确定的未来事项在资产负债表日对这些资产和负债的影响加以估计。

5．会计政策和会计估计变更以及差错更正的说明

企业应当按照《企业会计准则第 28 号——会计政策、会计估计变更和差错更正》及其应用指南的规定，披露会计政策和会计估计变更以及差错更正的有关情况。

6．重要报表项目的说明

企业应当以文字和数字描述相结合，尽可能以列表形式披露重要报表项目的构成或当期增减变动情况，并且报表重要项目的明细金额合计，应当与报表项目金额相衔接。在披露顺序上，一般应当按照资产负债表、利润表、现金流量表、所有者权益变动表的顺序及其报表项目列示的顺序。

7．其他需要说明的重要事项

这主要包括或有和承诺事项、资产负债表日后非调整事项、关联方关系及其交易等内容。

8．有助于财务报表使用者评价企业管理资本的目标、政策及程序的信息

9．其他综合收益的信息

10．企业终止经营的相关信息

企业应当在报表附注中披露终止经营的收入、费用、利润总额、所得税费用和净利润，以及归属于母公司所有者的终止经营利润。

11．资产负债表日后宣布发放股利的信息

企业应当在报表附注中披露资产负债表日后、财务报告批准报出日前提议或宣布发放的股利总额和每股股利金额。

本章小结

财务会计报告是指企业对外提供的反映企业某一特定日期的财务状况和某一会计期间的经营成果、现金流量等会计信息的文件。财务报表至少应当包括下列组成部分：（1）资产负债表；（2）利润表；（3）现金流量表；（4）所有者权益（或股东权益。下同）变动表；（5）附注。

资产负债表是总括反映企业在某一特定日期（月末、季末或年末）的财务状况的会计报表。在我国，资产负债表采用账户式结构，报表分为左右两方，左方列示资产各项目，反映全部资产的分布及存在形态；右方列示负债和所有者权益各项目，反映全部负债和所有者权益的内容及构成情况。资产负债表左右双方平衡，资产总计等于负债和所有者权益总计，即“资产=负债+所有者权益”。资产负债表根据相关账户的余额分析填列。

利润表又称损益表，是反映企业在一定会计期间的经营成果的会计报表。利润表的列报必须充分反映企业经营业绩的主要来源和构成，有助于使用者判断净利润的质量及其风险，有助于使用者预测净利润的持续性，从而作出正确的决策。利润表根据损益类账户的发生额分析填列。

现金流量表是指反映企业一定会计期间内的现金及现金等价物的流入和流出情况的会计报表。通过现金流量表，报表使用者能够了解现金流量的影响因素，评价企业的支付能力、偿债能力和周转能力，预测企业未来现金流量，为其决策提供有力依据。

所有者权益变动表是指反映构成所有者权益各组成部分当期增减变动情况的报表。所有者权益变动表应当全面反映一定时期所有者权益变动的情况，不仅包括所有者权益总量的增减变动，还包括所有者权益增减变动的重要结构性信息，让报表使用者准确理解所有者权益增减变动的根源。所有者权益变动表根据所有者权益相关账户发生额分析填列。

思考与练习

一、思考题

1. 什么是财务会计报告？其编制的主要目的和内容是什么？
2. 财务报表提供的信息应达到的质量要求是指什么？
3. 有人认为资产负债表比利润表更重要，你如何评价其观点？
4. 你认为现金流量表的作用是什么？

二、单项选择题

1. 下列各项中，不属于资产负债表中“货币资金”项目的是（　　）。

A. 交易性金融资产　　B. 银行结算户存款

C. 信用卡存款　　D. 外埠存款

2. 下列资产负债表项目，可根据有关总账余额填列的是（　　）。

A. 货币资金　　B. 应收票据　　C. 存货　　D. 应收账款

3. 资产负债表中资产的排列依据是（　　）。

A. 项目收益性　　B. 项目重要性　　C. 项目流动性　　D. 项目时间性

4. 下列资产负债表项目，需要根据相关总账所属明细账户的期末余额分析填列的是（　　）。

A. 应收账款　　B. 应收票据　　C. 应付票据　　D. 应付职工薪酬

5. 某企业 2014 年 12 月 31 日固定资产账户余额为 2 000 万元，累计折旧账户余额为 800 万元。固定资产减值准备账户余额为 100 万元，在建工程账户余额为 200 万元。该企业 2014 年 12 月 31 日资产负债表中固定资产项目的金额为（　　）万元。

A. 1 200　　B. 90　　C. 1 100　　D. 2 200

6. 企业期末“本年利润”的借方余额为 17 万元，“利润分配”和“应付股利”账户贷方余额分别为 18 万元和 12 万元，则当期资产负债表中“未分配利润”项目金额应为（　　）万元。

A. 20　　B. 13　　C. 8　　D. 1

7. 下列各项中，不影响营业利润的项目是（　　）。

A. 已销商品收入　　B. 原材料销售收入

C. 出售无形资产净收益　　D. 股票投资所得收益

8. 编制多步式利润表的第一步，应（　　）。

A. 以营业收入为基础，计算营业利润　　B. 以营业收入为基础，计算利润总额

C. 以营业利润为基础，计算利润总额　　D. 以利润总额为基础，计算净利润

9. 支付在建工程人员的工资属于（　　）产生的现金流量。

A. 筹资活动　　B. 经营活动　　C. 汇率变动　　D. 投资活动

10. 某企业 2015 年 2 月主营业务收入为 100 万元，主营业务成本为 80 万元，管理费用为 5 万元，资产减值损失为 2 万元，投资收益为 10 万元。假定不考虑其他因素，该企业当月的营业利润为（　　）万元。

A. 13　　B. 15　　C. 18　　D. 23

三、多项选择题

1. 财务会计报表的内容包括（　　）。

A. 资产负债表　　B. 利润表　　C. 现金流量表　　D. 附注

E. 成本报表

2. 财务会计报告的使用者有（　　）。

A. 投资者　　B. 债权人

C. 捐赠者　　D. 上级主管部门和财税部门

E. 企业内部管理人员和广大职工群众

3. 资产负债表中的“应收账款”项目应根据（　　）填列。

A. 应收账款所属明细账借方余额合计

B. 预收账款所属明细账借方余额合计

C. 按应收账款余额一定比例计提的坏账准备账户的贷方余额

D. 应收账款总账账户借方余额

4. 下列各项，可以通过资产负债表反映的有（　　）。

A. 某一时点的财务状况　　B. 某一时点的偿债能力

C. 某一期间的经营成果　　D. 某一期间的获利能力

5. 下列资产负债表项目中，根据总账余额直接填列的有（　　）。

A. 短期借款　　B. 实收资本　　C. 应收票据　　D. 应收账款

6. 资产负债表的数据来源，可以通过以下几种方式获得（　　）。

A. 直接根据总账账户的余额获得

B. 根据明细账户的余额分析获得

C. 根据几个总账账户的余额合计获得

D. 根据有关账户的余额分析获得

7. 下列各项中，应包括在资产负债表“存货”项目的有（　　）。

A. 委托代销商品成本　　B. 委托加工材料成本

C. 正在加工中的在产品成本　　D. 发出商品

8. 下列各项中，属于流动负债的有（　　）。

A. 预收账款　　B. 其他应付款

C. 预付账款　　D. 一年内到期的长期借款

9. 下列各项，影响企业营业利润的项目有（　　）。

A. 销售费用　　B. 管理费用　　C. 投资收益　　D. 所得税费用

10. 下列各项中，属于现金流量表中投资活动产生的现金流量的有（　　）。

A. 外购无形资产支付的现金

B. 转让固定资产所有权收到的现金

C. 购买 3 个月内到期的国库券支付的现金

D. 收到分派的现金股利

11. 下列各项属于经营活动现金流量的有（　　）。

A. 销售商品收到的现金　　B. 购买固定资产支付的现金

C. 吸收投资收到的现金　　D. 偿还应付账款支付的现金

12. 下列各项中，属于现金流量表中现金及现金等价物的有（　　）。

A. 库存现金　　B. 其他货币资金

C. 3 个月内到期的债券投资　　D. 随时用于支付的银行存款

13. 会计报表的编制要求有（　　）。

A. 真实可靠　　B. 相关可比　　C. 全面完整　　D. 编报及时

14. 下列资产中，属于流动资产的有（　　）。

A. 交易性金融资产　　B. 一年内到期的非流动资产

C. 预付款项　　D. 开发支出

15. 下列交易和事项中，不影响当期经营活动产生的现金流量的有（　　）。

A. 用产成品偿还短期借款　　B. 支付管理人员工资

C. 收到被投资单位利润　　D. 支付各项税费

四、业务题

1. 资料：科美公司 2015 年 9 月有关账户余额如下：

账户名称	借方金额	贷方金额
库存现金	5 000	
银行存款	25 000	
其他货币资金	16 300	
应收账款	298 400	
预付账款	10 000	
原材料	32 000	
库存商品	163 700	
生产成本	37 600	

续表

账户名称	借方金额	贷方金额
长期应收款	30 000	
固定资产	700 000	
无形资产	55 000	
短期借款		100 000
应付账款		295 000
长期借款		300 000
应付债券		50 000
实收资本		570 000
盈余公积		58 000

要求：根据资料填列资产负债表。

资产负债表

会企01表

编制单位： 年 月 日 单位：元

资产	行次	期末余额	年初余额	负债和所有者权益	行次	期末余额	年初余额
流动资产：			略	流动负债：			略
货币资金				短期借款			
应收账款				应付账款			
预付账款				流动负债合计			
存货				非流动负债：			
流动资产合计				长期借款			
非流动资产：				应付债券			
长期应收款				非流动资产合计			
固定资产				负债合计			
无形资产				所有者权益：			
非流动资产合计				实收资本			
				盈余公积			
				所有者权益合计			
资产合计				负债和所有者权益合计			

2. 资料：某公司2014年12月损益类有关账户的本月发生额如下表所示。

损益类有关账户本月发生额

账户名称	贷方发生额	账户名称	贷方发生额
主营业务收入	1 300 000	主营业务成本	800 000
其他业务收入	60 000	主营业务税金及附加	50 000
投资收益	100 000	其他业务成本	45 000
营业外收入	20 000	销售费用	90 000
		管理费用	180 000
		财务费用	45 000
		营业外支出	10 000
		资产减值损失	4 000
		所得税费用	

要求：根据所给资料编制利润表。

课堂测试题 3

班级______________ 学号____________ 姓名______________

一、单项选择题（20 分，每小题 2 分）

1. 折价发行债券时，债券折价实质上是发行企业（ ）。

A. 由于未来多付利息而预先收回的补偿

B. 由于未来少付利息而预先对投资者的补偿

C. 由于未来多付利息而预先支付的代价

D. 由于未来多付利息而预先取得的补偿

2. 资本公积的主要用途有（ ）。

A. 转增资本　　B. 弥补亏损

C. 向股东支付股利　　D. 向其他单位捐赠资产

3. 我国公司法规定，股份有限公司分配当年税后利润时，应当提取利润的（ ）列入公司的盈余公积。

A. 5%　　B. 15%　　C. 20%　　D. 10%

4. 以下各项中，核算时应计入财务费用的是（ ）。

A. 商业折扣　　B. 现金折扣　　C. 销售折让　　D. 销售退回

5. 下列项目中，属于其他业务记入的是（ ）。

A. 罚款收入　　B. 出售固定资产收入　　C. 材料销售收入　　D. 出售无形资产收入

6. 企业在无形资产研究阶段发生的各项支出，应记入的会计账户是（ ）。

A. 研发支出　　B. 管理费用　　C. 无形资产　　D. 销售费用

7. 下列不能通过“营业税金及附加”科目核算的有（ ）。

A. 消费税　　B. 营业税　　C. 教育费附加　　D. 土地使用税

8. 下列各项中，应作为管理费用处理的有（ ）。

A. 自然灾害造成的流动资产净损失　　B. 房产税

C. 固定资产盘亏净损失　　D. 专设销售机构采购人员的工资

9. 某年末结账前“应收账款”账户所属明细账户中有借方余额 50000 元，贷方余额 20000 元；“预收账款”账户所属明细账户中有借方余额 3000 元，贷方余额 10000 元；“坏账准备”账户余额为 0。则年末资产负债表中“应收账款”项目的期末数分别为（ ）。

A. 30 000 元　　B. 53 000 元　　C. 63 000 元　　D. 47 000 元

10. 下列不能通过“营业税金及附加”科目核算的有（ ）。

A. 消费税　　B. 营业税　　C. 教育费附加　　D. 土地使用税

二、多项选择题（20 分，每小题 2 分）

1. 企业长期借款的利息费用，可能涉及的账户有（ ）。

A. 在建工程　　B. 管理费用　　C. 财务费用　　D. 固定资产

2. 企业增加实收资本的途径有（ ）。

A. 企业盈利　　B. 投资者投入　　C. 资本公积转增　　D. 盈余公积转增

3. 下列各项，不会引起所有者权益发生增减变动的有（ ）。

A. 收到应收账款　　B. 计提坏账准备　　C. 偿还所欠债务　　D. 支付职工工资

4. 盈余公积减少可能是由于（ ）。

A. 用盈余公积对外捐赠　　B. 用盈余公积转增资本

C. 用盈余公积弥补亏损　　D. 用盈余公积购买材料

5. 下列项目中，应当作为营业外收入核算的有（　　）。

A. 非货币性交易过程中发生的收益　　B. 出售无形资产净收益

C. 出租无形资产净收益　　D. 接受现金资产捐赠

6. 下列属于流动负债的项目有（　　）。

A. 应付利息　　B. 预收账款　　C. 长期应付款　　D. 应交税费

7. 下列项目中，应通过“应付职工薪酬”账户核算的有（　　）。

A. 企业为职工缴存的住房公积金　　B. 无偿向职工提供住房计提的折旧

C. 支付给离退休人员的工资　　D. 差旅费

E. 解除劳动关系给予的补偿

8. 企业的利润总额等于营业利润（　　）。

A. 加投资收益　　B. 减所得税费用　　C. 加营业外收入　　D. 减营业外支出

9. 财务报表包括（　　）。

A. 资产负债表　　B. 利润表　　C. 现金流量表　　D. 所有者权益变动表

10. 在下列项目中，影响投资活动现金流量的项目是（　　）。

A. 以存款购买设备　　B. 购买三个月内到期的短期债券

C. 购买一项可供出售金融资产　　D. 取得债券利息和现金股利

三、业务题（本大题共计 60 分）

1. A 公司共有职工 200 名，(1) 2015 年 4 月，公司以其生产的每台成本为 1000 元的手机作为福利发给公司每名员工。该型号手机的售价为每台 3000 元，适用的增值税率为 17%。假定公司职工中 160 名为直接参加生产的人员，40 名为总部管理人员。(2) 2012 年 9 月，中秋节之际，津宏公司以银行存款购买每人每盒 50 元的月饼作为福利发放给职工。

要求：请编制上述有关业务的会计分录。

2. 景宏公司采用赊销方式销售商品一批，价款 400000 元，增值税额 68000 元，付款条件为：2/10，1/20，*n*/30。该批商品的生产成本为 320000 元。

要求：（1）销售商品时，按销售总价确认收入；

（2）分别编制该公司在 10 天内、11—20 天、21—30 天收到货款会计分录。

3. A 公司 2015 年 12 月末各损益类账户发生额如下表所示。该公司按当年净利润 10%的比例提取法定盈余公积，并经股东大会决议，分配给投资者现金股利 50 000 元。

账户名称	借方发生额	贷方发生额	账户名称	借方发生额	贷方发生额
主营业务收入		3 500 000	主营业务成本	2800 000	
其他业务收入		55 000	其他业务成本	56 000	
投资收益		21 000	营业税金及附加	8 000	
公允价值变动损益		30 000	销售费用	80 000	
营业外收入		8 000	管理费用	90 000	
			财务费用	9 000	
			营业外支出	20 000	
			所得税费用	150 000	
合计		3 614 000	合计	3213 000	

要求：编制上述本年利润结转和利润分配的相关会计分录。

参考文献

[1] 中华人民共和国财政部. 企业会计准则. 北京：2006—2014.

[2] 王建忠. 会计发展史. 大连：东北财经大学出版社，2003.

[3] 陈今池. 现代会计理论. 上海：立信会计出版社，1998.

[4] 财政部会计资格评价中心. 中级会计实务. 北京：经济科学出版社，2014.

[5] 尼古劳斯•皮珀. 故事中的经济史. 北京：经济日报出版社，2003.

[6] 中国注册会计师协会. 会计. 北京：中国财政经济出版社，2014.

[7] 诺曼 H•戈德温，C•韦恩•奥尔德曼. 财务会计. 北京：机械工业出版社 2013.

[8] Carl S•Warren，Philip E•Fess，James M•Reeve. Accounting. 大连：东北财经大学出版社，1998.

[9] 胡景桂. 会计学（第 2 版）. 北京：人民邮电出版社，2013.

[10] 张慧敏，张秀梅. 基础会计学. 北京：经济科学出版社，2009.

[11] 徐经长. 会计学（非专业用）. 北京：中国人民大学出版社，2014.

[12] 叶忠明. 会计学. 北京：清华大学出版社，2012.

[13] 汪伟. 会计学. 北京：经济科学出版社，2014.

[14] 刘永泽. 中级财务会计. 大连：东北财经大学出版社，2007.

[15] 蔡秋红，赵健. 会计：中国会计视野 2014—2015. 大连：大连出版社，2015.